ちくま学芸文庫

増補　複雑系経済学入門

塩沢由典

筑摩書房

序文

ニュートン以来の自然科学は、複雑な現象の背後に、単純な法則・単純な規則があると考え、それを追求してきました。この方法は、たいへん有効なものでした。近代科学の成果の大部分は、こうした追求の結果です。この方法は、全体を要素に分解して、それぞれの要素を分析することから全体を再構成するという研究戦略にたっていました。

しかし、近年になって、学問の各方面に「複雑さ」、「複雑系」に関する関心が急速に高まってきました。現在では、それは、数学・自然科学から人工知能・認知科学にいたる一大科学運動となっています。ここには、ニュートン以来の要素還元論的な研究法に対する深刻な反省が見られます。複雑な系、複雑なシステムには、このような方法ではこぼれ落ちてしまう多くのものがあるのではないか。こういう考えから、複雑なものを複雑なものとして考察・解明しようという研究が始まっています。

複雑系経済学も、諸科学のこのような大きな変化の流れの中にたっています。それは、経済を複雑なものと見ることから、理論の枠組みを作り直そうとする学問の試みです。しかし、これは、複雑系科学の影響を受けて、経済学の外部から持ち込まれたものではありません。複雑系経済学は、経済学の固有の歴史の上に、その理論的反省に基づいて提起されているものです。

従来の枠組みの問題点

複雑さの問題に取り組む必要は、経済学の場合、経済学の基礎理論そのものにたいする反省からうまれてきました。

経済学は、この一〇〇年以上、最適化と均衡という二つの理論枠組みによって研究されてきました。それは個人・家計や個別企業の行動を経済全体に統合する唯一の方法として、多数の経済学者の支持を得てきました。しかし、その枠組みには、二つの問題点が含まれています。

一つは、個人は効用を最大化し、企業は利潤を最大化しているという仮定の問題です。効用や利潤を大きくしたいのは山々だが、本当に最大化できているのだろうか。経済学でいうようにわたしたちは行動しているのだろうか。教科書にあるような偏微分《へんびぶん》をしてわたしたちは考えているのだろうか。これは、経済学を学び始めた学生たちが最初につねに疑問に思うことです。

もう一つは、需要と供給とが等しくなるところに価格がきまるという需給均衡理論の枠組みの問題です。これは、企業・生産者が決められた価格のもとに売りたいだけ売っている世界にあることを意味しています。もしこのことが正しいなら、なぜ企業はつねにもっと売ろうとしているのでしょうか。なぜ、より多くを売ろうと努力しているのでしょうか。ここにも、従来の経済学の基本枠組みが、現実の世界の日常の経験とかみ合わない事態があります。

複雑系経済学は、こうした素朴な疑問に答えようとする立場から出発します。経済学は、これまで、従来の方法で分析可能な枠組みの中に、現実の事態を無理やり押し込もうとしてきたのです。固定観念と化した枠組みから離れて、経済行動そのものを見直してみよう。わたしたち自身の日常の行動と計算とを、もっと正直に捉え直してみよう。そうすれば、もっと現実的な理論の構築が可能になるのではないか。複雑系経済学は、こう考えて出発しました。

なにが変わるか

では、従来の経済学に対し、複雑系経済学では、どこが変わるのでしょうか。なにが変わり、どのような理論を構築しようとしているのでしょうか。

従来の経済学（正確にいえば、新古典派の経済学）は、人間には無限の合理性、無限の推論能力があると考えてきました。需要関数は、この仮定に基づいて定義されました。複雑系経済学は、これに対し、限定された合理性を仮定します。人間の計算能力は、それほど大きなものではなく、多くの経済行動は目の子算によっている。こうした認識にたって、人間の経済行動を研究します。

他方、従来の経済学は、生産に関して、規模に関する収穫逓減《しゅうかくていげん》＊を仮定してきました。これは規模の不経済を前提するのとおなじです。供給関数は、この仮定に基づいて構成されます。常識的な規模の経済ではなく、その反対を仮定するのは、ひとえにこの供給関数をうまく定義しようとするために他なりません。複雑系経済学は、こうした非常識な仮定を捨て、常識的な収穫逓増＝規模の経済を前提とします。

無限合理性に対する限定合理性、収穫逓減にたいする収穫逓増。新古典派と複雑系経済学の対立は、この二つの基本前提において、真っ向から対立しています。この対立は、需要曲線・供給曲線の交点に価格がきまるという高校一年生以来おなじみの図式までをも覆してしまいます。複雑系経済学のもたらす理論的革新は、これほど深く基礎の部分に関係しています。

＊収穫逓減　ある製品の生産量を増やすと、その平均単位費用が増大すること。三三五〜八頁参照。

複雑系経済学は、新古典派の経済学と真っ向から対立し、経済学の従来の常識を覆してしまうものですが、そのような新しい経済学から、いったいなにがわかるでしょうか。

複雑系経済学は、たとえば次のような問題に答えようとしています。経済という複雑なものがどのように機能しているのか。有限の能力しかない人間が、その中でどのように行動しているのか。

仕事の場において、学習や創造性について考えようとするとき、これは重要な手掛かりになります。技能や知的熟練といったものは、従来の経済学では、生産の一要素としてただ仮定されるだけでした。複雑系経済学は、知的熟練の背後にある知識や習慣、そしてその有効範囲について考察していきます。

企業経営についても、複雑系経済学は新しい視点を出しています。企業は組織図にみるような指揮・報告の関係ではなく、むしろ慣行・ルーティンの束なのです。経営ないし経営の改善は、社員の個々の行為に介入することではなく、新しいルーティンの体系を作りだすことでなければなりません。この認識を欠いていては、せっかくの情報化の推進も効果があがらない結果になりかねません。

規模の経済・収穫逓増に注目することで、複雑系経済学は、自己組織化*や累積的な発展過程を扱えるようになりました。従来の「均衡」経済学では、分析視点が静止状態に絞られていたのにたいし、需要や経済のダイナミックな変動を考察するあたらしい視野が開かれました。累積的因果連関をもつ過程にたいする理解が深まり、比較的長期の変化についても、占う手掛かりがえられます。

＊自己組織化 外部からの作用によることなく、ある集団が特定の形をとること。self-organization。ランダムな振動にポジティブ・フィードバックが働くことにより起こるものが多い。その結果、生まれるものを自然発生秩序（自発的秩序）という。

これからの経済学

これらはすでにある程度、達成された知識の一部にすぎません。複雑系経済学は、しかし、まだ始まったばかりの経済学であり、二十一世紀にかけて育つべき経済学です。たぶん、それは経済学のイメージそのものを大きく作り変えることになるでしょう。経済にたいする理解も、もっと深まるものと期待できます。

ただ、複雑系経済学になにか「魔法の解決法」を求めることはまちがっています。複雑系関係の書物には、ときに「何か、すごい」ことが分かるかに宣伝されていることがあります。諸問題が複雑系科学により氷解してしまうと期待しているとしたら、そのような期待はまちがいです。

経済には、おおくの取り組むべき問題があります。貧困の問題、環境破壊の問題、資源枯渇の問題、産業転換の問題、それにともなう失業の問題、企業社会における人間疎外の問題、経済一元的な価値観が生まれてきている問題。経済は、それが貧困であればあるで問題があり、豊かな社会が達成されればされたで問題が起こってきます。複雑系経済学は、これらの諸問題について、解決方法を教えるものではありません。これらに答えを出すのは、問題に取り組んでいるひとびと自身です。経済学がお仕着せの解決策を提案できるほど、経済や社会は単純なものではありません。経済の複雑さと経済問題の困難さに気づいてもらうこと。これが複雑系経済学の一つの重要なメッセージです。

ただ、このような問題を考えるにあたって、経済がどのように機能しているか、それを正しく理解することは、このような難しい問題に取り組むにはぜひ必要なことです。経済の働きにたいする正しい理解を欠き、過大な期待を持ったために、人類は過去に大きな過ちを繰り返してきました。複雑系経済学は、ふたたびそのような過ちを繰り返さないための歯止めであってほしいと願っています。もちろん、そのためには、複雑系経済学自身が、それらの過ちから学ぶ学問でなければなりません。

読んでもらいたい読者

この本は、まず、ビジネスパーソンに読んでもらいたいと考えています。企業などに勤めて経済に関心をもっている人達全員に読んでもらえるよう、説明に気をつけました。経済学を修めた人でなくとも、経済新聞を読んでいるような人には分かってもらえるものと期待します。日々、自分のしている行為が企業あるいは経済全体のなかにどう位置付けられるか、それを変えるにはどうしたらよいか、いくらかのヒントになっていれば幸いです。

この本は、また、いま経済学を勉強しつつある学生諸君にも読んでもらいたいと考えています。本文のなかで説明していることですが、現在教えられている経済学は、ある種の「理論の罠」にはまっており、そのため実感からはなれた難しい説明になっています。複雑系経済学は、経済の仕組みを理解してもらうには、むしろ実感に即した、理解しやすい経済像を提示しているものと信じています。

第三の読者は、経済学の研究者たちです。とくに現在大学院生で、これから新しい経済学の建設を担おうとしている諸君に、本書を読んでもらいたいと願っています。本書は、基本的にはビジネス書ですが、複雑系経済学自身がまだ始まったばかりの学問であるという性格からして、この本は複雑系経済学が向かうべき方向について、現在の地点にたっては望み得る最良のものをなんとか示しえたのではないかと考えています。

本書の構成

本書は、全四部に分かれています。第1部は、複雑系経済学がなぜ必要なのか。それを知ってもらうための部分です。

第1章では、アメリカ合衆国の「大統領の経済学」の実態とその背後にある学界の事情、そして経済学自身の閉塞した事情についてお話しします。第2章は、崩壊したソ連社会主義の計画経済の実際です。計画経済の思想は、経済学が複雑さの問題を十分に扱えなかったために生まれました。複雑さというテーマがいかに深刻な問題か、分かってもらえるでしょう。第3章では、新古典派経済学が嵌まり込んだ「理論の罠」がどんなものであったか、そのために経済学はどこから再出発しなければならないか、明らかにするよう努めました。

第2部は、経済学と直接は関係しません。なぜ現在、学問の諸方面で、「複雑さ」、「複雑系」に関する考察が始まっているのか。それは近代科学の流れの中で、どのような意味をもつものなのか。その大きな流れを解説しました。現在の「複雑系」ブームでは、アメリカ・アリゾナ州のサンタフェ研究所の動きのみがクローズアップされて紹介されていますが、複雑系科学はもっと広くまた長い流れをもつことが分かってもらえると思います。また、このような背景をしっかり知ってもらうことで、「複雑系」が単なる流行現象ではなく、学問研究の大きな転換を意味するものとしてあることも知ってもらえると考えます。

第3部は、複雑系経済学の二本の柱である「限定合理性」と「収穫逓増」の内、限定合理性の意義を中心に説明しました。限定合理性については、他の複雑系関係の書物では、触れられることはあっても、あまり説明されていません。しかし、それは経済制度や経済システムを理解し直す重要な鍵です。複雑さと限定合理性あるいは合理性の限界とは、じつは、メダルのうらおもての関係にあります。われわれの合理性の限界を越えたところに

「複雑さ」があるからです。複雑系経済学が複雑さに取り組む経済学である以上、これがもっとも重要な部分であるのは当然です。

第4部では、複雑系経済学の二本の柱の内、もう一本の収穫逓増について説明しました。それが出現させるダイナミックな過程は、従来の経済学の静的イメージを変えてしまいました。「収穫逓増」は、古くからある重要な概念です。しかし、実際にはきわめて混乱した使い方をされています。第11章では、この概念の理論上の意義と歴史について解説したあと、用語の整理を試みました。第12章は、複雑系経済学の結果としてもっともよく紹介されている内容です。

最後に、付録として、読書案内を載せました。複雑系経済学は、既成の学問ではありませんが、本書に続いて読んでもらうにふさわしい本はたくさんあります。本書に続いて、その先を考えてみたいという読者のみなさんの道案内になれば幸いです。

謝辞

本書ができるまでに、多くの方々の協力をえました。ビジネス書として本書を書くという企画は、生産性出版の岩佐文夫さんからいただきました。本書を作る目的で、日本総合研究所で前後三回の「授業」をさせてもらいました。この「授業」は、聞き手にとってというより、わたし自身の勉強の機会でした。機会を提供してくれた社長の花村邦昭さん、会を主宰してくれた田坂広志さん、「授業」を聞いてくれた皆さんに感謝します。「授業」は全部テープ起こしされました。それに手を加えて本にしたいというのが最初の計画でした。しかし、実際に手を入れるとなると、知ってもらいたい経済の仕組みやもっと説明しておきたい事情があり、内容がどんどん膨らむことになりました。だんだん手を加えて、結局すべてを書きおろすことになりました。

できあがった原稿は、日本総合研究所の鴨志田晃さん、丸尾聰さんに読んでもらいました。大阪市立大学のわたしのゼミの諸君にも読んでもらいました。学部第1部、第2部、大学院とそれぞれ別の反応があり、参考にさせてもらいました。社会人の多い第2部ゼミ生諸君は、現在の構成案をまとめるについて貴重な意見を出してくれました。

大学院後期博士課程学生の福留和彦さん、河村俊朗さんには、構成案の検討、内容チェックから校正まで、付き合ってもらいました。

わたしの書いたもののなかで、本書が比較的分かりやすいものになったとすれば、以上のみなさんのお陰です。すべての名前をあげられませんが、記して感謝します。

本書の図版の幾つかは先行の書物から借用したものです。その出所は、読書案内の後に一括して掲載してあります。

一九九七年九月　　塩沢由典

目次

増補 複雑系経済学入門

第1部

なぜ、複雑系経済学か

第1章　行き詰まった経済学

最近、新しい学問として、複雑系科学とか、その一種の複雑系経済学というものが提唱されています。本書を手にとった方々は、みなさんこのことをご存じでしょう。複雑系経済学について、学界ばかりでなく、社会一般の期待が高まってきているのです。なぜでしょうか。このことを理解するために、是非とも知ってもらわねばならないことがあります。それは、現在の経済学がいろいろな意味で行き詰まっているということです。このような行き詰まりなしには、複雑系経済学は、ひろい関心をもつことはできなかったでしょう。複雑系経済学について紹介する前に、この第1章では、既存の経済学と経済政策の行き詰まりについてお話しします。このような行き詰まりと失敗の蓄積がなければ、ひとびとが複雑系経済学に興味をもつことはありえなかったことでしょう。

経済学の行き詰まりは、なにも今に始まったことではありません。経済学の危機は、一九七〇年代前半にも大声で叫ばれました。ジョーン・ロビンソンは、アメリカ経済学会のイリー記念講演で「経済学の第二の危機」を訴えました。七〇年代前半には、ロビンソンの他にも、多くの高名な経済学者が学問の現状に警鐘を鳴らしました。しかし、この警鐘は無視されてきました。

経済学は、その後二〇年間、危機を自覚し、警鐘を受け止める形では発展しませんでした。もちろん、個別にいろいろな努力がなされました。しかし、大勢は、この時代の警告を忘れることで、危機が実在しなかったかのように思いこもうとしました。その結果、経済学は深まらず、裏付けのない政策的提案がつぎつぎとなされ、それらがすべて失敗していくなかで、経済学は社会の信用を失い、危機をますます深める方向に進んでしまいました。

一九六〇年代、つまりわたしの学生時代、わたしは理学部の学生でしたが、経済学は大変な知的権威をもっていました。社会のことを語るには理学部の学生も、マルクスやケインズ、サムエルソンぐらいは分からなければいけないというので、経済学を勉強したものでした。しかし、現在では、経済学の知的権威があまり高いとはいえません。

一九八九年から九一年の大激動で、社会主義計画経済に対して自由主義市場経済が勝利したといって、あたかも経済学の勝利のように喜んでいる経済学者もいるにはいるのですが、たぶんに自己満足のように思えます。第1章では、経済学の権威の頂点ともいうべき一九六〇年代から今日までの経済学と経済政策の歴史を簡単に振り返ってみましょう。経済学は、なぜ行き詰まったのか。現状を突破するには、なにが必要か。第1部は、こうした観点から、複雑系経済学という新しい経済学が提案されるにいたった理由を説明していきます。

マルクス経済学の破綻

主流の経済学を語るまえに、マルクス経済学について触れておきましょう。わたしはマルクスが『資本論』で展開した経済学は、いまも経済学者の模範とすべき素晴らしい研究と思っています。また、マルクスの理論構成には、現在問題になっている一般均衡理論のパラダイムを超えるヒントがあるとも考えています。したがって、わたしは反マルクスというより、マルクスの思想を受け継ぐものといった方がいいでしょう。しかし、そのような立場から見ても、マルクス経済学が破綻したということは言わなければなりません。マルクスは資本主義経済を批判的に分析しました。資本主義の解剖学あるいは病理分析として、『資本論』はいまだ最高の傑作です。マルクスの研究を引き継いだマルクス経済学には、二つの顔がありました。ひとつは、純粋に資本主義の市場経済を研究・分析するという顔です。もうひとつは、資本主義の矛盾を指摘して、次にくるべき社会としての社会主義への希望を説く顔です。欧米では第二の顔の役割が大きかったのですが、日本では第一の顔が表面に出ていました。これは戦前から戦後にかけての歴史的な事情によるものです。

日本ではマルクス経済学がいちはやくアカデミー（つまり大学）の学問として成立し、研究・分析の側面が強く出たのです。その代表ともいえるのが、わたしの好きな経済学者である宇野弘蔵《うのこうぞう》でした。かれはマルクス経済学をイデオロギーから切り離して科学にしようとしました。宇野弘蔵と同じような努力をヨーロッパで試みたのが、イタリアの経済学者ピエロ・スラッファです。スラッファは、哲学者のアルチュセールとともに、わたしの経済学の出発点になりました。スラッファが複雑系経済学に示唆するものについては、第11章「収穫逓増《しゅうかくていぞう》の諸概念とその仕組み」で簡単に説明します。

一九六〇年代の日本では、マルクス経済学が近代経済学と並ぶ、権威をもっていました。まだ多くの人は社会主義革命への希望を語っていましたし、「革新自治体」も勢力を拡大していました。理論面では、宇野弘蔵の原理論および三段階論は、イデオロギーを科学に変えるものとして、一部の経済学者・社会運動家たちの強い支持をえました。経済学を科学とするという宇野の試みが完全に成功していれば、マルクス経済学の現在の壊滅状態はなかったかもしれません。しかし、一九八九年から九一年にかけて、東欧とソ連の社会主義が崩壊してみると、マルクス経済学はわたしが予想した以上に大きなダメージを受けてしまったようです。なんだかんだいっても、結局、マルクス経済学は社会主義への希望に支えられて力をもっていたようです。

現在にたって、いろいろな反省をしてみることはできるでしょう。一番大きな誤りと思われることは、マルクス経済学が資本主義の批判理論として満足し、希望を託すべき社会主義について無関心であったことです。社会主義経済計算論争や旧ソ連・東欧のなかで行われた計画や市場に関する多くの論争からマルクス経済学は学ぶことをせず、それを資本主義の市場理論の発展のために役立てることをしませんでした。したがって、ソ連・東欧が崩壊してしまうと、マルクス経済学は資本主義の悪口だけをいってきたが、市場の働きも、その強みも、けっきょく分かっていなかったのではないか、という印象が残りました。

もうひとつは、資本主義発展の基本的なダイナミズムについて、次第に固着した発想でしか分析できなくなったことがあります。マルクスは、当時としてはキワモノともいうべき文献まで使って、技術の進歩や制度の発展を捉えようとしていました。しかし、その後継者たちは、原理論を文献解釈学に変えてしまい、資本主義の新しい分析理論を提出しようとしませんでした。社会研究において、一〇〇年以上も新しい視点からの理論的再構築がなくては、どんな理論でも活性を失い、社会の実態から遊離してしまうのは当然のことです。マルクスが偉大すぎたことが裏目に出たともいえます。

ケインズ経済学の失墜

権威が失墜したのは、マルクス経済学だけではありません。マルクス経済学ほど劇的ではありませんが、かつての栄光からみると、ケインズ経済学の現状もけっしてすばらしいものではありません。

ケインズ経済学あるいはケインズ政策の絶頂期は、一九六〇年代にありました。アメリカではケネディ大統領がニュー・フロンティアを唱え、「偉大な社会」（ジョンソン大統領の選挙スローガン）に向けて歩みはじめたとき、その政策を経済面から支えたのはケインズ政策でした。ケネディ大統領候補の最初の経済学師範は、ポール・サムエルソンでした。サムエルソンの推薦により、ケネディ大統領のもとで大統領経済諮問委員会の委員長を務めたウォルター・ヘラーは、ミネソタ大学で長くケインズ理論を教えていました。委員長としてかれはこの良き知らせに「新しい経済学」という名を与えています。日本では、池田首相が現れ、ケインズ理論を下敷きにして所得倍増政策を唱えました（もっとも、その政策の成功は、ケインズの唱えた財政政策よりも、産業政策にあったというべきでしょう）。西ヨーロッパにおいても、事情は同様でした。ケインズ理論とケインズ政策は、あまりにも普通のものとなり、ついには政敵のニクソンをして、「われわれは、今や、みなケインジアンだ」と発言させる程でした。

しかし、ケインズ政策の実際の成果は、期待からは遠いものでした。一九六〇年代の景気拡大は一〇九カ月に及んでいます。これは十九世紀中頃からの景気循環データを取っているNBERの調査によっても、史上最長です。しかし、この長い景気回復は、ケネディが用意したというより、アイゼンハワー時代の緊縮財政の成果と見るひとがいます。景気回復の期間は長くつづきましたが、インフレ率もかなりの高率でした。引きつづく問題だったのは、幾度の景気刺激政策にもかかわらず、失業率が四％以下には下がらなかったことです。

ケインズ政策にとってなによりの打撃となったのは、インフレと景気後退とが共存するスタグフレーションの出現でした。一九六〇年代終わりから、アメリカ経済のインフレ傾向は強まり、度重なる引締政策にもかかわらず、七〇年代前半を通してインフレ率は上昇傾向をたどりました。ところが、引締の度ごとに失業率がたかまり、インフレ率と失業率とがともに上昇するということが観察されました。石油ショック後の一九七五年には、インフレ率九・三％、失業率八・五％とを記録しました。このような傾向は、石油ショック以前からヨーロッパ諸国でも認められ、ケインズ政策の破綻が意識されるようになりました。

一九九六年は、ケインズ死後五〇年と、主著『雇用・利子・貨幣の一般理論』の出版六〇周年に当たりました。しかし、わたしの気のつくかぎり、それを記念する大型の特集や出版はなされず、寂しい印象でした。ケインズ経済学は、ちょうど六〇年をもって一サイクルを閉じたということができます。

マネタリズムの興亡

ケインズ政策に疑いが生まれたからといって、経済学がアメリカ合衆国の経済政策に大きな影響を及ぼすという確立した習慣は変わりませんでした。一九六〇年にケネディと大統領の座を争ったニクソン氏は、一九六九年から大統領になり、ウォーター・ゲイト事件で一九七四年に辞任しました。このニクソン大統領の時代から、民主党大統領カーター氏が一九八〇年の再選大統領選でレーガン候補に敗れるまでが、マネタリズムが力をもった時代でした。マネタリズムは経済調整にもっとも重要なのは貨幣数量であり、これを一定率で成長させるべきだと主張していました。一九七〇年代前半（つまりケインズ経済学の苦難の時代）を通じて、マネタリズムは勢力をまし、連邦準備銀行、銀行家、ホワイト・ハウスや議会にしだいに賛同者を増やしていきました。マネタリズム（マネー・サプライを重視して市場操作を行うという方針）の提唱者であり、グルであったのは、ミルトン・フリードマン教授でした。通貨の歴史と理論研究などに対して、一九七六年、かれはノーベル経済学賞を受けています。

マネタリズムの頂点は、一九七九年の一〇月六日にあったということができます。この日、連邦準備制度理事会のボルカー議長は、連邦公開市場委員会（FOMC）を開き、重大な決定を行いました。それは今後の金融運営に当たって、マネタリズムの考えを採用するというものでした。従来の金融政策からの大きな方針転換でしたが、満場一致で採択されたといいます。公開市場委員会のメンバーは、連邦準備制度理事会の七人の理事と一二ある連邦準備銀行の五人の総裁から構成されています。マネタリズムがいかに広くまた強く支持者を集めたかの例証といえましょう。アカデミズムにおいても、金融政策においても、フリードマンが頂点をきわめた時代でした。

しかし、マネタリズムの金融政策は、すぐ困難にぶつかってしまいます。一九七九年中頃、すでに一〇％に近づいていたFF金利（Federal Fund Rate）は、マネー・サプライの伸び率を一定範囲に収まるよう市場操作をした結果、一九八〇年はじめには一八％に迫りました。金利費用が嵩み、企業の倒産が増え、利益は圧縮され、住宅着工件数は減少しました。結果は失業率の上昇でした。

厳密なマネタリズムの金融政策は七か月しかもちませんでした。一九八〇年の五月中旬には、連邦準備制度ははやくも政策の修正・転換を図っています。それでも、後遺症は続き、準備制度のこの失敗がカーターの再選阻止に一役買ったといわれています。共和党支持のフリードマンにとって、これは意図せざる政治的成果でした。痛い目にあった連邦準備制度理事会が最終的にマネタリズム政策を放棄するのは一九八二年の中頃とされています。

マネタリズムの実験は失敗に終わりました。マネタリズムの布教の媒体であり、かつては多くの読者を誇ったファースト・ナショナル・シティ・バンクの経済レポートは一九八一年廃刊になりました。当然ながら、フリードマンとその教説の信奉者たちのワシントンへの政策決定に対する影響力も低下しました。

サプライサイドの処方箋

ケインズ政策が権威を失い、マネタリズムが失敗したあと、アメリカ合衆国の経済政策の花形として登場したのはサプライサイドの経済学でした。「サプライサイド経済学」（供給側の経済学）の名の示すとおり、この経済学は、需要や貨幣供給量だけでなく、経済を活性化させるには供給側の条件も大切だ、というメッセージを持っていました。このメッセージは正しいのですが、提案された政策は杜撰《ずさん》なものでした。

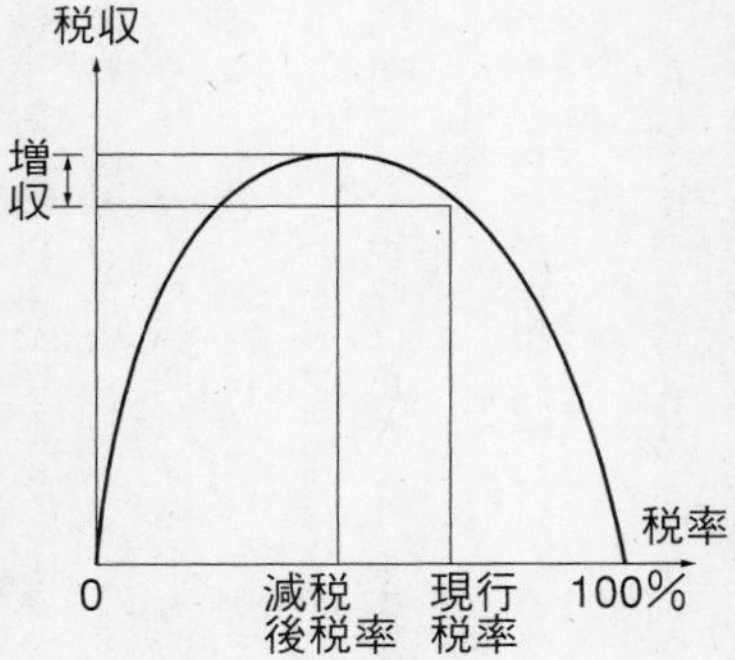

図1　ラッファー曲線

サプライサイド経済学のもっとも有名なプロモーターは、アーサー・B・ラッファーでした。かれは二八歳でシカゴ大学のテニュア付教授となり、その後ジョージ・シュルツの後を追い、行政管理予算局に入りました。サプライサイド経済学がひとびとの注目を集めていたころは南カルフォルニア大学の経済学教授でした。かれが与えた処方箋は、減税すれば、経済活動が活発になり、けっきょく政府収入が増えるというものでした。レストランで食事中、このことの説明のために紙ナプキンに書かれたのが有名な「ラッファー曲線」です。

ラッファーの説明は簡単なものです。所得のすべてを税金に取られるなら、だれも働こうとせず、したがって所得は生まれず、税収は〇となるというのです。税率が〇と一〇〇%の間では、税収は正となりますが、曲線が山ひとつとすれば、どこかに最大税収点がひとつあります。ラッファーは、現在の税率がこの最大税収点を越えているといいます。もしそうなら、最大税収点にいたるまでは、税率を下げれば、国の税収は増えることになります。

もしこれが本当なら、こんなうまい話はありません。ラッファーの処方箋に従うならば、国民は税金が安くなり、政府の収入は増えるのですから、みんなが得をすることになります。最初は、こんなうまい話は信用されませんでした。レーガン大統領と組んで副大統領候補となる前のジョージ・ブッシュは、こんないいことずくめの経済学を「ブードゥー経済学」(呪術経済学)と評価していたほどです。しかし、甘い話の強い誘惑には勝てません。最初に議会が、そして大統領がこの処方箋を受けいれました。レーガン大統領の経済政策は、しばしばレーガノミックスとよばれていますが、基調にあるのはサプライサイドの考え方でした。

レーガン大統領は、税率を下げると同時に軍事支出を拡大しました。旧ソ連との競争が最終段階を迎えたこの時期にあっては、軍事費の支出が増えたのは、政治的には仕方ないことだったかもしれません。一方、税率を引き下げても、経済の刺激効果はそれほど大きくはなく、税収は減少しました。減収と支出増とが重なったわけですから、政府の赤字は大きくならざるをえません。レーガン氏とブッシュ氏は、その意図とは反対に、歴史上もっとも大きな（カーター政権の倍以上の）財政赤字を生み出した大統領となりました。

ボルカー議長の連邦準備制度がマネタリズムの実験の担い手となったように、レーガン政権はサプライサイド経済学の実験台となりました。マネタリズムの実験の失敗がだれの目にも明らかだったようには、サプライサイド経済学の実験の成否は明確なものではありません。しかし、その実験は基本的には失敗だったというべきでしょう。レーガン時代を通して景気拡大はつづきました。おなじ時期に、日本や東アジアはもっと急速に成長し、アメリカ合衆国の経済的地位は相対的にさがりました。減税して赤字を解消するという約束は、さんたんたる結果を生みました。最高税率は引き下げられましたが、平均的勤労者が税金を払うに必要な労働時間はレーガン時代を通してかえって増えています。減税で勤労意欲が増すという効果も観察されませんでした。経済の健康のためには供給側＝企業の活力が大切だという根本の理念まで間違っていた訳ではありませんが、サプライサイド経済学がその売り込みに使った効能書きはすべて反故《ほご》にされました。

政策を売り込む人々

一九八〇年代の始めに、ＯＥＣＤの調査団が日本を訪れ、日本の社会科学の現状を調査したことがあります。多くの政府機関や学識者にたいする聞き取り調査のあと、調査団は、日本の社会科学者は政府の政策立案や政策決定にもっと関与すべきであると勧告を出しました。社会科学の任務が政府の政策立案を助けることにあるなら（それも任務のひとつには違いありませんが）、アメリカ合衆国の経済学者たちは模範的といわなければなりません。ひとつの経済政策が失敗すると、つぎつぎと新しい経済思想が出現して、処方箋がかかれます。その結果が、六〇年代のケインズ政策であり、七〇年代のマネタリズムであり、八〇年代のサプライサイド経済学です。

アメリカの経済学者たちの偉いところは、たんに処方箋として経済政策を書き上げるだけでなく、それを議会や政権に売り込むために、精一杯の努力をしていることです。それに応えて、勉強する議員や大統領がいるというのも素晴らしいことです。合衆国で政策がどのように売り込まれ、政府の政策になっていくか。その事情を活写した本があります。アルフレッド・マラブルの『エコノミストはつねに間違う』（仁平和夫訳、日経ＢＰ社）とポール・クルーグマンの『経済政策を売り歩く人々』（伊藤隆敏監訳、北村行伸・妹尾美起訳、ちくま学芸文庫）です。マラブルはウォール・ストリート・ジャーナルの人気記者、クルーグマンは現在、若手三指の一人として大活躍中の経済学者です。二書とも、原題は違うのですが、日本語版書名もなかなか的を射ています。

マラブルは、一時マネタリズムに共鳴していたこともあり、本はその反省も込めて書かれたものですが、さすが記者らしく、売り込みの初期の雰囲気など、エピソードを交えて生き生きと伝えています。クルーグマンの本は、アメリカ社会の中でケインズ政策が批判されて、マネタリズムやサプライサイダーが力を得てくる状況を概観したあとで、保守派政権の経済的な実績を総合的に分析しています。「経済的センスとナンセンス」が副題なのですが、むしろジャーナリスティックなセンスのうかがえる好著です。「政策を売り歩く人々」はつまりは政策プロモーターたちと真剣な考察を行う経済学者たちとを区別したいという意図ももっているようです。当然、自身は、真剣な考察をおこなう経済学者という位置付けなのでしょう。ところが、この本自体が、じつは自分をクリントン政権の大統領経済諮問委員会委員長に売り込むために書かれたらしい、という監訳者解説が載っているので倍楽しめます。一度、ぜひ、読んでみてください。

大統領の経済学の評価

ところで、長い目でみて、大統領の経済学はどう評価されるでしょうか。新しい経済政策がその後の経済の健全化や活性化に役立ったのか、それともかえって経済の自然の治癒・回復機能を損なってしまったのか、評価は簡単ではありません。しかし、毎回、すばらしい約束で売り込まれる経済政策と新理論と実現される成果との落差は相当なものです。多くのひとびとが、大統領の経済学はつぎつぎと失敗を繰り返していると感じているのは理由のあることです。

分かりやすいように、簡略化された形で理論が説明される。ひとびとに受け入れられやすいように、悪い影響や副作用は意図的に省かれる。こうした現象は、民主主義の代償である。こう弁護するひともいます。経済の基本的な仕組みと経済政策の予想される結果について、多くのひとびとが正しい知識と見識をもつことは、民主主義の基盤として必要なことです。しかし、マネタリズムやサプライサイド経済学が納税者や勤労者、あるいは預金者や年金生活者、さらには資産家や失業者に経済の仕組みや働きについて正しい知識をもたらしたと言えるでしょうか。大統領の経済学は、一部の経済学者・エコノミストたちの名誉や知識欲の対象になってしまっていないでしょうか。

ボルカーによる実験の明白な失敗のあとも、ミルトン・フリードマンはマネタリズムの教説は正しかったと言いつづけています。かれは、六〇年代から、求められて自己の経済予測を発表しつづけていますが、その予想の成績はさんたんたるものです。それでもこの自称「実証主義」経済学者は、自分の理論が正しいと主張しつづけています。ラッファー教授の教説は、フリードマンのものほど明確ではありませんが、税収最大点が現在税率より高いか低いかという、もっとも簡単な判断に失敗したことは隠しようもありません。それでも、かれが自己批判して、経済学の再建に取り組んでいるという話は聞きません。なぜ、こんなことが繰り返されるのでしょうか。大統領の経済学の理論家たちだけが堕落したのではないでしょう。経済学自身に問題があると考えるべきではないでしょうか。

期待から幻滅へ

一九六〇年ごろ、経済学は社会の中に大きな知的権威をもっていました。政府の政策立案に経済学が力をもっていただけでなく、経済予測や診断の他、社会問題への取り組みや途上国の経済援助に経済学は有効な答えを与えてくれるものと期待されていました。ケインズ経済学に加えて、数理経済学と計量経済学がおおむね完成し、コンピュータの実用化とあいまって、なにかすばらしいことができるのではないかという雰囲気がありました。経済学者の意見が求められるようになり、合衆国では政府や民間企業がエコノミストを雇用するようになりました。一九五九年に全米企業エコノミスト協会（NABE）が設立されたとき、会員は二五〇人ぐらいでしたが、一九八〇年頃までには四〇〇〇人にまで増えました。需要に応えるため、経済学部は、博士号を量産するようになりました。日本でも、経済学部は（いまとは違った意味で）人気の学部でした。理学部学生だったわたしの同級生からも、経済学部への転学部が二人もでました。現実を知るには、経済学をやらなければならない。当時はこう考えていた若者がいたのです。

一九九〇年代の今日、ひとびとは経済学をどのように見ているのでしょうか。打ち続く失敗にもかかわらず大統領の経済学はいぜん健在です。国が経済問題をかかえ、政府がなんらかの経済政策をもたねばならないかぎり、このことは続いていくでしょう。しかし、マクロな経済政策でどんな病気も治せるといいふらすような経済学者は消えていくに違いありません。銀行や証券会社は、エコノミストを解雇しはじめています。経済予測に信頼性がなく、ひとびとがそれに注目しなくなったからです。経済予測に基づいて生産計画を立てることも避けられるようになりました。強気の予測が誤っていたとき、過剰の在庫を抱え込むことが多かったからです。在庫の削減は、予測の正確さを上げることによってではなく、ジャスト・イン・タイム方式やクイック・リスポンス（QR）生産方式によって実現されるようになりました。

経済学への幻滅は、日本でもうかがえます。経済学者より、経営学者の発言や助言が求められるようになりました。書店の経済書のコーナーは、かつてに比べるとだいぶ狭くなりました。代わりに拡大したのは、ビジネス書のコーナーです。経済学は、社会の経済現象への適切な診断者・助言者とはもはや見なされていないのです。

なにが原因か

経済学に対する社会の幻滅が一般化してきているのです。いったい、なにが原因であり、問題なのでしょう。

まず第一に上げられるのは、経済学の研究が細分化され、技巧的になりすぎたということです。一九五〇年代・六〇年代の経済学の数学化・形式化に対し、七〇年代の前半、さまざまな反省の弁が聞かれました。しかし、その警告は生かされず、経済学の主流は、ますます瑣末なパズル解きにのめりこんでいきました。一九七〇年代後半の理論経済学における合理的期待理論*（Rational Expectation Theory. 略称RATEX）の流行はその良い例証です。この点については、後でもう少し詳しく説明します。

第二は、経済理論があつかう主題が狭すぎることです。第一の問題と第二の問題とは、関係しています。経済学が数学化するのは、それが問題を整理し、新しい洞察を開くかぎりでは好ましいことです。しかし、数学化された（あるいは疑似数学化された）経済学が一般になってくると、数学的に表現できない問題は理論ではないという雰囲気が広まりました。その結果、技術や制度や行動など、経済の重要な話題が経済理論の外に追いやられ、単に仮定されるものになりました。もうひとつの効果は、最適化や均衡分析の枠組みに乗らない事情は、すべて理論的には誤りであるとして排除されることになりました。

第三は、これは経済学理論一般の問題ではありませんが、マクロのデータだけで経済を診断する悪い癖ができたことです。日本やアジアの高成長に比べて合衆国の経済が低迷していたころ、アメリカ経済を悪くした元凶探しが行われたことがあります。いろいろな元凶が挙げられるのですが、そのひとつにＭＢＡ（経営学修士）がアメリカ企業とアメリカ経済をだめにした、というものがありました。日本とちがって、合衆国では学校出たてでも、ＭＢＡというだけでマネジャーになれます。現場をしらずに、統計数値（財務諸表）だけをみて戦略を立てるので的外れの経営になり、長期的に経営基盤を掘り崩してしまうというのでした。マクロ指標のみをみて、経済状況を判断したり助言したりできると思うエコノミスト・経済学者は、学校出たてのＭＢＡとおなじ誤りを犯しています。

＊**合理的期待理論**　政府の政策の結果を予測して（期待形成）人々が行動すると、政策の意図したものとちがった結果が生まれる可能性がある。経済政策は、人々のこうした予想行動をも織り込んだ形でなければ有効なものといえない、とロバート・ルーカスは主張した（ルーカス批判）。合理的期待理論では、人々が標準的な経済理論どおりに「合理的に」予測・行動すると仮定する。

学者社会の病理学

若手の研究者、とくに大学院生がおもちゃ問題ばかりに取り組んで、現実の経済の問題に本格的に取り組まないのは、経済学者養成システムに問題があるといわれています。

“Publish or Perish”〈論文を書いて〉出版するか、〈就職できなくて〉滅びるか）という厳しい世界が待っているからです。

この世界の競争に打ち勝つには、まず適当に難しくて、しかしある程度の努力で解けるような、適切な問題を選ぶ必要があります。このためには、現実的な問題より、だれかが作った理論の枠の中に問題を見つけるのが一番です。現実の問題では、どこに難問が隠れていて、研究が行き詰まるかしれません。理論として形式化された問題には、そのような難しさがありません。

既存の経済学がおかしいと思っても、あまり深く疑問をもつのも得策ではありません。既成の経済学を早く飲み込んで、博士論文を書きあげるのが就職のためには一番早く確実な方法だからです。合衆国では、就職してからも、テニュア（終身在職権）が付くまでは論文を書き続けなければなりませんから、安定した地位を得たころには、すでに既存の経済学が心髄にまで染み渡っていることになります。

このようなことは、すでに一九七〇年代にジョーン・ロビンソンや宇沢弘文が指摘したことですが、もちろん異端の経済学者の発言には制度を変える力はありませんでした。マネタリズムが全盛のころ、合衆国では先に触れた合理的期待理論が大はやりでした。合理的期待仮説は、政府がどのような政策を取ろうと、ひとびとがその効果を事前に合理的に計算して行動に織り込む結果、政策の効果は無効となる、というものでした。政府の研究機関や金融機関の研究所でも、ある政策の効果や結果を正しく予測できないというのに、それ以上のことを普通のひとびとが計算しているというのですから、これほど非現実的な仮定はありません。しかし、この理論は、二つの理由で歓迎されました。ひとつは、合理的期待理論の理論的結論がマネタリストの主張を裏書するものだったからです。フリードマンは、かねてから仮定はどうあれ、そこから導いた結論が現実を説明していれば、その理論は正しいと見なすべきだと主張していました。フリードマンの実証主義とはこんなものです。理論的結論が自分の政策的主張と一致することは現実を説明するものではありませんが、かれはそれを良しとしたのです。

歓迎されたもうひとつの理由は、人々の期待というものを考えたとき、合理的期待仮説だけが当時の経済学の枠組みである均衡理論に乗るものであった点にあります。事態の進展にあわせてひとびとが期待を変えていくとすれば、そのような期待の変更のない点こそが均衡状態です。この状態では、ひとびとの学習はすでに終わっているわけですから、すべての政策の効果が織り込み済みでなければなりません。問題は、二つあります。ひとつは、そのように現実の事態が明瞭で、ひとびとの学習が急速に進むか、ということ。もうひとつは、学習が進んで最終的な均衡状態が達せられるまでに、合理的な期待とは別のある期待の状態で定常状態となることはないのか、ということにあります。この両者に肯定的に答えられなければ、合理的期待仮説をもちいて均衡点を求めても、経済は一向にそのような状態に近づかない可能性があります。

このように問題をはらんだ理論でしたが、一九七〇年代後半の理論経済学は、合理的期待で塗り潰されてしまいました。ある推計によると、一九八〇年の合衆国では、理論経済学系の博士論文の八〇%が合理的期待に関係したものであったといいます。信じがたい結果ですが、論文が書けるテーマをみなが追い求めた結果ということでしょう。合衆国の経済系大学院がいかに知的に退廃した雰囲気に支配されるようになったか、これはよく物語るものです。こうして七〇年代前半になされた警告や反省はすっかり忘れ去られてしまいました。

もちろん、一九八〇年代の状況は変わってきています。やり尽くされて論文の生産力が落ちてきたことと、イデオロギー上の後援者であったマネタリズムが力を失ったからです。しかし、経済学の学問的状況は一向に変わっていません。一九八〇年代のはやりのテーマは、実物的景気循環理論とか内生的成長理論といったものでしたが、これらも経済の実態を明らかにしようとする理論ではなく、ちょっとした数学の技巧を新しくしたものにすぎませんでした。

問題のより深い理由

学者養成の奇妙さだけをいっていると、いまの若者はだらしない、もっと造反すればいいのに、という結論にもなりかねません。合衆国に比べると、日本はもっとルーズで、多様な道が開かれています。日本の若い経済学生がもっと意欲的にことにあたって、経済学を変えていくことを期待します。

問題は、しかし、困難な課題にもっとぶつかればいいという姿勢の問題に終わりません。経済学そのものにもっと大きな問題があるのです。それは経済学という学問の理論的基礎の問題です。

学問の基礎などどうでもいい、経済学者は役に立つ処方箋を作りだすべきだ。こう考えるひともいるでしょう。しかし、それは間違いです。

ケインズ政策は、現在ではそのままでは適用できない。しかし、ケインズ経済学とケインズ政策とは同一のものでも、一体不離のものでもない。ケインズ経済学の経済の捉え方やそれに対する分析力は、他のさまざまな経済学にけっして劣るものではない。現在という状況を踏まえて適切な処方箋を出せるのはむしろケインズ経済学である。こう考えている人はたくさんいると思われます。にもかかわらず、ケインズ経済学は、なぜ力を失ってきたのでしょうか。その理由は、わたしにははっきりしているように思われます。六〇年代以来の課題であった、ケインズ経済学のミクロ的基礎づけに失敗したからです。ケインズ経済学が、もしこの試みに成功していれば、事態は変わっていたに違いありません。その理論をもとに、新しい状況における処方箋を書くことも可能になっていたでしょう。ケインズ経済学自身の学問的プレスティージも、もっと上がっていたでしょう。

この試みは、しかし、わたしの判断では、失敗する運命にありました。なぜなら、ケインズのマクロ経済学*と新古典派のミクロ理論*とは、本来、両立しない性格のものだからです。多くの学者たちが成功するはずのない企てに乗り出していったのは、経済学の基礎その枠組みに対する反省が不十分だったからです。この意味では、経済学の基礎をどう考えるかは、単なる理屈の上の争いではありません。経済政策はもちろん、もっと深くは、経済に対する認識を巡る争いでもあるのです。

＊ケインズのマクロ経済学　『雇用・利子・貨幣の一般理論』でジョン・メイナード・ケインズが提起した経済学は、経済統計の整備とともに経済全体の変動を分析するマクロ経済学となった。その主張のひとつは、非自発的失業が長期に存在し続けるというものであったが、それは標準的なミクロ経済学の結論と矛盾した。

＊新古典派のミクロ経済学　一八七〇年代以降の標準的な経済学を新古典派経済学という。それは個人や個別企業というミクロ主体の行動から経済を組み立てるという方法論的個人主義の立場にたち、経済が均衡状態にあるとして分析する。あらゆる生産要素が無駄なく利用されると想定するので、非自発的失業は存在しえず、もし失業があるとすれば、それは自発的なものと理解する。

経済学の基礎にある誤り

現在の経済理論の基礎は、一般均衡理論にあります。この枠組みの構想は、一八七〇年代にレオン・ワルラスにより提案され、その後、いろいろな経緯のあと、一九五〇年代にほぼ完成しました。いくつもの変種がありますが、それらの中でアローとドブルーの競争均衡モデルがもっとも一般的でかつ美しいと言われています（もっとも、一般均衡理論の構築者のひとりである森嶋通夫《もりしまみちお》は、アローとドブルーの均衡理論は特殊なものであって、それをもって一般均衡理論を代表することはできないと主張しています）。

ところで、この一般均衡理論の基礎に問題というか、欠陥があるのです。つまり、経済学の基礎の基礎に根本的な欠陥がある、ということになります。一般均衡理論は、ふつうなにやら難しげな数学で表現されています。こんな七面倒くさい議論をするなら、さぞその理論はしっかりしたものだろう。こうだれでも思ってしまいます。そこに落とし穴があるのです。

一般均衡理論の理論構造はけっして難しいものではありません。高校の第一学年でもならう、需要曲線・供給曲線の交点で価格と取引数量がきまるという説明原理は、まったくおなじです。違いは、ただ、取引される商品が一種類だけでなく、たくさんの種類の商品があり、それらの相互依存関係を考えなければならないということだけです。そこがうるさいのですが、理論の中核となる部分は単純なものです。

一般の場合も、供給関数・需要関数を求めます。多数の商品のある場合の供給関数・需要関数は、つぎのようなものです。まず、各商品の価格を勝手にとってみます。多数の商品の価格の相対的な比率が重要です。これを価格体系といいます。価格体系を任意にひとつ与えたとき、家計や企業がこの価格体系のもとに、どのような行動を取るかをまとめたものが需要関数・供給関数です。すなわち、各商品毎に市場にたいしてどれだけの供給量・需要量が表明されるか、それをまとめたものが需要関数・供給関数です。

問題は、これらの関数が定義できるかどうか、なぜ存在するか、にあります。単にある時点で、ある商品について需要量・供給量が決まっているというのでは、需要関数・供給関数は時間の変数としてしか意味をもちません。ところが均衡理論では、価格体系のみを独立変数*とする関数として、需要関数・供給関数を与えます。このことが正当化されるためには、経済のなかに、価格体系をひとつ与えるごとに、一定の需要量・供給量が出現する仕組みが内蔵されていなければなりません。これを関数の「構成問題」といいます。

技術的なことを省いていえば、新古典派経済学は、こう説明します。以下の二段落については、第3章でもう一度くわしく説明するので、いま分からない点があっても、気にしないでください。

まず、需要関数の構成にあたっては、各家計が予算制約条件のもとに効用を最大化すると考えます。その計算結果に基づいて、各家計がひとつずつの商品をどれだけ需要するかを決定し、全体の関数を構成します。供給関数の構成では、生産が規模に関して収穫逓減という状況のもとにあると仮定します。この条件のもとで、各企業が利潤を最大化するよう技術的に可能な範囲で生産計画を立てると考え、供給関数を構成します。仮定が正しく、企業や家計など、経済を担う主体（エージェント）が無限の計算能力をもっていれば、このような想定は妥当なものでしょう。

しかし、家計が効用を最大化しているという想定も、企業が利潤を最大化しているという想定も、ともに複雑さの問題を無視しています。近代経済が数千万という多数の財・サービスからなる複雑な経済であることを考えると、経済主体が最大化を行っているという仮定に基づく経済理論は、理論的な正当性のまったくないものです。また、生産は規模に関して収穫逓減であるどころか、収穫逓増であるのが一般的です。一般均衡理論は、その構成要素たる需要関数・供給関数にこのような理論的難点を含んでいます。この意味で、一般均衡理論は、その基礎の基礎に基本的な難点を含んでいます。

大学の教育では、普通は、このあたりを曖昧にして、すぐ均衡解の存在定理の証明に入ります。数学的な道具立ては高級で、その論理には一点の曇りもありません。その証明を克明に追いかけている間に、需要関数・供給関数の構成に問題があったことなど忘れてしまいます。覚えていても、その後の証明がこんなに厳密にできているなら、自分の疑問はきっと理由のないものだと考えて、全体の枠組みを受け入れてしまうことになります。このことは、"Publish or Perish" の心理的圧力よりも、意識化されないだけにより深刻なものです。

＊独立変数　二つの変数 x と y において、x が決まると y が決まる関係（因果関係）があるとき、その関係を関数 $y=f(x)$ と表し、x を独立変数、y を従属変数と呼ぶ。

真の困難に取り組む必要

経済学の行き詰まりの背景には、このように理論における根本的な問題が隠れています。しかし、これまでの主流の経済学は、この理論的難点を改善すべく、理論の再構築を図るのでなく、じつに奇妙な仕方で「解決」してきました。それは、理論構成に必要だから、仮説が正しいと信ずるという方法でした。この点も、第3章でもう一度、取り上げます。ダチョウはこわいものから逃れるために砂の中に頭を隠すといわれていますが、新古典派の考え方は、まさにこのダチョウの解決法を踏襲するものです。

もちろん、頭を隠し、妥当性のない仮定を信ずることによっては、問題はなんら解決しません。しかし、多くの経済学者は、根本の問題に目をつぶって、モデル化でき、数学的に解きうる問題を解くということに経済学の進歩があると考えてきました。異端派の経済学者の主張は分からないではないが、その批判はあまりに根本的であり、そのような批判の上に経済学を進めることはできない。経済学者がなすべきことは、解きうる問題を立て、それを解くことだ、というのです。経済学でおもちゃ問題とパズル解きが隆盛を極めていたのは、このような考えが多くの経済学者たちを捉えていたからです。しかし、誤った基礎の上に、パズルを解いたからといって、それで経済がいくらかでもよく分かるものではありません。その結果が、大統領の経済学の堕落であり、経済学の知的権威の社会における低落でした。

経済学の直面している問題がこのようなものとするなら、経済学はその根本にもどって再出発しなければなりません。別なことばでいうなら、おもちゃ問題とパズル解きをやめて、真に困難な問題に挑む必要があります。

一九六〇年代、経済学は社会科学として初めて、物理学に匹敵する厳密性と操作性とを獲得したともてはやされました。それがどのくらい真実であるかどうかはともかく、このような自慢の仕方そのものが、経済学が物理学を理想タイプ＝模範としていたことを証言しています。物理学の様式に似れば似るほど、科学として厳密であり、完成に近づいたと考えられていました。一九六〇年代のスターが、物理学出身のポール・サムエルソンであったことは、この時代の雰囲気を象徴しています。しかし、この当時の経済学が模範とした物理学は、第5章で説明するウィーヴァーの分類によれば、「単純な問題」を扱う科学でした。この物理学は、十九世紀までの自然科学として、もっとも成功したものでした。しかし、経済学の模範を、このような古典的な物理に求めることが妥当かどうか、じつはそれが問題です。単純で数学モデルが立てられるような問題ばかりでは、市場の真の働きや経済の諸過程を解明することはできません。解ける問題ばかりを解くのでなく、重要な問題はなにかを考えなければなりません。それがたとえ困難な問題であったとしても、その問題に取り組むことなくしては、経済学の現在の行き詰まりを突破することはできません。

複雑さの問題

では、十九世紀までの物理学が扱うことのなかった困難な問題とは何でしょうか。それが複雑さの問題です。第4章・第5章で詳しく説明しますが、科学の女王と呼ばれる物理学にしても、真に複雑な問題に取り組めるようになったのは、そう古いことではありません。確率論で処理できるような複雑さの問題は、十九世紀の半ばから始まり、二十世紀の前半に確立されました。その代表的なものが量子統計力学です。しかし、統計的手法がうまく使えないような、さらに一段と難しい複雑さの問題に物理学が取り組むようになったのは、二十世紀の後半、それも一九七〇年代以降のことといってよいのです。複雑さという問題に正面から取り組むようになったのは、物理学でも最近のことです。

経済学の歴史は、かなり異なります。

経済学は、学問の性質上、じつは最初から、複雑さの問題に取り組まざるをえませんでした。経済表のケネーや分業論を展開したスミスなど古典派経済学者が取り組んだのも、現代的に解釈すれば複雑さの問題ということもできます。もちろん、それはそのようには表現されていませんし、問題の所在すらはっきりしなかったといっていいでしょう。ところが、一八七〇年代に経済学は、おおきな方向転換を経験します。いわゆる「限界革命」*です。この「革命」により、経済学は古典派から新古典派へと転換することになりました。ここで、合理的に計算して行動する経済人のイメージが確立しました。それ以前の経済人は、幸福の追求を目指していたにしても、習慣や情念から自由でない、はるかに具体的な人間を想定してきました。それを効用という単一の値を最大化する存在として人間を捉えるという画期的な人間像が提案されたのです。これは、微分学を中心とする当時の数学と物理学の手法を借用するには、絶妙な工夫でした。

十九世紀の限界効用理論に、二十世紀はじめの限界生産性理論が付加されて、新しい経済学の骨格ができあがりました。それが新古典派の経済学です。この経済学は、第3章に示すように、主体行動における最大化と経済システムにおける均衡という二つの概念を核としています。これは力の平衡によって、物体の運動を解析するという力学の枠組みを踏襲するものです（じつは、「均衡」と「平衡」とは、英語でともにequilibriumというように、ヨーロッパ語では、もともとおなじ言葉ですが、日本語への翻訳にあたって、数学・自然科学では「平衡」、経済学では「均衡」と訳されるようになったのです。なお、平衡概念に基づく力学は、かならずしも静学、つまり動きのない状態の研究とはかぎりません。慣性力という概念を導入すれば、力の平衡により、動的な運動をも分析することができます)。

経済学のこのような物理学化によって、経済学は分析的な学問になりました。しかし、その裏で、大切なものが落ちてしまったことも否定できません。それは、人間は神のように全知・全能ではなく、有限の能力をもつ存在であるというごく当然の認識が失われたことです。このことが、経済学をして、長らく複雑さという問題に目をつぶらせることになりました。なぜなら、神にとって、すべてのことは明晰にして判明だからです。あることは単純であり、あることは複雑であるということは全知・全能の存在にはありえないことです。新古典派の経済学は、神のような経済人を想定することで、経済学を(すくなくとも理論的には)単純なものとしました。しかし、それは複雑な経済と、複雑な状況の中での経済行動のどちらをも見損なう結果を招きました。二十世紀の経済学が行き詰まったのは、複雑さというやっかいな問題が存在しないものと考え、その重大な帰結に目をつぶってきたからにほかなりません。複雑系経済学は、このような反省にもとづいて提唱されているものです。

＊限界革命　ある財 x を消費する効用を $u(x)$ とするとき、その限界増分 $u(x+1)-u(x)$ を限界効用という。一八七〇年代に、それまでの古典派経済学に代わり、限界効用がものの価格を決めるという限界革命がおこり、その後の標準理論(新古典派経済学)の原型となった。

第2章　計画経済の失敗が教えるもの

第1章では、現在主流の経済学がいかに行き詰まっているか、総覧してみました。その中から、経済学が「複雑さ」という困難な議題を避けて通れなくなってきていることを指摘しました。経済を考えるにあたって、これは大変重要な視点です。しかし、そういっても、みなさんには、なかなか実感が湧かないでしょう。それは当然のことです。

経済学が複雑さの問題にぶち当たったのは、じつは長く苦い経験の結果なのです。二十世紀の人類は、この問題に、多様な方面で出会ったのですが、そのもっとも大規模で劇的な経験は、中央指令型計画経済への偉大な挑戦と失敗でした。

一時期、人類の三分の一を抱えていた計画経済は、一九八九年の東欧の民主化革命、一九九一年の連邦崩壊に至るソ連の一連の改革、一九九二年の中国共産党による社会主義市場経済路線の採択により、地球上からほとんど姿を消してしまいました。朝鮮民主主義人民共和国のように、計画経済の旗をまだ降ろしていない国は、経済的にきわめて困難な状態に陥っています。一九九〇年代の今日、計画経済の失敗は当然のように受け止められています。

計画経済に対するこのような明確な判定が下ったのは、歴史的には、そう古いことではありません。二十世紀の始まり、あるいは二十世紀の中間地点である一九五〇年においても、おおくの人にとって、計画経済は人類の夢を表現するものでした。結果が出てしまった現在においては、その時代の記憶のない若い人達にとって、計画経済が夢として、希望として語られた時代を想像することは難しいことかもしれません。しかし、計画経済による平等で豊かな社会の建設という目標が、人類の三分の一の人達を鼓舞し、いわゆる「社会主義圏」の外にあったかなりの人達にとっても目指すべき政治目標だった時代が確実にありました。社会主義計画経済の建設は、人類史的な大実験でした。このような大規模な実験に人類が突き進んだことは他にありません。なぜ、このように多数の人間が、現在からみれば無謀な冒険に乗り出したのでしょうか。

その理由の一部に、経済学の責任（あるいは無責任）があるとわたしは考えています。計画経済がぶつかったのは、計画や管理における複雑さの壁でした。人類が計画経済の実験に乗り出すとき、このような壁の存在について、ほとんどだれも考えていませんでした。経済学の理論の中に、「複雑さ」という概念はありませんでした。その概念を欠いたことの重大な帰結を思い知らされる。これが計画経済への挑戦と失敗の歴史でした。

計画経済への挑戦に反対した経済学者は、たくさんいました。しかし、その発言と態度表明の多くはイデオロギー的なもので、経済学の理論として、その不可能性を説明するものではありませんでした。もちろん、重要な例外はありました。社会主義経済計算論争に不可能派の立場から参加した人達です。そのことについては、この章の後半で触れる機会があります。しかし、ハイエクに典型的に見られるように、その人たちといえども、最初からすべてが分かっていた訳ではありません。論争から学ぶ中から、複雑さの問題に出会うことになりました。

この第2章では、計画経済への挑戦の中から、どのような困難にぶつかり、複雑さの帰結を思い知ることになったか、それをやや急ぎぎみに追体験してみることにしましょう。

計画経済の思想

「計画経済」ということば自体は、二十世紀のものです。一九一九年、第一次世界大戦敗戦後のドイツで社会民主党内閣の経済相となったウィッセルが使ったのが最初とされています。しかし、一国の経済を組織だった計画により運営すれば、無政府的な市場経済より、よい成果が得られるに違いないという考えは古く、フランス社会主義の創始者の一人サン・シモンにまで遡れます。かれは社会的生産の「組織化」を考えていました。マルクスも、自己の理想とする社会として、社会的生産過程が「意識的な計画的な規制のもとに」おかれ（『資本論』第一巻第一章）、「意識的社会的統制や規律」（同、第一巻第一二章）によって組織される経済を考えていました。

このような考えを一言で表すとすれば、それは一国の経済を「ひとつの工場」のように運営することとなります。社会的分業を市場《しじょう》の無政府的な競争に服させるのでなく、ひとつの工場内の分業のように組織し直そうという訳です。

「ひとつの工場」という譬えは、すでにマルクスの時代にも使われていました。それに最後の定式を与えたのは、ロシア革命を指導したレーニンでした。かれは著書『国家と革命』において、共産主義の第一段階を「平等な労働と平等な賃金のもとにおいて、社会全体がただひとつの事務所とただひとつの工場でしかない」状態と表現しました。社会の頭脳部門である「事務所」が生産や配分の計画を作成し、その指令を受けて現業部門である「工場」が生産と物流とを担当する。これは、まさに社会的分業を工場内分業に転換させる構想でした。計画経済は、この構想を具体化しようとするものです。

計画経済が提案されたのには、二つの理由がありました。ひとつは、資本主義のもとでの資本と労働の分離を廃止して、所有と無所有の差異による支配・従属関係から人々を解放するため、もうひとつは、私的資本の決定による経済の無政府的運営を改め、計画的で効率的な経済を実現するためでした。

計画経済を構想した人達にとって、その構想の実現を阻んでいるものは、生産手段の私的所有でした。とくに、十九世紀末以降の共産主義者にとって、企業の巨大化・産業の独占化・銀行の産業支配などにより、期は熟したと考えられていました。これを阻止しているものは、生産手段の私的所有に他ならない。革命によって、生産手段の社会的所有を実現すれば、計画経済は可能になる。そうすれば、無政府的な資本主義経済の非効率さが改められ、生産力は増強される。かれらはこう考え、計画経済の社会的枠組みができあがったとき生ずるであろう困難についてはほとんど心配しませんでした。計画策定と管理運営にいくらかの困難があることを、かれらは否定しなかったでしょう。しかし、それらが効率的な解決策のない難問とは考えていませんでした。

このような楽観の背後には、革命派一般の楽観主義に加えて、マルクスとその後継者たちの場合、かれらの理論に固有の事情もありました。それは、生産関係が生産力の桎梏《しっこく》となっている、という有名な公式です。人類はすでに技術的には絶大な生産力を手に入れているが、私的所有による資本と労働の分離という生産関係がくびきとなって、その力を十分発揮できないでいる。もしこのくびきを取り払うならば、科学・技術は進歩し、経済運営は効率化され、人類のもてる力は解放される。こう考えていました。十九世紀の後半から急速に成長し、二十世紀初頭には経済の支配的勢力になるまでに至った巨大企業の存在もかれらの目を奪っていました。このような巨大企業が出現し、産業を支配しているからには、それらを社会の手に取り返せば、社会はそれらにより大きな力を発揮させることができる。その成果は社会構成員全体のために生かすことができる。こんな期待がありました。小企業が大企業に統合され、それが巨大企業として成長し、これまでにない生産力を誇っている。それらをすべて社会ないし国家の手に一元化して、事前の調整により生産手段を有効に活用する。そうすれば、無政府的な市場ではえられない、巨大な生産能力を手に入れられる。社会主義の機は熟したという考えの背後には、このような判断がありました。

別の表現をすれば、かれらは「組織」というものがほぼ無限の能力をもち得るものと考えていました。政治権力を握り、政府機構を手にいれれば、経済運営のための強力な組織を形成することには困難はない。軍隊がうまく運用できるとおなじように、国家的組織によって経済の円滑な運営は可能になる。こう考えていたのです。一九一七年のロシアにおける人類最初の社会主義革命の後、ソビエト連邦が計画経済の実現へとその努力を集中していったのは当然のことでした。

ロシア革命から計画経済まで

革命以前には、どのような構想も夢の部分をもつことは仕方ないことです。しかし、夢の実現を図る機会がやってきました。いくつもの歴史的偶然の重なりから、第一次大戦の末期、一九一七年に、戦争に疲れたロシアに社会主義革命が起こりました。それから数年、反革命や外国の内政干渉、戦時共産主義の行き過ぎなどから、ロシアとその周辺の旧ロシア帝国内には混乱が続きました。波乱に満ちたその混乱を収めて、政治体制として確立されたのがソ連です。

ソ連は、正式には「ソビエト社会主義共和国連邦」といいました。ロシア、ウクライナ、白ロシアなど革命の結果生まれた社会主義共和国が、一九二二年、同盟条約を締結することによって成立した形をとっていました。ソ連は、それまでの国家とは大きく異なる原理に基づくものでした。それは、政党である共産党が国家機構の枢軸として位置付けられていたことです。国家の諸機関が共産党の決めたことを執行することを主たる任務とするものでした。名実ともに共産党の独裁する国家が誕生したのでした。

ソ連共産党（当時は、「ソ連共産党（ボリシェビキ）」と名乗っていました）は、革命に成功するとすぐに、経済の計画化に着手します。一九二一年二月には、ゴスプラン（正式には「ソビエト連邦閣僚会議国家計画委員会」）が設置され、計画経済に向けて準備が始まりました。当時の革命家たちは、自分たちの理想に忠実でした。社会主義を支持する経済学者たちも、とうぜん、この試みを歓迎しました。

もっとも、この時期は、内戦が終了した直後で、国内経済は疲弊していました。革命の偉大な指導者レーニンは、このまま計画経済に進むことは不可能と考え、商業の一部自由化を含む新経済政策NEP（ネップ）を採用します。二歩前進するために、一歩後退という訳です。それでも、NEPは思い切った政策でした。なぜなら、商業活動の自由は、過剰な富の蓄積を生み出し、資本主義を復活させる危険な試みと考えられていたからです。一時的後退のあと、果敢に計画経済に向かって突き進んだのは、レーニン亡きあと、政敵との戦いに勝利しつつあるスターリンとその指導下にある共産党でした。

スターリンは、一九二八年ごろから経済の計画化を強力に進めます。このような方針に対し、農民の抵抗などを考えて、慎重論がありました。このような異論をすべて圧殺していく過程が、モスクワ裁判やラーゲリ（強制収容所）に象徴される大粛正でした。他方で、計画化の一部としての農業の集団化は、大飢饉をもたらしました。ウクライナでは、農民が二千万人も死んだ、という推定もあります。経済の計画化は、こうした大変な犠牲を払って進められました。計画経済の実験は、その準備段階から、きわめて悲惨な裏面史に彩られています。

中央指令型計画経済

ソ連型計画経済をひとことでいうなら、全ソ連経済を「ただひとつの事務所とただひとつの工場」にすることでした。これはすぐ前に述べたように、レーニンが『国家と革命』

のなかで使った表現です。「ただひとつの事務所」に相当するのが、国家計画委員会や各省庁からなる巨大な事務機構であり、「ただひとつの工場」は全国の国営工場が、事務機構の指令のもとに、あたかもひとつの工場のように生産し、出荷する仕組みと考えてもらったらいいでしょう。しかし、このような「理想的」な計画経済は、長いソ連の歴史のなかでも、けっして実現しませんでした。

国家権力と国家規模の官僚組織を使っても、生産能力や資源・資材の状況、技術の水準や内容、管理部門の経営のよしあし、労働者の士気、新しい製品需要などを各工場ごとに調べて中央で把握することは、到底できない相談でした。しかし、これは「ただひとつの事務所」がしなければならないことの中では、下調べにすぎません。「ただひとつの事務所」は、これらの資料をもとに、すべての工場について、何を・いつ・どのくらい・どのように生産し、それらの製品のどれだけを・いつまでに・どの工場あるいはどの国営商店に配送しなければならないか、国家やひとびとの必要に基づいて、計画を立て、指令を出さなければなりません。工場は、指令に従って動くだけです。しかし、このような計画を立てるには、どのような資料を使い、どのように計算すればよいのか、計画経済の初期には、理論らしき理論は何もありませんでした。

計画経済というと、第一次が一九二八年から始まった五カ年計画が有名ですが、これは石炭・鉄鋼・電力など重点生産品目について国家目標を掲げた程度のもの、と考えてもらってもいいでしょう。多くの資材が重点目標の達成のために、振り向けられ、それ以外の生産のための投入や消費は、犠牲にせざるをえませんでした。ウクライナの大飢饉も、食料の生産不足のためというよりも、設備機械輸入の代金支払いのために、徴発された穀物を無理に輸出したことが真の原因だ、といわれています。文字通りの「飢餓輸出」だった訳です。

この意味では、初期の五カ年計画は、すべてを勘案・配慮して、生産の過不足のないようバランスの取れた計画を作成し、それに基づいて生産・建設を進めたというものではありません。まず、そのような計画を作成するにたるデータが集まっていませんでした。商品のこまかな仕様の体系はもとより、商品の基本的な分類や標準化も不十分でした。第三に、原材料・部品の投入・産出関係を通した生産と生産の間の相互の複雑な相互依存関係を計算して調整するだけの数学的手法やそれを実際に計算する機構もありませんでした。物資のバランス表が作成されましたが、それは計画官が勘に基づき生産量を増減させるものであり、ひとつをバランスさせると、他の多くの物資のバランスが崩れてしまう運命にありました。

これらは、五カ年計画が第二次・第三次と続く中で整備されていくはずのものでした。第二次世界大戦という重大な中断を挟んで、この努力は進められました。戦後のスターリン時代の計画経済は、その点ではもっとも完成した計画経済とみることができます。しかし、その実態は、レーニンを含む社会主義思想家たちの想像をはるかに超えた、困難を伴うものでした。すべてを国家の管理下におくことにより不確実性が除去できるはずでした。これは不確実性に悩まされ続けなければならない企業経営に比べれば、はるかに有利な条件をもたらすべきものです。しかし、計画経済の実際は想像を越える困難なものでした。経済の複雑さが大きな壁として立ちふさがったからです。

計画経済の実際

スターリン時代の最終期にあたる一九五〇年代前半のソ連計画経済は、一国一工場という計画経済の理念をもっとも推し進めた形態であるということができます。それは、おおよそつぎのような諸項目からできていました。

①　重要な経済活動の国家による独占。主要な例外は、農業のみ
②　ヒエラルヒー秩序による諸組織の統合と上部機関による利害の調整
③　指令と報告による企業内管理形態の国家大への拡張
④　計画と統制のための複雑な計算体系

このうち、④の計算体系について、すこし説明しておきましょう。計算体系のなかには、まず、種々の期間にわたる計画があります。五カ年計画ばかりが有名ですが、それ一本で経済が運営できた訳ではありません。五カ年計画は、中期計画に分類される、主として、

投資の計画でした。経常的な計画は年次計画で、操業計画は、日間・月間・四半期といった期間ごとに、詳細な計画が立てられました。もちろん、これらの計画のすべてを、国家計画委員会が策定したのではありません。そんなことは不可能です。五カ年計画の策定だけでも、国家計画委員会にとって大事業でした。計画の最終決定が計画期間の開始に間に合わないといったことが、すくなくとも二回起こっています。

より短期の計画は、より下位の機関に任せざるをえませんでした。たとえば、日間計画は各工場が、月間計画は各企業・企業連合が、年次計画は各省が中心になるといった具合です。ただ、こういう分担が生まれると、新たな問題が生じます。各計画の間の不整合性を防げないからです。

全体の計画は、細分化され、期間を指定して、それぞれの企業・企業連合に割り当てられます。各企業は、その計画を達成する責任を負うことになるのですが、どこかで計画の未達成が生ずると、原材料の連関を通して、多くの企業が影響を受けます。あらたな状況を踏まえて計画を立て直すことになるのですが、相互に調整されたものでなければ、投入・産出関係を通じた不整合が生ぜざるをえません。やっかいなのは、目標を超過達成しても、問題が生ずることです。ある特定の生産物を増産すれば、その原材料が計画以上に(生産的に)消費されることになり、おなじ原材料を用いている生産活動に支障が生ずるからです。

さまざまな理由で調整の必要が生まれたときにも、それがどう調整されるかは、たいへん難しいことでした。それがすぐ後で問題にします、ボーナスなどの刺激体系に関係していたからです。このような利害がからんだ組織間の対立がおきたとき、計画経済の弱点は、自動的な調整機構をもたないというところにあります。当事者相互の交渉による取引条件の変更を認められませんでした。つねに、上部機関の調停と計画の調整とが必要であり、それには時間がかかりました。

ヒエラルヒー秩序をもつ組織体系をいくら強固なものとしても、上部機関が下部機関の行動をすべて把握しきれるものではありません。反対に、上部機関がいくら詳細に指示しようとしても、それにもまた限度がありました。この点で象徴的なのは、計画作成において用いられた製品の種類数ないし品目数です。ソ連の国家計画委員会(ゴスプラン)が作成する各年度の国民経済計画には、およそ二〇〇〇種類の生産物が区別されていました。国家資材・機械補給委員会(ゴススナブ)は、自己の管轄下にある生産物について全国的な生産・配分計画を立てていましたが、そこで扱われていたのはおよそ一万三〇〇〇種類でした。大変な数のように思えますが、一万三〇〇〇というのは、日本でいえばスーパー・マーケットで扱っている品目数よりやや少なめの品目数です。これで、ソ連経済全体の生産物が必要なだけ詳しく指定できたわけではありません。実際、ソ連には一二〇〇万から二五〇〇万の品目があったといわれています。この値は、なにが同一品目かという基準の取り方に影響を受けます。同じサイズの色違いの靴下は、同じ品目か、別の品目かという問題を避けられないからです。ここに上げられている推定は、価格表に登録済みの生産物数から推定したものですが、計画に使われている種類数より三桁も多い数字であることに注意してください。現物の数量によって指定されていたとはいえ、その指定は、一般的にいえば、かなり大ざっぱなものでした。計画遂行においてどのような仕様の生産物をどのくらい生産するかは、企業の裁量に任せるほかありませんでした。

考え方を変えれば、このような裁量の存在こそが企業の存立理由ともいえるものです。もし裁量の余地なく指定が可能ならば、国家の経済機構をあえて諸組織に分け、計画委員会や省庁以外に、独立の企業を設置する必要もないことになります。望むか望まないかにかかわらず、各企業には事実上の自主的裁量の部分が残されます。ひとつの企業の中で、現場の人間の行動を社長がすべて管理しきれないのと同様のことが、より大規模に拡大されてあるわけです。ただ、計画指令のあいまいさ・包括性と下部機関の裁量の問題を、計画経済の本質的な問題として、体制設計の中にきちんと織り込んで考えていたかというと、はなはだ疑問だといわなければなりません。以下のような、いわばアド・ホック（場当たり的）な対策は取られましたが、企業間の取引の自由といった原理的な側面での検討は十分なされませんでした。複雑さの問題が、本質的・原理的な問題と捉えられていなかったからです。

刺激と統制の体系

企業の能力を正確に知ることができず、また十分詳細な指令をだすことができなくても、企業が全体として望ましい方向に行動するよう、計画経済の初期から、さまざまな刺激体系が考えられました。むしろ、初期の大まかな目標管理だからこそ、刺激の装置が必要だったのかもしれません。

一番簡単なものは、生産量を指標とするものでした。期間中の生産量がある設定された目標を上回る場合には、報奨金を与えるというものです。この報奨金は、組合と相談の上、企業長が従業員へのボーナス支給や厚生施設の充実などに自由に配分できるものでした。ところが、実際にやってみると、いろいろまずいことが起こりました。

鋼板の生産量が重さで測られたため、厚めの薄板ばかりが生産されました。おなじ圧延量でより多くの「生産量」が確保されたからです。旋盤の生産量が総重量で測られていたことがありました。一台の重量を重くすれば、生産量を上げるのは簡単です。そこで、どっしりと重いコンクリートベッドをもった旋盤が設計されたこともありました。運送量がキロ・トン（つまり走行距離×運搬重量）で測られたために、わざわざ遠回りして、ものが配送されることもありました。そうすると、一件の輸送物件で、より多くの「運送量」が計上できたからです。こういう笑い話のような実話がいくつも生まれました。

そこで、つぎには、製品の多様性を評価することや、製品の構成が需要を反映させる生産には追加的な報奨金を出すことが考えられました。そのために、達成すべき指標や守らなければならない指標が設定されることになりました。こうして統制と刺激の体系が組み立てられていきました。ところで、中国には、「上に政策あれば、下に対策あり」という言い回しがあります。より効率的な制度にしようと、国家や省庁レベルで制度を整備すればするほど、下部の企業では、その制度の中で、簡単に成果を上げられるさまざまな「対策」が講じられることになります。すると、しばらく後には、現行制度のまずい点が発見され、それらを是正するために、新しい指標やボーナス付与の計算方式が付加されることになります。まさにイタチごっこです。

統制と刺激の体系はどんどん肥大化して、スターリンの死んだ一九五三年には、企業に指示される指標の数は、経済全体ではなんと九、四九〇にもなりました。一企業に約五〇〇個もの指標が示され、企業長はそれらをにらみながら、企業の運営をすることを余儀なくされました。こうなると、最適な決定はおろか、実行可能解を探し出すのも難しくなってしまいます。こまかく指定すれば事態が改善されると考えるのも、複雑さに対処する方法を間違えています。

計画経済の理論としての経済学

計画経済の運営には、従来とは異なる経済理論が必要でした。革命の初期には、そのような新しい経済学へ向けて、さまざまな試みがなされました。革命的熱気もあり、思想的統制もゆるやかなものでした。しかし、スターリン時代に入ると、諸潮流の競合という学問的競争の雰囲気はなくなり、政治経済学はイデオロギー教育のため教義神学となり、数理経済学など、マルクスの『資本論』にないような概念と分析手法を用いるものは、事実上禁止されることになりました。このことの背後には、学者革命家のブハーリンや経済学者のプレオブラジェーンスキなどが、左右のスターリン反対派を形成したという偶然の事情も関係しているかもしれません。しかし、おおきく事態を決めたのは、スターリン自身の考えだったと思われます。かれは、社会主義経済の建設に経済学ないし社会科学は有用なものではないと考えていました。

スターリンは、一九五二年に有名な「ソビエト連邦における経済の諸問題」という論文を発表して、社会主義経済にも価値法則が貫徹することを指摘しました。しかし、それは社会主義に多数の所有主体が残っているためで、一元化された計画経済における経済問題（稀少な資源という与件のもとに、生産と配分の計画を立て、経済を効率的に運営するにはどうしたらよいか、という問題）を念頭においたものではありませんでした。スターリンにとって、計画経済の問題は、組織化の問題であり、経済的というよりむしろ政治的問題でした。反

ません。

スターリン論文以前には、社会主義経済のもとでは客観的経済法則は存在せず、したがって計画経済の経済学は成立しえないとまで考えられていました。数理経済学などは、ブルジョア経済学の焼き直しに他ならず、役に立たないばかりか、危険な思想であると考えられました。そこで、スターリン時代の計画経済は、それに必要な理論的分析や考察をまったく持たないまま、山勘と手探りで進められました。

もちろん、そのような闇の時代にも、隠れた努力はありました。レニングラードの数学者カントロヴィッチによって一九三八年頃から始められた生産計画の最適化に関する研究などは、その典型的な事例です。これは線形計画法を実質的に創始するものといわれ、事実、かれは一九七五年、オランダ生まれのアメリカ人クープマンスとともに、ノーベル経済学賞を受けています。カントロヴィッチの研究は、線形計画法の核ともいうべき最適解の速い解法（単体法）の発見を欠くものの、「陰の価格」の発見のほか、現在でも重要な理論的貢献を含んだものでした。しかし、かれの研究成果は、大学の非公式な出版物として印刷されただけで、書物として公式に発行されるのは、数理経済学に対する公的見解が大きく変化した一九五九年を待たねばなりませんでした。

数理経済学とサイバネティックス

スターリン後のソ連で、数理経済学が学問として公認されるようになったのは、経済学者・統計学者のネムチーノフの巧妙なキャンペーンの成果でした。皮肉なことに、ネムチーノフは、スターリンから「役にたつデータを作る」と評価された数少ない（たぶん唯一の）統計学者です。カントロヴィッチの本の出版も、このキャンペーンの一環をなしています。ネムチノフがいなければ、ソ連における数理経済学の活動は、もっと後まで制約されたものになったかもしれません。

ネムチーノフ、ノヴォジーロフ、カントロヴィッチの三名は、ロシアの数理経済学・計量経済学の創始者になりました。かれらは、レニングラード、モスクワ、ノヴォシビールスクに数理経済学の講座を開設するとともに、一九六三年、ソ連科学アカデミー内に中央数理経済研究所（略称TsEMI＝ツェミー）を創設しました。

このような不幸な経緯をたどったのは、数理経済学だけではありません。経済学・経営学に関係深い学問では、サイバネティックスも、短い期間に同様な運命をたどりました。サイバネティックスは、アメリカの数学者ノーバート・ウィーナーが制御と通信の一般理論として創始したものです。それは心臓から高射砲にいたる広範な対象の制御機構を理論的に解明するものでした。しかし、このサイバネティックスも、アメリカ生まれの学問というわけで、五〇年代には一時、資本主義的科学として弾劾されました。その後、公認され、大学にもサイバネティックス学科などが設立されました。グルシコーフの率いるウクライナ科学アカデミーのサイバネティックス研究所（キエフ、一九六二年創設）などはその代表的なものです。一九六〇年代以降、サイバネティックスは、西側諸国よりも、むしろソ連・東欧の方で盛んといえます。西側でシステム理論と呼ばれるようになったもの全体が、ソ連・東欧ではサイバネティックスと呼ばれていました。

フルシチョフ改革とブレジネフ反動

スターリンの死後、九、五〇〇もの指標にがんじがらめになった指令経済には、反省が生まれました。スターリン死後、最高指導者の地位についたフルシチョフは、一九五六年の党大会で秘密報告を行いスターリン批判を開始しました。名誉回復を始め、さまざまな雪解け政策を進め、対外的には平和共存を唱えました。計画経済の改革では、制度的準備のないまま地域分割を進め、成功したとはいえませんが、この時代の思想的解放は、つぎのコスイギン首相の時代の経済改革へとつながりました。一九六五年に始まるこの改革は、「利潤」の再導入という大胆な考えを含むもので、企業の義務的指標は八つにまで減らされました。首相の名前をとって、コスイギン改革とも、この改革のイデオローグとなったリーベルマン教授の名をとって、（西側では）リーベルマン改革とも呼ばれています。しかし、経済管理の原理的な部分では、旧来の制度をほぼ踏襲するものでした。

一九六〇年代後半には、東欧各国で民主化運動が高まりはじめました。その代表的なものが一九六八年の「プラハの春」です。チェコスロバキアの社会主義陣営離脱を恐れたブレジネフは、八月、軍隊をおくって運動を鎮圧しました。国外に対し強硬手段をとったブレジネフは、国内に対しても思想的引き締めを強化しました。その影響で、経済政策も保守化し、制度的な改革、とくに分権化の推進による経済管理の改善といった追求方向は忌避されました。かわりに模索されることになったのは、より技術主義的な問題解決でした。その核になったのが、全国的に張り巡らされたコンピュータ網による経済計画と運営という構想です。一九七〇年四月に開かれたソ連共産党第二四回大会でブレジネフが前年一二月の中央委員会総会決定として紹介した中には、「数理経済学的モデル化やシステム・アナリシスなどの方法を発展させ、〈中略〉長期的には情報収集・情報処理の国家全体にわたる自動化システムを創設しなければならない」という提案が含まれています（Cave, *Computers and economic planning*, 1980, p. 12）。それは一言でいえば、「コンピュートピアの夢」ということができます。

コンピュータによる最適計画

このような考えを国家計画委員会の計画策定に具体化しようとしたものが計画計算自動システム（略称ＡＳＰＲ）です。この研究は一九六六年から小人数のグループで始まり、一九六九年には国家計画委員会副議長のラコーフスキは、導入の日程を提示するまでに至ります。

中央統計局など他の省庁でも、コンピュータを使った計算体系・自動管理体系が試みられています。中央統計局は国家統計自動化システム（ASGS）、国家資材・機械補給委員会（ゴス스ナブ）は物資技術供給管理自動化システム（ASU MTS）の開発にあたりました。企業レベルでは、企業管理自動化システム（ASUP）が、工程管理には技術工程管理自動化システム（ASUTP）が提案されました。これらすべてを体系化して国家全体におよぶ自動化システムとして構想されたのが、OGASでした。これは「全国経済計画、経営、会計のためのデータ収集、貯蔵、処理の全国家自動化システム」という長い名前の略称でした。この構想の詳細は、一九七一年末にモスクワで開かれた会議で明らかにされました。この年には、OGASの実現のための調整機関として組織・経営問題全連邦研究所が国家科学技術委員会に付設されました。

これらの構想の実現のために、多数のコンピュータが必要なことはいうまでもありません。全国が電力供給網で結ばれているように、全国がコンピュータ・ネットワークで結ばれるはずでした。各地に共同利用のコンピュータ・センターが設置され、一九七一年―七五年の五カ年間に総計二、三〇九基のコンピュータが設置されました。しかし、構想実現は、容易ではありませんでした。国家計画局のASPRは、予定では、一九七五年までに、計画策定はASPRを利用するものに徐々に移行するはずでした。しかし、予定は遅れに遅れ、一九七〇年代末になっても、全体構想の実現にはほど遠いありさまでした。実現したのは、従来行っていた計画策定作業の一部を情報システムに置き換えるもので、第二段階の計画の最適化、長期計画の策定などは実現しませんでした。

ソ連における数理経済学

経済管理をコンピュータ化することにより管理効率をあげようとする考えは、すでに五〇年代の終わりからありました。そのような考えの実現にむけて、強力な宣伝と理論的支援とをしたのが、ソ連科学アカデミー中央数理経済研究所でした。

中央数理経済研究所は、カントロヴィッチの理論の影響下に、価格の利用をもっと積極的に推し進めようという考えをもっていました。初代所長のフェドレーンコなど、この研究所の代表者たちは、コスイギン改革が利潤の導入にとどまって、制度面での改革が遅れていることを批判しました。利潤がうまく機能するためには、価格体系も適切なものでなければならないのですから、これは当然の批判です。しかし、ブレジネフ反動の強まる中で、価格の自由化と市場経済の再導入につながるような主張はできません。このような状況の中で提案されたのが、一九六〇年代末の「社会主義経済最適機能システム」(略称SOFE、ソフィーと読むことができます)です。これは、具体的には、企業と中央省庁との間で、コンピュータ網の助けを借りながら三段階の調整をして計画を自動的に行おうという提案でした。

離れてみますと、ASPRとSOFEの間に、そんな大きな違いはないようにみえます。この提案に対する国家計画委員会の反応は敵対的なものでした。このような提案は、実現可能性がない、というのです。そこには、多分に組織間の対立といった要因もからんでいたに違いありません。しかし、もっとも大きな違いは、SOFEが最終的には、価格調節による市場的な調節を目指していたのに対し、国家計画委員会はあくまで指令的な経済体制を維持しようとしていたことにあるかもしれません。

自動化への二つのアプローチ

コンピュータおよびそのネットワークを利用した、ソ連における経済管理・企業管理の自動化システムの試みを現在の地点で再評価するとき、何がいえるでしょうか。

まず、コンピュータで自動化できたことがいったい何であったのか、正確に理解しておくことが必要です。コンピュータで自動化できたことがいったい何であったのか、正確に理解しておくことが必要です。中央数理経済研究所のSOFEを典型とする最適化された展望的計画は、ほとんど実現できませんでした。これは、コンピュータの容量やネットワークの不備など、情報システムの不十分さの結果でもありますが、統一分類体系など、社会制度上の整備の遅れによることも指摘されています。

しかし、コンピュータが大容量化・高速化し、経済的な諸制度が整備されれば、効率的な計画経済は実現できたでしょうか。今日のように、コンピュータが小型化・高速化・大容量化を同時に達成し、高速・大容量の通信回線で結ばれるようになった現在では、それは可能である。このように考える人がいることは確かですが、ソ連の実際の経験は、情報システムの可能性について、もうすこし別のことを教えているとわたしには思われます。それは、情報システムがなにを実現できるかという性格の問題に関係しています。

ソ連における自動化システムについて詳しい報告書を書いたケイヴが結論的にいっているように、自動化システムに可能なのは「情報の流れの古いシステムの高速化」だからです（Cave, 1980, p. 180）。このことは、経済計画の自動化構想の最初からあった、二つの異なるアプローチの内、一つだけが実際的であったことを意味しています。

二つのアプローチとは、「問題から」の方法と「写真による」方法の二つをいいます。前者は、計画の目標を基礎にとり、目的関数を最大化するよう、データをそろえ、代替的計画案を評価して、最適なものを選び出す、という方法です。後者は、計画策定の実際の過程を分析し、形式化して、可能なものをコンピュータに移管するという接近方法です。

この二つのアプローチは、経済・経営の自動化にあたって、あらゆる水準で対比されました。さまざまな討論がなされましたが、結論はいつも同じでした。第一のアプローチが望ましいが、それは実現可能性を欠いている。第二のアプローチは、現在の経営方法が問題の性格を正確に反映していないかも知れない点で欠陥をもっているが、すくなくとも実際的である（Cave, 1980, p. 47）。この対立ないし矛盾は、一五年にもおよぶ自動化の推進によっても、解決できませんでした。

これは、市場経済における情報化の可能性や取るべき方向について重要なメッセージを与えるものです。最適解を追求する方法は、データ収集の面でも、解を求める計算の面でも、大きな限界にぶち当たらざるをえません。

複雑系の制御理論

ソ連の経験において、経済計画・経済管理が「複雑系 Сложная система の制御」の問題として捉えられていたことは、注目してよいことです。しかし、複雑さが制御の性格と可能性とを大きく変えてしまうことに、明示的な理論を作りだすことはあまりなされませんでした。最適化タイプの計画策定の困難は、いろいろ指摘されていますが、ケイヴにも見られるように、「計算装置の発展の長期的な展望のもとにおいては、実行可能性の技術的問題は克服できると十分な理由をもって期待できる」と考えられていました（Cave, 1980, p. 36）。

このことは、複雑系に対処するのに、「制御の思想」では不十分であることを教えています。複雑系を制御しようとしても、制御できるものではないのです。複雑系との付き合い方、折り合いのつけ方を、根本から見直す必要がありました。分権化や企業の独立採算性の追求、市場経済などその後の経済改革の方向は、こういう方向を目指すものであったといってよいでしょう。しかし、それを経済学の問題として明示化することは、ソ連社会主義の中からはついに出てきませんでした。

経済計画と管理の自動化による経済効率の追求は、一〇年たっても、思わしい成果を上げることができませんでした。一九六〇年ごろまで、世界でももっとも高いグループにあった成長率は、その後、長期的な低落曲線をたどりました。一九八〇年代に入ると、ソ連経済の停滞は以前にもまして深刻なものになりました。高度な管理が導入されたにもかかわらず、スターリン時代より経済成長率が落ちたことは、さまざまに説明されていますが、次の視点は重要です。

スターリン時代の計画は、重点計画でした。それ以外の目標は容赦なく犠牲にされました。しかし、六〇年代以降のある程度高度化した経済と消費生活のもとでは、そのような目標追求はもはや不可能です。多様性の追求と全体の調整と効率的な生産・配分とを同時に成り立たせなければなりません。これはまさに複雑さの問題です。社会主義的思想の初期においては、計画経済は市場経済よりこの課題に適していると考えられていました。市場の無政府に対し、組織の統制と目的性とが強調されたのもこのためです。しかし、事実は、その反対を証明してしまいました。

ゴルバチョフが出て改革の機運が高まると、計画経済の強化から一変して、社会主義経済の市場経済化が追求されるようになります。この機運を先導したのは、かつてSOFEを提案した中央数理経済研究所の人達でした。シャターリン、ペトラコーフ、ヤヴリーンスキといった名前が挙げられます。前の二人は、研究所の副所長として、研究のリーダーでした。ヤヴリーンスキは、今も、改革派の指導者として政治的に活躍しています。一九八五年以降、かれらは経済改革にいそがしくなりました。社会主義計画経済の教訓を理論的に考察する時間はありませんでした。社会主義経済最適機能システム（SOFE）が、思う通りに実現しなかったことは確かです。その原因を単に組織的な確執や政治路線における保守・急進の対立に帰着させることはできません。そこにいかなる原理的問題があったか。その理論的総括が求められています。複雑系経済学が社会主義の経験に興味をもっているのは、この点の分析に複雑さという視点が重要であるという期待があるからです。

社会主義経済計算論争

すでに述べたように、計画経済を建設しようという構想は、一九九〇年前後に、すくなくとも当面の戦略としては、ほぼ全世界的な了解として放棄されてしまいました。経済をひとつの工場＝仕事場のように運営することの不可能を身をもって理解するまでに、人類には、一九一七年の革命から数えて約七〇年、サン・シモンの『同時代人への手紙』(一八〇三年)から数えて約二世紀の時間が必要でした。しかし、このような無謀な冒険の危険性を実際の経験以前に警告しえた、少数の経済学者はいました。

今日の経済学への繋がりからいえば、一九二〇年代—三〇年代にソ連の外で行われた「社会主義経済計算論争」がもっとも重要なものです。この論争は、ルードヴィッヒ・フォン・ミーゼスが一九二〇年に発表した論文「社会主義共同体における経済計算」が発端です。社会主義においては、生産財が社会によって一元的に所有され、市場が形成されない。そのため、生産財の適切な価格も形成されない。そこでは、生産の効率を測るべき基準がなく、したがって社会主義経済の効率的な運営は不可能である。ミーゼスは、おおよそこのように主張しました。

時は一九二〇年、ロシアに革命が起こり、内戦や外国干渉もようやく静まり、これから社会主義建設を行おうという時期です。社会主義者たちが反発したのは当然です。二〇年代には主としてドイツ語で、三〇年代には主として英語で、社会主義における経済計算を巡って活発な理論的論争が展開されました。それが今日、「社会主義経済計算論争」と呼ばれているものです。この論争は、一九八〇年代のはじめには、ほとんど忘れられた存在でしたが、その後、この論争の意義が再評価され、現在では多くの論文や著書が刊行され、資料も手に入りますから、その経緯について重ねて述べることはしません。注意しておきたいことは、この論争の一方の主役を努めたフリードリッヒ・A・ハイエクがこの論争の中である転回を遂げ、後期ハイエクの理論的基礎を得たということです。知識の分散的所有や（部分的）無知、複雑さといった主題は、この論争の中でつかんだものです。一九四八年のウィーヴァーの論文「科学と複雑さ」に早くからハイエクが注目して二つもの論文を書いたのは、偶然ではありません。

　複雑系経済学の起源を訪ねるとすれば、この社会主義経済計算論争を外すことはできません。ハイエク、ミーゼスからルードヴィヒ・ラックマン、イズラエル・カーズナー、マレー・N・ロスバートなどへと繋がる（後期）オーストリア学派*の歴史においても、社会主義経済計算論争は、ある意味で学派の帰趨を決める重要な経験でした。

　といっても、ハイエクたちは、この論争の勝者であったのではありません。戦争の始まる一九四〇年代以降、論争は自然消滅の形を取りますが、勝者と考えられていたのは、社会主義派のオスカー・ランゲなどでした。ハイエクは、一九三一年からロンドン大学の経済学院（LSE）にあって、人気教授の一人でしたが、ケンブリッジ大学のJ・M・ケインズたちとの大論争にも敗れ、四〇年前後には、LSEでのハイエキアン（ハイエク信奉者）は、ハイエク自身とラックマンだけだった、と当のラックマンが後年回想しているほどでした。一九四四年に刊行されたハイエクの『隷従への道』は、ベストセラーとなり、政治思想の文書としては成功を収めましたが、それは経済学者としての成功ではありませんでした。

ハイエクが経済思想家として再び注目を集めるようになるのは、一九七〇年代に入ってからといってもよいでしょう。それは、数理経済学への傾倒が反省されるようになったときでもあり、ソ連・東欧の計画経済の困難が自他ともに意識されるようになった時期でもありました。ケインズ経済学も新古典派経済学も、基本的にはハイエクのいう「科学主義」の立場に立ち、理性＝合理性の限界を認めようとするものではありませんでした。経済学が複雑さの問題にぶつかり、合理性の限界を意識するようになるには、計画経済の困難を認識するのと同じような長い時間が必要でした。

＊（後期）オーストリア学派　限界革命の担い手の一人であったカール・メンガ（Carl Menger ウィーン大学教授）を中心に生まれた経済学をオーストリア学派という。ハイエク、ミーゼスなど第二世代はナチズムの台頭により英・米への亡命を余儀なくされ、その思想も北米大陸に移ったが、それをもオーストリア学派とよぶ。区別するために後者を後期オーストリア学派と呼ぶ場合もある。

分権と集権の矛盾

社会主義計画経済は、それが経済的には非効率であり、政治的には権威主義的・全体主義的にならざるをえない構造をもっていたにしても、ある程度は機能した経済でした。社会主義経済計算論争やソ連数理経済学のその後の議論、さらにはソ連や東ヨーロッパ諸国での経済改革の経験を踏まえたうえで、現在の時点にたって社会主義経済について反省してみるとき、なにがいえるでしょうか。つぎの点を強調しておくことが必要ではないでしょうか。それは、計画経済がスピード競争において資本主義に負けたということです。資本主義経済の過剰なスピードが望ましいものだとは必ずしもいえません。しかし、ひとびとがこのスピードというものに大きな価値をおいたということも無視することはできません。

わたしは、変革以前のソ連や東欧諸国の幾つかを訪ねたことがあります。それは最先端を走る経済ではなかったにしても、資本主義経済のほとんどの有用な商品を模倣し、生産するだけの能力はもっていました。では、どこに問題があったのでしょうか。政治的・社会的問題を抜きにして、経済についてのみ考えると、つぎのことがいえます。計画経済は、意図して変化を作り出すことはできても、起こってしまった変化に対応するにはけっして適した体制ではなかったということです。

変化はあらゆる場面からやってきます。消費における嗜好の変化、生産物の不足と過剰、事故による計画変更、生産技術の変化、原材料・部品の入手可能性の変化、新材料・新技術の出現、などです。これらは、時間さえ掛ければ、計画の中に取り入れることは可能でした。しかし、計画経済は、すべてを計画的に、整然と組織的に行おうとしたために、計画から外れた事態にたいして対応することがどうしても遅くなりました。

変化に対応しようとしても、意思決定を迅速に行うことができませんでした。現場の人が気づいた場合、かれは、組織のヒエラルヒーという巨大な存在を、ただ説得という手段で動かさねばなりませんでした。計画期間という障害もありました。問題が分かっても、今期の計画にではなく、次の計画に織り込むことを約束させることができれば、大成功でした。

このようなことは、市場経済であっても、企業の内部ではつねに起こっていることです。しかし、市場経済内部の企業の方が、より迅速に対応してきたし、そうするための手続き規則や行動慣行も整備されてきました。決定の迅速化と責任の所在の明確化がつねに追求されなければなりません。組織のフラット化や分社化も、そのような努力の一部といえます。計画経済がおなじような戦略を取れなかったのには理由があります。

計画経済は、計画を整合的にするため、その運営組織は中央集権的な性格を取らざるをえません。計画経済において、つねに「独立採算」という標語が掲げられていたように、決定権と責任の委譲による分権化とスピード化の必要は感じられていました。しかし、それを徹底して行うことは、計画経済の一方の要請である中央集権的な運営を破壊しかねないものでした。市場を認めない経済あるいは取引の自由を認めない経済においては、分権化による決定の迅速化には限度があったということです。分権と集権とを同時に要請されるという矛盾を、計画経済はついに解くことができませんでした。

経済学への教訓

社会主義計画経済は、二十世紀の人類史的な大実験でした。経済学などの社会科学では、しばしば実験がないといわれます。たしかに、繰り返しの効く実験は不可能です。しかし、一度限りの歴史的経験の中には、ずいぶん大胆な「実験」も含まれています。計画経済は、その最たるものでしょう。現在では、計画経済など、はじめから間違いだったように考える人が増えていますが、そう考えて、この苦い経験に学ばないものは、もう一度、別の形でおなじような愚を繰り返すことになります。社会主義の歴史に学ぶことは、イデオロギー的な問題から、長いあいだ困難でした。ほとんどの国が計画経済を放棄した現在になってはじめて、離れた立場から過去七〇年の歴史を学ぶことができるようになったといえます。

計画経済の経験から経済学が学ぶべきものは、単に、計画経済の困難という認識ではありません。その運営の中でぶつかったさまざまな問題が、市場経済では出会わない、極限における検証の資料を与えています。計画経済に対し、市場経済が勝利したという単純な整理では、この長い苦い経験から、ほとんど学んだとはいえません。計画経済への取り組みは、愚かなひとびとが愚かな仕方で挑戦して失敗したというものではありません。極めて優秀な頭脳と張り巡らされた組織と巨大な資源投入をもってしても乗り越えられない制御不可能性という問題があったのです。それは、ひとことでいえば、「経済の複雑さ」という壁です。しかし、「複雑さ」が経済にとって実在の条件であり、無視できない重要な観点であることは、経済学ではまだ、よく理解されていません。

複雑さが経済体制を分析する欠かせない視点であるとすれば、市場経済と企業組織を考察するにも、複雑さはおなじように欠かせない視点です。しかし、現在主流の新古典派経済学は、複雑さを理論の枠組みのなかに取り入れることができていません。それは、単に「まだ、できていない」だけではありません。新古典派の枠組みの中には、「複雑さ」の視点を拒絶する理論的な構造があるのです。次の第3章では、この拒絶せざるをえない構造について考察します。複雑系科学の展開をも視野に入れたうえで、新しい経済学について基本的な構想を紹介するのは、第7章以下となります。

第3章　新古典派経済学批判

第3章では、現在主流の経済学の理論について検討します。この経済学は、ふつう「新古典派経済学」あるいは「新古典経済学」と呼ばれています。この経済学は、一八七〇年代の限界効用理論に起源をもちます。この理論は、イギリスのジェヴォンズ、フランスのワルラス、オーストリアのメンガーらがそれぞれ独立に発見したといわれ、経済学にも同時発見があった、いや、これはトマス・クーンの科学革命のひとつだと騒がれることがあります。現に「限界革命」という表現が、ときに用いられています。

それ以前の古典派の経済学（＝古典派政治経済学）に比べると、新古典派経済学は数学的表現や概念に頼ることが多く、数理経済学と密接な関係があります。じじつ、ほとんどの数理経済学は、内容的には新古典派経済学です。そのため第2章に見たように、数理経済学はブルジョア経済学にほかならないという批判もまんざら間違いではありません。この章は、新古典派経済学の批判ですが、しかし、かつて旧ソ連のマルクス経済学者たちが投げかけたようなイデオロギー的批判ではありません。あくまでも理論の内部におかれている仮定や理論の枠組みの非現実性を問題にするものです。

第1章の終わりに触れたように、複雑系経済学は、新古典派経済学に代替するものとして提案されているものです。その立場を理解するためにも、複雑系経済学の構想の説明に先立って、この章では、新古典派の理論にすこし立ち入って、それを批判的に検討してみることにしましょう。新古典派理論の基礎は、一般均衡理論です。そのどこに、どんな問題があるのか。それを調べてみることで、なぜ複雑系という見方が必要か、ということも分かってきます。

なるべく簡単に、要点のみ説明します。ことの性質上、この章は、経済理論にかんする初歩的な知識があった方が読みやすいものとなるでしょう。しかし、大学で経済学を学ばなかった人も、また経済学は学んだが、マルクス経済学一辺倒で、新古典派理論はほとんど知らないという人も、すこし我慢して読んでもらえれば、大筋は分かるように説明するつもりです。

新古典派経済学の方法的核

新古典派の経済学には、二つの核となる方法的枠組みがあります。ひとつは、「最適化原理」です。最大化原理・最小化原理と言われることもあります。これは追求される目標が大きい方がよい場合、小さい方がよい場合に分けて表現しているのですが、以下では文脈でどちらか区別がつく場合は、分かりやすく最大化原理・最小化原理を使います。どちらとも限定できない場合には、最適化原理を使います。どの表現を使おうが、原理としては同一であることに注意してください。

最適化原理は、経済学のさまざまな場面に現れます。消費者理論では、効用の最大化。生産者理論では、利潤最大化、費用最小化といった具合です。消費者・生産者など、経済活動の担い手を「主体」と捉え、主体の経済行動をなんらかの目的関数の最適化と表現するのが、新古典派経済学の第一の方法的特徴です。

新古典派批判の中には、この学派が「方法論的個人主義」に立っているというものがあります。経済の担い手はそのような孤立した個人ではなく、経済共同体の中でその役割や行動を規定された存在である、というのです。この批判は、当たってはいるのですが、「存在被拘束性」をいうだけでは、個人の選択や意思決定の問題を扱えないことになります。わたしは、もう一歩踏み込んで、説明する必要があると考えています。選択できるかのような状況のもとに、なぜ個人は新古典派の想定する、神のような自由な決定者ではありえないか。その手掛かりが、最適化計算の複雑さにあるのですが、これについては後に説明します。

新古典派経済学の第二の方法的核は、「均衡」という枠組みです。これは市場に観察される価格や取引数量が、与えられた条件のもとでは、基本的に現在どおりに定まり、その条件が変化しないかぎり変化しない、という考えにたっています。価格が均衡であるためには、需要と供給とが一致していなければならない。もしそうでなければ、価格は変化してしまう。現在の価格が一定の安定性をもつ以上、その価格は需給の一致を生んでいるはずだ。価格はそのような需給一致条件から求めることができる。これが価格均衡の基本的な枠組みです。

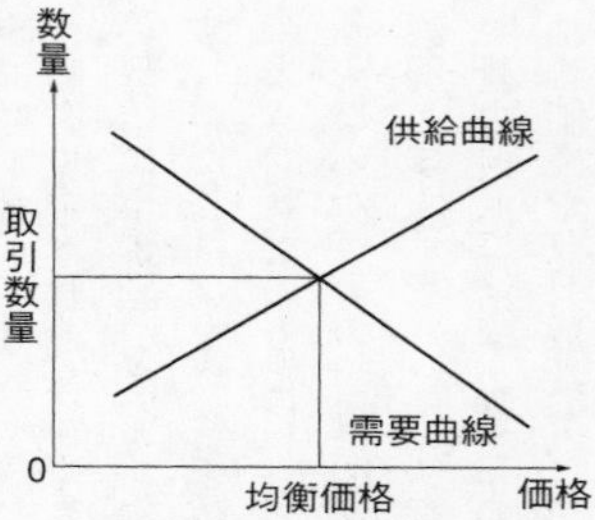

図2　価格均衡

供給曲線・需要曲線を描いて、その交点に価格と交換数量とが定まるという、高校一年生以来おなじみの図式は、均衡理論のもっとも簡単な適用になっています。

均衡理論には、経済学でも古くからさまざまな批判が投げかけられてきました。もっとも有力で、しばしば繰り返されるものは、均衡理論は本質的に静学であり、実際の経済はダイナミックな過程であるから、経済理論を動学化しなければならない、というものです。このような批判は、すでに前世紀のジョン・スチュアート・ミルから始まっています。しかし、このような動学化のスローガンに、わたし自身は懐疑的です。なぜなら、変化のダイナミックスにのみ注意を奪われていると、能力に限界のある人間の経済行動についても、またそのような経済行動の中から、いかにして行動の進化が生まれるかについても、理解を誤ると考えているからです。複雑系経済学が過程の分析理論でありながら、状態の再生産ないし繰り返しを保証する仕組みに多大の注意を払うのは、このためです。この点は、第7章で、もう一度、議論します。

ところで、新古典派の方法的核の二つともに、重大な難点が隠されています。以下では、まず、効用の最大化という消費者理論を例にとって、最適化原理の問題点を明らかにしましょう。そのあと、価格均衡という枠組みが生産者理論をもいかに歪めてしまったか、お話しします。その二つの説明が終わったあとで、一般均衡理論を基礎とする新古典派経済学の方法的基礎について、もう一度、反省的に振り返ってみます。

効用最大化計算

新古典派の経済学では、消費者ひとりひとりは、購入される財・サービスの集合の任意の二組に対し、選好とよばれる順序関係をもっていると考えます。教科書では、しばしば、リンゴ二つとナシ三つのバスケットとリンゴ三つとナシ二つのバスケットとあって、(対価なしで) どちらかをとることができるとき、あなたはどちらを選ぶか、といった問いが例として挙げられています。こんな簡単な場合はともかく、財・サービスがたくさんあるとき、その任意の二組を比較できるというのは、これ自身かなり非現実的な仮定ですが、ここでは無視しておきます。

この選好関係がある条件を満たすならば（たとえば、任意のバスケット以上に選好される点の集合がつねに閉集合ならば）、この選好関係はひとつの効用関数で表すことができます。そこで、以下では、選好関係の代わりに、効用関数を用いることにします。

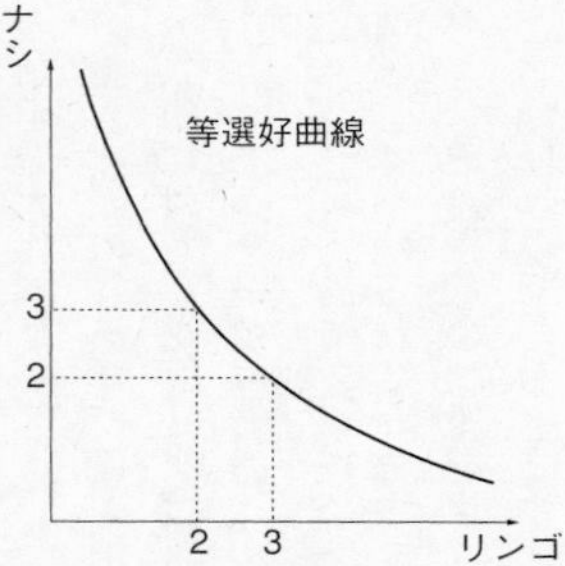

図３　選好関係

効用関数を用いると、消費者の買い物行動は、予算制約のもとでの効用関数値の最大化問題として定式化できる、と新古典派は考えます。これを効用最大化問題といいます。消費者の行動がある最大化行動によって記述できると考えているわけですから、ここに最適化原理が前提されていることになります。

効用最大化問題では、まず、消費者は、ひとつの効用関数 $u(x_1, x_2, \ldots, x_N)$ と財・サービスの期首保有量 $z_1, z_2, \ldots, z_N$ とをもつと考えます。ここで、$x_1, x_2, \ldots, x_N$ は、購入すべき財やサービスの量を表します。期首保有の全量をいったん市場に供給し、価格をにらんで必要量を買い戻すと考えれば、価格体系 $p_1, p_2, \ldots, p_N$ において、この消費者の予算額は

$$C = z_1 \cdot p_1 + z_2 \cdot p_2 + \cdots + z_N \cdot p_N$$

となります。消費者は、どんな財・サービスの組合せでも購入できる訳ではありません。

財やサービスの購入価格総額が金額Cを越える場合には購入することはできません（借り入れはできないと考えておきます）。これが予算制約です。購入可能な財・サービスの組合せ$x_1, x_2, \cdots, x_N$は不等式

$$x_1 \cdot p_1 + x_2 \cdot p_2 + \cdots + x_N \cdot p_N \leqq C$$

を満たさなければなりません。任意の価格体系$p_1, p_2, \cdots, p_N$が与えられたとき、この制約条件のもとに、関数値$u(x_1, x_2, \cdots, x_N)$を最大化せよ、というのが効用最大化問題です。

いま、すべての財・サービスは、単位の倍数ごとに売られていると考えてみましょう。このとき、$x_1, x_2, \cdots, x_N$は整数となります。とくに、単価がぜんぶ正ならば、このような組合せは、有限個しかありません。このとき、予算制約条件を満たす財・サービスの組合せの中で、効用の値を最大化するものがあります。効用の値も有限個ですから、その最大のものがあるのは当然です。無限個の値があるときには、最大のものがあるとは限りませんが、今はそういう心配はいりません。最大化問題になんの問題もありません。最大解はどこかに存在するはずです。原理的には、効用最大化問題になんの問題もありません。最大解はどこかに存在するはずです。しかし、これを実際に求めるとなると、話は大違いです。

最大化の計算時間

この最大の効用を与える組合せ（最大解）を実際に計算してみることを考えましょう。財・サービスの種類Nが少し大きいときには、暗算では到底できませんから、コンピュータ・プログラムを考え、その計算時間を推定してみます。簡単のために、効用は最初の1単位で飽和すると考えれば、$x_1, x_2, \cdots, x_N$は、それぞれ0か1の値を取ることになります。このような値の組合せ、つまり購入計画は、全部で2のN乗個あります。これは、ひとつひとつの財・サービスについて、購入するかしないかを決定するときの場合分けの数と考えても同じです。

途中の説明を飛ばしますが、効用の最大値をもとめる計算は、あるサブルーティンを2のN乗回走らせるものになります（サブルーティンは、任意の購入計画について、①まず予算制約を満たすかどうか、②条件を満たす場合に、効用の値を計算する、③この値をこれまでの最大の値と比較し、もしより大きければ、購入計画とその効用とを記憶する、という計算と判断を含みます）。サブルーティンの計算は一定の時間内に終了します。したがって、効用の最大化計算は、有限の時間で終了することは間違いありません。じっさい、それはサブルーティンの計算時間の2のN乗倍以内の時間で終了するはずです。

問題は、この2のN乗という数がNに関してとても速く増大することです。このことは、Nの代表的な値について、計算に要する待ち時間を推定してみれば分かります。サブルー

問題のサイズ N	10	20	30	40	50	60	70	80
計算に要する時間	0.001秒	1秒	17分	12日	35年	3.57万年	3.66千万年	3.57百億年

表1　2の累乗に比例する計算時間

ティンの計算に一マイクロ秒、すなわち百万分の一秒を要すると仮定してみましょう。これは、現在使われている最高速度のコンピュータを使うとしても、かなり速い計算時間の仮定です。しかし、全体の待ち時間が2のN乗に比例するとすると、表1のような、驚くべき結果が得られます。

財・サービスの種類の数Nが10以下なら、目をつむる間もなく計算が終わります。Nが20でも、一秒で結果がでます。しかし、Nが30ぐらいになると事情はちょっと変わってきます。こんどは一七分も待たねばなりません。コンピュータを使うにしては、かなりの待ち時間です。ところが、種類がもう少し増えて、Nが40では一二日、50では三五年も待たなければならなくなります。そして、Nが80では、ついにビッグバン以来の時間をかけても、計算が終わらないということになります。

計算量の理論とNP困難な問題

効用を最大化する計算をコンピュータで行うにしても、財・サービスの種類の数は、せいぜい三〇どまりでなければ、実際には使えません。しかし、財・サービスの種類が全部で三〇以下などというのは、きわめて原始的な経済でも、考えられません。現在、小さなコンビニエンス・ストアでも、一二〇〇品目ぐらいの商品を陳列しています。

この結果を信じられない人が多いことでしょう。わたし自身、最初は信じられませんでした。どこかが間違っているのではないか、いろいろ疑ってみました。もっと、うまい計算方法をとれば、そんなに時間がかからないのではないか。こう疑うこともできます。しかし、そういう期待はできないのです。

上の条件付き最大化問題は、じつは「計算量の理論」(あるいは、「計算の複雑さの理論」)における有名な「ナップザック最大化問題」と同値な問題なのです。ナップザック問題(正確には、ナップザック最大化問題)とは、ナップザックにいろいろなものを積めこんで、その総価額を最大化せよ。ただし、荷物の総重量は一定以下に抑えなければならない。こういう問題です。制約としての総重量を予算制約、最大化すべき価値額を効用と読みなおせば、表現が違うだけで、ナップザック最大化問題と制約条件付き効用最大化問題とは、数学的には同じ問題であることが分かります(このことを数学では、しばしば「同値」といいます。ナップザック問題と効用最大化問題は同値な問題です)。

ナップザック問題に関係して、「ナップザック判定問題」というものがあります。それはこんな問題です。

「価値額と重量とを明示した品物がN個ある。このとき、総価値額Vと総重量Wとを任意に与えて、N個の品物の中から任意個数を選んで、その総価値がV以上となり、総重量がW以下となるようにすることができるか判定せよ。」

この問題は、YESかNOか、どちらかを答えるだけですので、判定問題とよばれます。最大化問題には、それに付随する判定問題がかならず考えられます。

計算量の理論というのは、比較的最近の数学理論です。その中心的な結果のひとつであるS・A・クックの結果は一九七一年に発表されています。クックは、ある問題のクラスが「NP完全」という性質をもつことを示しました。その概念をここで簡単に説明することは省かせてもらいます。説明しても、かえって分からなくなりかねません。ナップザック判定問題は、このNP完全という性質をもっとも身近な問題の例として有名なものです。

計算量の理論の「基本予想」と呼ばれるものがあります。それは、いかなるNP完全問題も、問題のサイズの多項式時間では解けない、という予想です。サイズというのは、問題の大きさを見る指標のことで、ナップザック問題、ナップザック判定問題のときには、品物の個数Nが問題のサイズになります。基本予想は予想ですから、まだ証明されたわけではありません。しかし、信ずべきかなりの理由があります。この予想が正しいとすると、

ＮＰ完全問題は、いくらうまい計算方法を用いても、Nの五乗とか一〇〇乗といった多項式時間に（漸近的に）比例した時間では解けないことになります。

ところで、ナップザック問題の方が、ナップザック判定問題より、「難しい問題」です。なぜなら、おなじ制約値Wにたいして、もし最大化問題が解けるならば、その最大値が条件値Vを越えるかどうか見れば、判定問題の答えは出るからです。計算時間についても同じことが言えます。もし最大化問題が多項式時間で解けるならば、判定問題も多項式時間で解けることになります。逆にいえば、もし判定問題が多項式時間で解けないならば、その最大化問題も多項式時間では解けません。ＮＰ完全な判定問題に付随する最大化問題は、ふつう「ＮＰ困難」と形容されています。

ナップザック問題は、ナップザック判定問題に付随する最大化問題として、もし基本予想が正しいならば、多項式時間で解くことはできません。そのとき、数学的に同値な問題である効用最大化問題も多項式時間で解くことはできません。簡単にいえば、いくらうまい計算方法を用いても、Nの多項式ぐらいの時間で計算するのは不可能だということになります。これが基本予想の内容です。

ところで効用最大化問題は、上に示したように、２のN乗に比例した時間で解くことはできます。これは基本予想に反することではありません。どんな多項式$P(N)$をもってきても、Nが十分大きければ、

$$P(N) < 2^N$$

となるからです。指数関数時間での増大がいかにすごいものか、改めて思い知らされます。うまい計算方法を考えれば、事態を改善できるというのは、はかない空想にすぎません。

複雑さと経済行動

新古典派の経済学は、最大化の計算にこのような時間がかかることをまったく無視してきました。財が二種類だけあるとき、グラフで解くか、そうでなければ最大化問題を定式化し、それに解があることを確かめただけで、実際に解くことにはなんの困難もないと想定してきたからです。これは、主体にとっての複雑さという問題をまったく視野の外においていたからにほかなりません。

計算量の理論の言葉を使えば、これは原理的な計算可能性と実際的な計算可能性とを混同した結果です。制約条件付効用最大化問題は、原理的には計算可能ですが、実際的には解けないのです。経済学の用語に近づけていえば、これは計算費用を無視してきた結果であると言い換えることもできます。ただし、費用といっても、計算にかかる時間の支出で、かならずしも金銭的な支出とは限りません。

原理的な計算可能性と実際的な計算可能性の大きな違いを示すもう一つの印象的な例は、

将棋や碁の必勝法の有無です。将棋や碁のような盤面ゲームで、先手・後手が交番に着手するものには、一般に必勝法があります。もう少し正確にいうと、有限回で勝ち負けがきまる公開・交番ゲームには、かならず先手か後手に必勝法があります。将棋や碁では、引き分けという場合もあるので、その点を考慮にいれると、不敗法（勝てないかもしれないが、絶対に負けない法）があるということがいえます。これは数学の一定理です。証明は、難しいものではありませんが、省略しておきます。

必勝法の存在は古典的な事実で、たとえばフォン・ノイマンとモルゲンシュテルンの『ゲームの理論と経済行動』（一九四四年）の序文にも言及されています。しかし、問題は、この定理と現実の世界との乖離にあります。将棋や碁に不敗法があるとしても、それを発見した人はいまだいません。もしそんな方法が知られているとすれば、だれも碁や将棋に真剣になることはないでしょう。不敗法は原理的には存在しても、実際的には計算できません。数学の定理と現実の世界との違いはここにあります。

新古典派の最大化原理は、碁や将棋を研究するにあたって、不敗法があると仮定するようなものです。人間の実際的な行動を研究しようとするとき、このような原理から出発できないことは明らかです。では、人間の経済行動をどのように考えたらいいのでしょう。これが複雑さの視点から経済行動を考えるということです。これについては、第7章で説明します。

次の二つの補足的注意は、なまじ経済学を知っていたり、線形計画法を知っていたりして、これまでの説明が腑に落ちないひとのためのものです。よく分かったという人は、この補足を読む必要はありません。その先の「需要関数の構成問題」まで飛んでください。

補足的注意・その1

人は目の子で計算して、それで動いている。だから、効用最大化など厳密に計算できていないのは当たり前だ。しかし、人は自分の裁量の効く範囲でより高い効用を求めているのだから、近似理論として最大化していると仮定することには問題がないはずだ。こう主張する人がいます。最後の結論を除いて、その通りです。しかし、こう主張する人は、近似計算と最適計算の間にある違いに気がついていません。

まず、最適値と最適解の区別をする必要があります。最適値とは、最適化問題が解けたとき、目的関数が取る値のことです。最適解とは、そのような値を与える定義域の元のことです。効用最大化問題では、最適値はある点における効用関数の値ですから、ただ一つの実数です。これにたいし、最適解は、商品が*N*種類ある場合、これら*N*個の商品のうち、どれを購入するかのリストということになります。1単位で効用がすべて飽和するときには、これの購入リストは*N*列の0-1ベクトル（成分が全部0か1というベクトル）で表されます。近似解を計算しますと、最適値と近似値とは近い値になりますが、最適解と近似解とは全然別のものになります。まったく異なる解が、目標関数の値としては近い値を与えることがありうる訳です。

補足的注意・その2

計算時間については、もうひとつ注意する必要があります。それはある種の問題では、最大計算時間と平均計算時間のあいだに大きな違いがあって、最大計算時間が大きいとしても、たいがいの例題では、それよりはるかに短い時間で計算が終わってしまう問題があるということです。

このような問題のよい例は、線形計画問題の単体法（シンプレックス法）と呼ばれる計算方法です。線形計画問題では、未知数の数Nと制約条件の数Mとが関係しますが、$M=2N$といった場合に、この計算方法では、最悪の場合、4のN乗（4^N）個以上の頂点を調べなければなりません。その場合、指数関数的な時間がかかることが考えられます。しかし、普通は$M^2 \cdot N$に比例する程度の時間で解けてしまいます。平均と最悪（つまり最大）の計算時間のあいだに、まさに雲泥の差があります。

これは、線形計画問題では、うまく最大値を与える頂点に行き着けば、その時点でそれが最大値を与える解であることを判定する方法があるからです。効用最大化問題には、幸か不幸か、このような判定方法がありません。調べるべき組合せをいくらか省略する方法はありますが、基本的には全数調査が必要です。したがって、効用最大化問題では、運よくすぐに計算できるということはないのです。

蛇足ながら、効用最大化問題と線形計画法の違いについて補足しておきましょう。効用最大化問題において、解を整数（あるいは0か1か）と制限したことが重要です。効用関数が一次関数のとき、もしこの制限がなければ、効用最大化問題は、未知数N、制約条件1の線形計画問題になります。じっさい、効用関数の係数を$u_1, u_2, \ldots, u_N$とおいたとき、効用関数は$u_1x_1 + u_2x_2 + \cdots + u_Nx_N$と書け、この問題は$u_1/p_1, u_2/p_2, \ldots, u_N/p_N$の最大値を$u_K/p_K$とするとき、任意の$j$につき、$j=K$のとき$x_K = C/p_K$、その他のとき$x_j = 0$とおいたベクトル$x=(x_1, x_2, \ldots, x_N)$が解となります。したがって、この線形計画問題は、$N$個の数値の最大値を求める問題に帰着させることができます。容易に分かるように、このような最大化問題はNに比例した時間で解くことができます。したがって、この問題は、Nが一〇〇万でも、ほとんど瞬時に解くことができます。ところが同じ効用関数について、解を整数のものに制限した効用最大化問題を解くには、ナップザック問題とおなじく指数関数的に増大する時間が必要となります。Nが一〇〇ぐらいで、どんなコンピュータを使っても解けない問題になってしまいます。

需要関数の構成問題

制約条件付き効用最大化問題が解けないということは、ひとびとの買い物活動が最大化原理にしたがっていないことを意味します。このことは、じつは上のようなおおげさな考察をするまでもなく、日常生活における自らの買い物活動を反省してみれば了解できることです。

わたしたちは、あらゆる可能な買い物結果を考えて、それらの中から自分がもっとも好ましいと思う買い方をしているのではありません。電球が切れたから、新しいものを補給したり、サバを食べ飽きたからサンマに変えてみたり、予算の許す限りでかなり気のむくままに買い物をしています。思い切って買い物することはあっても、緻密に計算しつくして結論を出すなどということはありません。

このようなことは、ある意味で分かりきったことです。それにも拘わらず、新古典派の経済学で効用最大化という定式を捨てられないのは、そうすると理論的に困ったことが起こるからです。最大の問題は、需要関数が構成できないということです。

一般的には、需要関数とは、ある変数の領域において、ある商品の需要を値としてもつような関数のことです。たとえば、独立変数として時間（正確には、時刻）を取り、ある企業に対するA商品への注文を値に取れば、すくなくとも過去の時刻に対しては、これはひとつの確定した値を取り、関数が定義できます。しかし、新古典派の価格理論における需要関数は、時間経過とともに確定できるような関数ではありません。

新古典派の需要関数は、価格を任意に与えたとき、ひとびとが商品をどれだけ需要するかを仮想的に考えて構成したものです。もしひとびとが最大化原理に基づいて需要を表明するのであれば、各人の需要関数を集計することにより、市場全体の需要関数が定義できます。しかし、上に見たように、二財・三財の場合はいざ知らず、財・サービスの種類Nが一〇〇を越えるくらい大きくなると、コンピュータを使っても最大化は不可能です。そうすると、最大化原理にしたがって需要関数を構成することには、なんの理由もないことになります。

効用最大化問題の最大解ではなく、近似解ならもっと簡単に求めることができるかもしれません。しかし、そのような解が最大解に近いと推論することはできません。この点については、「補足的説明・その1」で説明しました。

こうして、任意の価格体系に対し、経済主体がある特定の需要を市場《しじょう》に表明するという仮定は、まったく正当化できない非現実的なものです。

供給関数の構成問題

需要関数の構成に難点があることが分かりました。供給関数の定義にも、おなじような構成の難点を指摘できます。

新古典派では供給関数も、時刻を変数として供給量を記録したようなものではありません。任意の価格体系を与えたとき、この価格体系のもとで、製品をこれだけは供給したいが、それ以上は供給したくないという数量をひとまとめにしたものです。したがって、供給関数の基礎は、与えられた価格のもとでは、これ以上市場に供給しないという数量が各企業で決まっているという前提です。

多少の常識をもつ人なら、これがいかに非現実的な仮定かが分かるでしょう。現在の市場価格でもっと売れるなら、もっと販売したい、その方がもうかる、という企業＝生産者が圧倒的に多いからです。能力一杯に生産していて、これ以上生産できないとか、もっと生産できるけれども、そうすると費用が増大して現行価格で販売してもかえって損をしてしまう、という企業は現実の経済ではほとんど見ることができません。

供給関数を構成するためには、これは困った事態です。もしそうなら、供給関数という概念そのものが成り立たない、ということを意味します。そこで新古典派は、現行価格でもっと売れるならもっと売りたいという企業は、独占的企業である。自由競争している企業は、これ以上売りたくないという数量をもっているという神話を作り出しました。競争的な市場においては、独占的企業は定義によって存在せず、あるのは競争的な企業のみである。こう理論の枠組みを作ることにしたのです。

競争的な企業の定義にも、巧妙な工夫があります。それは任意の価格体系のもとで、限界費用が逓増《ていぞう》しているような技術をもつものとして競争的企業を定義することです。「逓増」と「増大」・「増加」とは、英語ではともに"increase"で同じ言葉です。"equilibrium"が自然科学では「平衡」、経済学では「均衡」と訳されたのと同じような経緯により、おなじ概念・言葉に別の訳語が用いられるようになりました。今後、逓増といっても、増大・増加といっても、相互に交換可能な言葉と思ってください。ただ、収穫逓増・限界費用の逓増など、経済学に固有の用語は、経済学の慣行に合わせた表現を用いることにします。収穫逓減・限界費用の逓減についても、同様です。

限界費用とは、製品一単位を増産するのに要する追加費用の総額をいいます。限界費用が無限に増大するような技術をもつ企業では、一定限度まで増産が利潤を大きくするのに貢献するが、これ以上増産するとかえって利潤が減ってしまうという生産量が求まります。それは製品価格＝限界費用となる生産量です。このような企業では、利潤を最大化しようとすると、所与の価格で一定の数量を市場に供給することになります。これを「限界生産性原理」といいます。もし市場に参加している企業がすべてこのような競争的な企業ならば、限界生産性原理

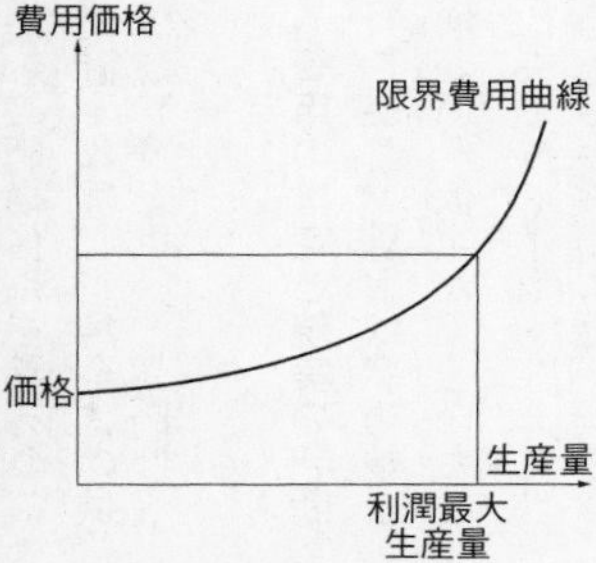

図4　限界費用逓増企業

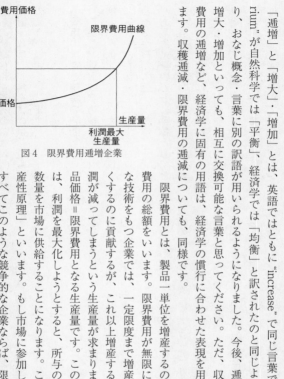

から、価格体系を与えるごとに各企業が生産＝供給する数量が定まり、おなじ製品ごとに集計すれば、市場全体の供給量も求まります。こうして供給関数構成の問題は解決したかのような様相を呈します。

費用の推定と現実の判断

しかし、以上は、巧妙なトリックでしかありません。このような構成は、限界費用の逓増という仮定が正しいという虚構の上でのみ成立する理由づけです。しかし、現実に見られる企業の大部分では、生産容量一杯まで、限界費用は一定か、むしろ逓減しているのが普通だからです。

ある生産量のもとに全体としてどの位の生産費用がかかるか。これは原価計算の問題です。各生産量に対し、その生産に要する費用の総額を求めたものを（総）費用関数といいます。限界費用は、一単位増産するときの費用関数の値の増分に当たります。

費用関数のもっとも簡単な計算方法は、「固定費＋比例的生産費」という公式によるものです。生産量をxとすると、総費用は$c+a \cdot x$と表されます。簡便な費用分析は大部分、この計算方式によってなされています。たとえば、損益分岐分析で損益分岐点を求める式は$c+a \cdot b=p$とおいて、分岐点を$b=(p-c)/a$としたものです。この場合、bを越えて生産・販売して初めて利益が出るので、企業が利益を得て活動を続けるためには、もっと生産して販売しなければなりません。しかし、固定費＋比例的生産費という費用関数からは、これ以上生産したら利潤が減ってしまうという数量はありません。限界費用はつねにaとなるので、もし価格pがaより大きいならば、たくさん生産して売れるだけ売った方がよいということになります。

原価計算以上に精密な測定を企業がしているとはちょっと考えられませんが、費用関数をどのように推定しているか、企業の管理者相手にアンケート調査をした研究があります。アイトマンとガスリーの調査（*American Economic Review*. 1952）がそれです。このアンケートでは、八種類の費用曲線を図示して選択させる方法で単位費用（平均費用）関数の推定が行われました。1から8までの内、7と8は、平均費用がつねに逓減しているもの、6は大部分において逓減しているが、容量の近くで平均費用に軽い上昇の見られるもの、その他は、平均費用にかなりの上昇が見られるものです。アイトマンとガスリーは、6、7、8の答えは限界生産性原理が妥当しない事例としていますが、6の場合は、厳格にはどちらともいえません。そこで、7と8と答えたもののみを製品数で集計してみると、全一〇八二製品の内、六割近くの六三八製品で、平均費用は容量一杯ま

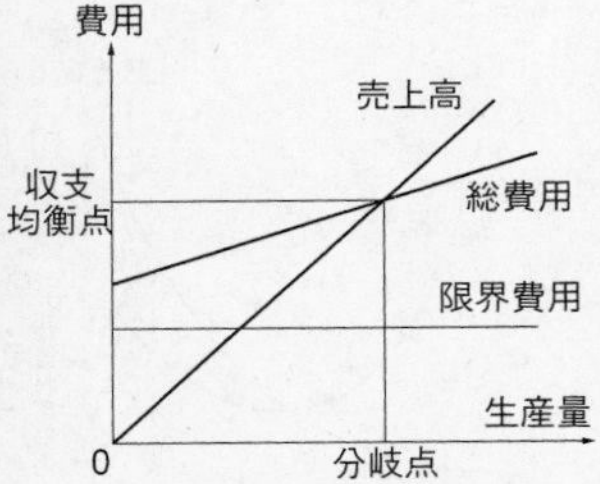

図5　損益分岐点

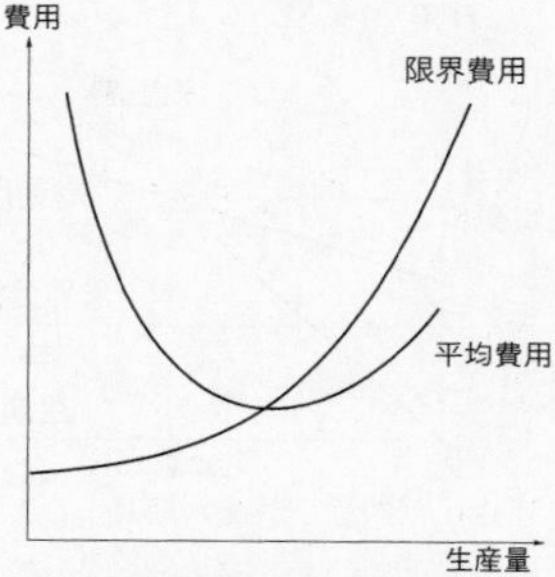

図6　平均費用と限界費用

で低下するだけという回答が得られています。すくなくとも半数以上の製品については、限界生産性原理が成立していないのです。こんな反証事例の多い原理が他にあるでしょうか。

上の主張は、次の簡単な解析から従います。まず、総費用関数を $c=f(x)$ としましょう。値 c は総費用、x は（一定時間内の）生産数量です。関数 f は微分可能とし、限界費用を微分で代用できるとすれば、限界費用は $f'(x)$、平均費用は $f(x)/x$ とおけます。後者を微分しますと、

$$\{f(x)/x\}'=\{f'(x)-f(x)/x\}/x.$$

これより、平均費用が逓減しつづけるかぎり（つまり、左辺が負であるかぎり）、限界費用は平均費用より小さいことが分かります。このとき、たとえ限界費用の上昇があったとしても、製品価格＝限界費用の点で生産が行われたとすれば、全製品を売り切っても、総費用を回収できない状態、つまり出血生産の場合にあたります。もし企業が利益を得て生産しているとすれば（そうでないとすると、早晩、倒産するか、すくなくとも生産を停止せざる

をえません）、製品価格＝限界費用という限界生産性原理が成り立っていないことは明らかです。アイトマンとガスリーの結果は、確実な回答だけを見ても、六割近くの製品において、限界生産性原理が成立していません。他方、解釈のむずかしい回答6を除いて、この原理が成立しそうな1から5までの製品数は全部では六三製品ありました。これは全製品数の六％にも及びません。

原価計算の実際から見ても、また生産管理の責任者の認識から見ても、限界費用が逓増し、生産量が限界費用＝生産価格というところで決定されている生産技術は珍しいといわねばなりません。このことは、所与の価格において、これだけ以上供給したくないという値を集計したものとしての供給関数が構成不可能であることを示しています。

「理論の必要」という奇妙な理由

以上のように、需要・供給ともに、それらを価格体系の関数として構成するには、かなりの無理があります。それにも拘わらず、需要関数・供給関数の概念が維持されてきたのはなぜでしょうか。それらが「理論的に」必要だったからです。

その理論というのは、価格均衡という枠組みです。均衡という考え方が新古典派経済学の二つの方法的核のひとつであることは、この章の始めに指摘しました。価格均衡も均衡の一種ですが、価格を独立変数として需要・供給が構成できると考えているところに特徴があります。すでに触れたことですが、これは価格を横軸に、数量を縦軸にとって、需要曲線・供給曲線を描き、その交点で価格と取引数量とが同時に定まるという、おなじみの説明です。高校時代からなんども聞かされて、当たり前のことのように思いこんでいるかもしれませんが、このような初歩的かつ基礎的なところに、じつは上のような理論上の難点が隠されているのです。

新古典派の理論は、しばしば「ミクロ理論」と呼ばれています。それは個人や企業など、個別経済主体の行動を明示的に考え、それを経済全体の関係に結び付けているからです。これが方法論的個人主義と呼ばれて、マルクス派などから非難される理由になるのですが、経済の担い手の行動をきちんと分析の対象に取り込んだ点は新古典派の経済学*の優れたところです。マルクス派*、ケインズ派*、オーストリア派*、制度派*と他のさまざまな学派は、経済人の行動分析という点では、ずいぶん大まかな観察しかないのが現状です。

これに対して、新古典派は、消費者は効用の最大化、生産者は利潤の最大化という二つの最大化原理を持ち込み、経済人の行動を明快に説明することに成功しました。たとえ、結果的に間違いだったとしても、この貢献は偉大なものです。しかし、個別行動の記述だけでは経済理論になりません。相互交渉の結果、経済全体としてどのような事態が成立するか、それを分析・説明する枠組みが必要です。このような枠組みとして採用されたのが均衡理論です。二つの方法的核は、恣意的に組合わされたものではなく、二つが組合わさ

無限合理性 → 効用最大化 → 需要関数 ┐
　　　　　　　　　　　　　　　　　　├→ 均衡
収穫逓減 → 利潤最大化 → 供給関数 ┘

表2　価格均衡の理論構造

れて、ひとつの全体をなしているのです。

個別の行動を市場で集計したとき、各行動の変更を迫る経済的理由のない状態、それが均衡です。この均衡状態を規定する基礎的な変数に選ばれたのが価格でした。価格はだれもが日々観察しているものです。これに対し、産業全体の生産量などは統計を取らなければ知ることができません。ひとびとの行動の基礎とすべき指標として価格が採用されたのは、当然といえば当然のことでした。価格均衡という枠組みは、新古典派にとって、この意味ではかなり必然的なものでした。

そこで奇妙な逆転が起きました。アイトマンとガスリーの調査にみられるように、限界費用の十分な上昇のみられない場合でも、供給関数を構成しなければならないという理論上の必要から、限界費用の増大が想定されることになりました。現実がそれから乖離しているとすれば、修正されるべきは理論ではなく、主体の判断と行動である、と考えられました。生産者が限界生産性原理にしたがって行動していないとするなら、それは生産者が利潤を最大化する正しい方法を知らないからであって、そのような場合でも、限界生産性原理は規範的な意味を失わないというのです。

しかし、このような主張は、限界費用が逓増しているという前提が正しいときにのみ意味があります。その前提が崩れるなら、生産者はもはや製品価格を限界費用に等しくするよう生産量をきめるのでなく、別の行動様式をする方が賢明ということになります。たとえば、所与の製品価格のもとで、自社に表明される需要の流れをみて、生産量を調節する方がより妥当といえます。

＊新古典派経済学　一八七〇年代の限界革命（五五頁注参照）により生まれ、個人や企業の最適化行動と市場均衡を基本的な枠組とする経済学。二〇世紀の後半、精緻な数理モデルによって二〇世紀の標準的な経済学となった。

＊マルクス派経済学　カール・マルクスにより創始された経済学。資本主義経済は、剰余価値の搾取の体系だと説明する。ソ連・東欧の崩壊までは、日本ではながく近代経済学に対等に対抗する存在であった。

＊ケインズ派経済学　ケインズの経済学（四七頁注参照）を基礎とすると称する一連の経済学。現在では新古典派経済学をミクロ的基礎とするニュー・ケインズ派経済学とそれを認めないポスト・ケインズ派とに分かれる。ポスト・ケインズ派も、アメリカPK派、カレツキ派、スラッファ派、ミンスキ派などに分かれる。スラッファ派をポスト・ケインズ派経済学と認めない立場もある。

＊オーストリア派経済学　オーストリアのウィーンを中心に生まれた経済学をオーストリア派経済学という。一九三〇年代以降、その担い手は北米に移動した（八六頁注参照）。主観主

義の立場からの市場過程分析を特徴とする。

＊制度派経済学　アメリカのソースタイン・ウェブレン、ジョン・ロジャーズ・コモンズ、ジョン・ケネス・ガルブレイスなどによる経済学。習慣や制度の重要性を強調した。

理論的枠組みの罠

消費者行動には、計算量の問題に象徴されるいろいろな問題がありました。価格を独立変数とする需要関数を構成するため、無限の計算能力を仮定したばかりか、選好が購入される財・サービスのバスケットのみに関係していると想定しました。生産者の行動では、価格変数の供給関数を構成するために、常識に反して、限界費用が容量一杯になる以前に大きく上昇するという仮定を導入しました。これらの仮定には、ほとんど裏付けがなかったにもかかわらず、価格均衡という理論の枠組みを守るために、非現実的な仮定が前提されつづけたのです。

新古典派の経済学は、最適化行動の原理と均衡という枠組みとをもったために、形式的にはかなりの成功を収めることができました。一般均衡理論はその一例です。しかし、その成功故に、新古典派は最適化と均衡という枠組みを捨てられなくなってしまいました。費用関数が限界生産性原理の想定しているようなものと違うことが分かっても、あいかわらず同じ説明が繰り返されています。新古典派の経済学は、こうして形式的・部分的な成功の故に、最適化原理と均衡という理論的枠組みの中にはまりこんでしまい、明白なアノマリーが現存するにもかかわらず、そこから抜け出られなくなってしまいました。なかば成功した理論枠組みの罠にはまってしまったというべきでしょう。

この罠から抜け出すには、とうぜん、最大化と均衡という二つの枠組みを放棄しなければなりません。複雑系経済学が目指しているのは、まさにこのことです。おおげさにいえば、それは経済学のパラダイム転換を目指しているのです。そのおおよその構想については、第7章でお話しします。

第2部

科学知のパラダイム転換

第4章　複雑系科学の広がり

第2部では、経済学からやや離れて、複雑系科学一般の動きとその背景にある考え方について説明します。経済学以外に興味のない方、物理学や数学の話は見ただけでも頭が痛くなるという方は、第2部を飛ばして第3部に飛んでください。第2部を読まなくても、第7章以下を読むのに困ることはありません。ただし、それは、数学や物理学が分かっていないと第2部が読めない、という意味ではありません。ほとんどは、この分野の学問の歴史をわたしなりに紹介したものですから、気楽に読んでもらえれば読めるものです。

複雑系経済学は、他の多くの複雑系科学と相互に刺激をしあって存在しています。以下で説明しますように、複雑系の諸科学は、自然をみる見方を大きく変えつつあります。数学や自然科学にとって、それは科学的知識の新しい在り方を示唆するものです。このような見方の転換は、社会過程を対象とする複雑系経済学に対しても、さまざまなヒントを与えてくれます。複雑系経済学は、たんに経済学の革新運動であるばかりでなく、科学的知識の大きなパラダイム転換の一端を担うものでもあるのです。そんなことを感覚的にでも知ってもらうためにこの第2部を置きました。

複雑系は、だれか一人のひとが言い出してできた学問ではありません。後にお話しするように、起源もあまりはっきりしません。それが、この十年ほどの間に、各方面で複雑系の科学が急速に浮上してきたのは、なぜでしょうか。複雑系の科学は、個別の科学を越えた、ひとつの学問の運動と考えることができます。複雑なものを複雑なものと認めた上で、そのような対象を研究する、どのようなアプローチ・どのような接近法があるのか、考え直そうというのです。

かなり広範な分野で、複雑系・複雑性が注目されているということは、そういう機運が一般的にできあがったからだ、ということもできます。しかし、なにごとにも、何人かの鍵となる人物ないしは機関があって、その人たちの活躍で複雑系という考え方が広まった、盛んになってきたことは確かです。

サンタフェ研究所

「複雑系」あるいはむしろ「複雑性の科学」が現在のように各方面から注目される接近法になったのは、アメリカ合衆国はニューメキシコ州のサンタフェ市にできた「サンタフェ研究所」の貢献によります。この研究所は、大学の付属とか、国や州が設立したものではありません。ロスアラモス国立科学研究所のジョージ・コーワンという化学者の提案に、ロスアラモス研究所の研究者たち数人が同調し、それにノーベル物理学賞のマレー・ゲルマンやフィリップ・アンダーソン、ノーベル経済学賞のケネス・アローなどが加わって、一九八四年に設立された非営利組織（NPO）です。

ロスアラモスの研究所といえば、第二次世界大戦中のマンハッタン計画に従って建設され、原爆開発を行ったことで有名です。コーワン自身も、マンハッタン計画に参加したこともあるそうです。たぶん、コーワンは、すでに限界の見えてきた原子力研究から別の新しい研究領域を切り開きたいと考えたのでしょう。その考えに、クォーク理論で有名なゲルマンなど、上記三人のノーベル賞学者が加わって、サンタフェ研究所の活動が始まりました。その後の活動については、ミッチェル・ワールドロップによるこの研究所の「伝記」があり、翻訳もされていますから、そちらを参照してください（『複雑系』田中三彦・遠山峻征《たかゆき》訳、新潮文庫）。

最初は学際的な研究所として、非線形現象や分子生物学や認知科学の問題を大型・高速のコンピュータで研究する予定でした。非線形現象については、あとでまた説明します。研究所でシンポジウムなどを進める内に、ひとびとに共通のキー・ワードとなったのが、複雑性あるいは複雑系でした。この研究所の活動の主要なものは、プロシーディングズ（会議報告書）、講義録、講義ノートなどとして出版されていますが、プロシーディングズの最初の4巻は、複雑系を表題に掲げたものではありません。「理論免疫学」とか、「偏微分方程式の格子ガス方式」といった表題がついています。ところが、一九八八年になると「適応複雑系としての経済」というプロシーディングズが出ます。講義録にも「複雑系の科学講義」といったものが出版されます。このころまでには、「複雑さ」・「複雑系」がこの研究所の中心的テーマとしてはっきり確立したことが分かります。

「適応複雑系としての経済」というテーマは、いくつかの偶然が重なって生まれました。その経緯は複雑系へ繋がる一つの道を示しています。最初は、シティコープ会長のジョン・リードとスミソニアン協会の書記のロバート・マコーミック・アダムズとの会話でした。シティコープは、御存知のとおり、世界最大級の商業銀行シティ・バンクの持株会社です。リードは、アダムズに世界的な資金フローと負債を理解するのに自然科学や計算機科学の最近の進歩がどのように適用可能であるか、研究してみたらおもしろいではないか、と話しました。アダムズは、サンタフェ研究所の理事会副会長を兼務していたので、この話がコーワンに伝わり、コーワンの提案で、一九八六年八月、「複雑系としての国際金融」という、小さな一日だけの会合が開かれました。参加者は、アダムズなどを除けば、物理学者・化学者が中心でした。この会議の中で、自然科学者と経済学者との対話が必要であるということになり、物理学者のディヴィド・パインズがケネス・アローを説き伏せて組織したのが「適応複雑系としての経済」というシンポジウムでした。ここには、ワールドロップの本の主人公の一人、ブライアン・アーサーも入っています。アローが目をつけて引っ張ってきたのです。

ジョン・リードは、シティコープ会長として、これらの研究のスポンサーになりました。ここには、「自然科学や計算機科学の最近の進歩」を「世界的な資金フローと負債」という社会経済問題に使ってみようという素朴な期待があり、そういう期待に応えようとする研究所側のうまい売り込みもあります。諸科学を結ぶ学際的な性格があり、計算機科学の衝撃がありで、複雑系の科学がおかれている状況をよく表しています。

モンペリエ・シンポジウム

複雑系の研究は、しかし、サンタフェ研究所だけから始まったのではありません。北アメリカ以外に、西ヨーロッパにおいても、同じような関心から複雑さに関する議論が始まっていました。そのひとつの例が、一九八四年五月、フランスのモンペリエで開かれた「複雑さの科学と実践」というシンポジウムです。

これは国連大学がフランス側主催者と協力して開催したもので、国連大学から同名のプロシーディングズが一九八五年に刊行されています。この会議には、アトラン、ボールディング、デュピュイ、ルーマン、モラン、プリゴジンなど複雑系の議論のそれぞれの分野での開拓者たちが出席しています。国連大学副学長のエドワード・W・プローマンによる「導入」も、すばらしいもので、このシンポジウムの意図と意義、さらに複雑系の科学の形成と現状を概観したものになっています。これを読むと、すでに一九八四年当時に、複雑系の科学に関する世界的な関心がかなりはっきりと存在し、一部のひとびととはいえ、共通の議題になっていたことが分かります。

複雑系の科学の日本への最近の紹介がサンタフェ研究所の活動に偏っていて、複雑さにかんするヨーロッパの長い伝統の紹介がほとんどなされていないのは残念なことです。経済学・社会科学の分野に限っていえば、このためこの学問の議題が矮小化《わいしょうか》されてしまっていると言わなければならないほどです。サンタフェ研究所がひとつの方向を打ちだしたことは確かですが、多くの内のひとつであることは確認しておく必要があります。これは、日本では、ミッチェル・ワールドロップの本により複雑系に火がついたという特別な事情によります。あの本は、非常によく書けた本ですが、あくまでサンタフェ研究所の紹介であり、複雑系の研究の世界的な視野からの紹介ではありません。

ヨーロッパの複雑性研究

モンペリエ・シンポジウムの紹介において、シンポジウムの組織者のひとりである国連大学副学長のプローマンは、一九八四年時点において複雑系の鍵となる人物は、マンフレッド・アイゲン、イリア・プリゴジン、ハーバート・サイモンの三人のノーベル賞受賞者であると述べています。このうち、経済学賞のサイモンはアメリカ人ですが、アイゲンはドイツのゲッティンゲン、プリゴジンはベルギーのブリュッセルを中心に活躍しています。プリゴジンが、晩年、活動の半分をテキサス州オースティンにおいていることを考慮しても、複雑系の研究がアメリカ合衆国中心になされているとはいえません。

アイゲンとプリゴジンというリーダーが、ふたりとも化学の業績でノーベル賞を受けたことも注目すべきことでしょう。その詳しい内容を知る必要はありませんが、以下のような話題が議論されていることぐらいは知っておいてください。

アイゲンは、一九六七年、高速化学反応の運動論研究で、プリゴジンは、一九七七年、非平衡熱力学、とりわけ散逸構造理論への貢献によってこの栄誉を受けました。一方は遷移過程、他方は定常的構造と違いはありますが、両者とも「非平衡」の化学現象が対象になっています。化学は、もともと多数の分子を扱う、大量現象の物理学といえるものですが、二十世紀の前半までは、線形の仮定のもとに平衡系をあつかうのが精一杯でした。ところが、オンサーガーやプリゴジンが出て、非線形で非平衡の分子集団をあつかう非平衡熱力学が目覚ましい発展を遂げることになりました。科学の分析の対象とできる範囲がぐっと広がりました。その結果として、物質系の新しい性質が明らかにされたばかりでなく、物質の見方そのものが変わってきました。その新しい見方は、自己組織化とか、開放定常系とか、いろいろに呼ばれるのですが、それが次第に複雑性の科学として、意識されるようになりました。

複雑系科学には、「非線形非平衡系」、「散逸構造」、「自己組織化」などの用語がキー・ワードになっています。このあたりにプリゴジンらの研究の思想的影響をみることができます。プリゴジンらの複雑系研究の研究プログラムを示すものは、ニコリスとプリゴジンを編者とする「複雑さに習熟する」双書の企画でしょう。この双書の正式名は「複雑さに習熟する。生まれつつあるパラダイム——自己組織化と複雑系の動力学」で、一九八五年にミュンヘンで出版が開始されています。この第一巻にあたるものが、編者による『複雑性の探究』で、これはみすず書房から翻訳が出ています。

プリゴジンと科学史家イザベル・スタンジェールとの共著の『混沌からの秩序』(みすず書房、一九八七年)は、ゆらぎを通して秩序が生まれるという新しい自然観を訴えて、国際的なベスト・セラーとなりました。この本は、一九七九年、最初、フランス語で出版され、そのときの表題は「新しい連盟」、副題は「科学の変態」でした。『混沌からの秩序』の第2部は「複雑性の科学」と題されており、この主題が哲学・思想を含めた知的世界にひろく知れわたるきっかけになりました。英語版はサンタフェ研究所の創設された一九八四年に出ています。

ヨーロッパにおける複雑性研究は、サンタフェ研究所にくらべて、より古いだけでなく、ひとつはっきりした特徴をもっています。それは、アイゲンにしても、プリゴジンにしても、はっきりした物質研究に考察の起源があるということです。このことは、シナージェティックスを唱えたハーケンについても同様です。ハーケンの出発点はレーザー発振です。これは、自然科学としてはむしろ当然のことですが、サンタフェ研究所の複雑系研究が徹底してコンピュータ実験からの類推によっているのとよい対照を示しています。

アイゲンはドイツ語、プリゴジンはフランス語あるいは英語という違いはありますが、ふたりとも単独あるいは共著で、非専門家にも分かる新しい科学の解説書を書いています。こんなことも手伝って、ヨーロッパにおける複雑性研究は、たいへんな広がりと深さとをもっています。

ヨーロッパ人間学の伝統

ヨーロッパの複雑性研究を語るときに抜かすことができないのは、人間学的考察における複雑さへの関心です。

代表的なのは、フランスの社会学者エドガール・モランです。かれは、一九七七年に第一巻がでた『方法』三部作の中において、単純化の思考に対抗し、複雑性に立ち向かう新しいパラダイムの形成を主要な課題と考えています。一九八二年の論文集『意識ある科学』の第3部「複雑性思考のために」には、つぎのような警句が載っています。

「単純化は思考の蛮行であり、
複雑性は諸観念の文明である。」

大変思い切った考え方です。

人間や社会を考察するに当たって、複雑性について考えなければならないと考えているもうひとりの代表は、ドイツの法社会学者ニコラス・ルーマンです。ルーマンは、「世界の複雑さ」に人間あるいは人間社会がどのような「複雑さの縮減」によって対処しているか、という問いを立てました。例えば、信頼は、もし互いに信頼しなければ引き起こされる事態の複雑さを縮減する社会的装置と見なすことができます。もう一つの例は、人間の社会システムです。世界の複雑さがシステムの環境対処能力を大きく上回るとき、システムは自己を複雑化させることで、環境の複雑さを縮減し、環境対処能力を高める、とルーマンは考えます。

その中身に立ち入ることはしませんが、ヨーロッパにおける社会科学・人間科学における複雑性への深い関心を見てとることができます。

複雑系研究の起源

モランとルーマンの複雑性への言及は、主として一九七〇年代の話です。しかし、時代をもっと遡りますと、一九四〇年代に複雑系の科学の萌芽がみられます。

とくに一九四八年には、複雑系の科学の源泉ともいうべき、二つの重要な著作が発表されています。ひとつは、ノーバート・ウィーナーの主著『サイバネティックス』(初版)、もうひとつはクロード・E・シャノンの「通信の数学理論」です。後者は、単行書としてではなく、『ベル・システム・テクニカル・ジャーナル』という雑誌に発表されたものです。この労作で、ウィーナーはサイバネティックスの、シャノンは通信理論の、それぞれ創設者になりました。この二つとも、現在の複雑系の科学の起源というべき性格をもっています。

シャノンの「通信の数学理論」は、情報をはじめて定量的に定義し、その基礎の上に通信路が運びうる情報量の限界、いいかえれば通信路容量を明らかにしました。この意味で、シャノンの理論は、のちの情報理論の基礎をなすものです。しかし、サイバネティックスは、単に通信・情報の理論にとどまらないものでした。それは工学に新しい方向を指し示すにとどまらず、生物機能など自然の理解に新しい見方を与えるものでした。その広い影響は、科学論・認識論など思想・哲学といった方面にまで及んでいます。日本物理学会会長の米沢富美子《ふみこ》は、「最近の複雑系の科学の本質的な部分」がすべてすでに『サイバネティックス』にある、とまでいっています（『複雑さを科学する』岩波書店、一〇五頁）。

一九四八年は、じつはもうひとつ、複雑系の科学にとっては非常に重要な論文が発表された年でした。それは、ワレン・ウィーヴァーの「科学と複雑性」という『アメリカン・サイエンティスト』の論文です。複雑性の科学の「第一宣言」ともいうべきものですが、これについては第5章で別に詳しく紹介します。

ジョン・フォン・ノイマン

一九四〇年代の主要な労作で、複雑系と関係したものといえば、ジョン・フォン・ノイマンの二つの報告論文が思い起こされます。ひとつは、電子式計算機の構想を発表した「EDVACに関する報告――第一稿」(一九四五年)です。これにより、現在も基本的に変わっていないノイマン型コンピュータの原型が与えられました。フォン・ノイマンはこの論文により「コンピュータの父」と呼ばれるようになりました。その呼称が当たらないといういくつかの事情もあるのですが、その話は省きます。もうひとつの報告は、モルゲンシュテルンとの共著の『ゲームの理論と経済行動』(一九四三年)です。これは原書で六〇〇頁を越える大著です。

複雑系の研究は、コンピュータ実験という方法がなければ成り立たないという意味では、プログラム内蔵型コンピュータの出現は画期的な事実で、複雑系の科学の歴史においてフォン・ノイマンがコンピュータの実用化に果たした貢献を忘れることはできません。また、この本では、あまり紹介できませんが、経済ゲームも、複雑系経済学のひとつの重要なテーマです。ゲームの理論が、数学の一分野として確立したのは、フォン・ノイマンとモルゲンシュテルンの大著のおかげです。このことも否定することはできません。しかし、フォン・ノイマンを複雑系科学の創始者のひとりと数えることには、わたしは抵抗を覚えます。フォン・ノイマンは、二つの論文がなくても、数学と物理学への貢献で歴史に名の残った大数学者ですが、ゲームの理論においても、計算理論においても、いわば全知・全能の神の立場にたってものを考えた人でした。それは、複雑系の科学の基本的な立場ではない、とわたしは考えているからです。これに対し、非常に近いところにいながら、ウィーナーはフォン・ノイマンとは対照的なものの見方をしています。

ノーバート・ウィーナー

フォン・ノイマンとノーバート・ウィーナーは、ふたりとも同じユダヤ人で、同時代人であったというだけではありません。しばしばおなじ問題領域を巡って競争したライヴァルでもあります。フォン・ノイマンもウィーナーも、ともに「神童」とよばれた早熟な知性の持ち主でしたが、青年期以降の軌跡は、大きく異なっています。フォン・ノイマンは生まれはハンガリーですが、ドイツを中心に二〇歳代の前半から、集合論の公理化、作用素理論、量子力学の数学的基礎づけなど多方面で活躍し、ヒットラーの台頭でドイツに住みにくくなると、一転してアメリカ合衆国に移住し、弱冠三〇歳でプリンストン大学高等研究所のもっとも若い教授になりました。その後も、フォン・ノイマンは、コンパクト群やエルゴード理論、作用素環、オートマトン理論などの各方面で活躍し、コンピュータと原爆の開発だけでなく、水爆や大陸間弾道弾の提唱者にもなりました。ユダヤ人として亡命を余儀なくされた点をのぞけば、いわば権勢を極めた人生でした。

ウィーナーも、子供のときは、神童といわれる早熟児でした。九歳で高校に入り、一四歳で大学を卒業、一八歳のとき、ハーバード大学で博士の学位をとっています。お父さんがハーバード大学のスラブ語の教授であった関係で、一〇いくつの言語にも精通していたと言われます。「サイバネティックス」という言葉は、かれが自分の創始した学問の名前として造語したものですが、ギリシャ語の舵守を意味する「キュベルネーテース」から取っています。しかし、ウィーナーは、二二歳以降、職業的にはあまりパッとせず、森毅《つよし》の表現を借りれば、「元神童のコンプレックスを持ったヒネクレ人間」として、現実との乖離に悩まされました（『異説数学者列伝』、ちくま学芸文庫、一九九頁）。普通の数学者としてなら、十分満足すべき結構な業績もあったのですが、ウィーナーにとっては不本意な時代がながく続きました。量子力学の基礎づけやエルゴード理論など、フォン・ノイマンと同じ関心をもちながら、いつもノイマンに先を越されるという苦い思いもあったに違いありません。職も転々と変え、四〇歳代前半には精神不安定にも悩まされました。

ウィーナーがウィーナーらしい独自の視点を捉えるのは第二次大戦中でした。戦争中、かれは高射砲の制御の研究に従事します。砲弾の速度に比べて飛行機の速度が相対的に早くなり、命中率を上げるには、予測と高速計算が必要になりました。しかし、予測の精度が高すぎても、高射砲の照準装置自体が振動を起こしてしまいます。こうした問題への対処を通して、後に自動制御の基礎となる数学理論を確立します。サイバネティックスと切っても切れないフィードバックに着目したのも、この時期です。そうした目でみますと、神経系など動物の姿勢制御にもおなじメカニズムが発見されます。フィードバックは、力を伝えるものではなく、情報の流れです。かれは情報を科学および工学の対象として研究することを提唱する最初の人物になりました。これらの研究がまとめられて『サイバネティックス』になるのですが、その著作の成功により、ようやく世間の寵児となるのは、かれが五三歳のときでした。

フォン・ノイマンとウィーナーとは、二人とも天才というべき天才ですが、人生の軌跡が対照的であるように、ものの考え方でも対照的でした。フォン・ノイマンの数学が神の立場に立つものとするなら、ウィーナーの数学は工学と付き合い、その基礎を与えるものでした。工学は、科学とはちがって、人間の能力の限界の上に成立するものです。工学は自然の存在や機械系の複雑さを前提とし、実際的な立場でそれに対処しようとします。分からない部分があるからといって、切り捨てることはしません。ウィーナーの制御理論には、第6章の後半「人工知能の研究プログラム」のところで議論します「記号系仮説」を超える思想がすでに内在しています。裏からいえば、ウィーナーには、(これも後で説明しますが、記号系仮説に対立する)「物理基盤仮説」に共通する考えがあります。フォン・ノイマンとウィーナーのどちらかを選べといわれれば、ウィーナーこそが複雑性の科学の父祖といわなければなりません（この二人については、両者を対比的に扱った非常におもしろい伝記があります。S・J・ハイムズ著『フォン・ノイマンとウィーナー――2人の天才の生涯』〈工学社〉です。興味のある方は、ぜひ参照してみてください）。

複雑性科学の先史時代

起源というものは、遡ればいくらでも遡れるものです。一九四〇年代以前にも、現在の複雑性の科学、複雑系の考え方につながる、何人もの科学者・思想家がいます。モンペリエ・シンポジウムの中で、ゼレニーは、二十世紀はじめに複雑系の思想に貢献した人として、アレクサーンドル・ボグダーノフとジャン・クリスチァーン・スマッツを挙げています。

ボグダーノフは、ロシア革命後のロシアで「プロレトクリト」（プロレタリア文化の略）という文芸運動を率いた人です。マルクス主義文芸理論が芸術の認識的機能を重視し、リアリズムを唱えたのに対し、ボグダーノフは芸術の組織的機能に注目して、芸術は、「認識のみならず、感情や志向の面でも社会経験を組織する」と主張しました。しかし、一九二〇年、レーニンから批判されて転身を余儀なくされ、この運動は創造性を失ってしまいます。このボグダーノフが革命前に書いた『テクトロギヤ』（一九一二年）という本がドイツ語で出版されています。ゼレニーは、これが組織のルールとその構造的顕現との区別を認識した最初として高く評価しています。

スマッツは、南アフリカの軍人・思想家で、政治家として首相まで務めたひとです。アングロ・ボーア戦争では、すぐれたゲリラ指導者でしたが、戦争後はボーア人（オランダから南アフリカに移住した植民者の子孫、オランダ語を話す）とブリトン人（イギリス系住民）の融和に努力しました。このスマッツが一九二六年ロンドンで出した本が『ホーリズムと進化』です。この本で、スマッツはホーリズムの祖となります。ここでスマッツは、自己形成を強調し、全体と部分とが相互に規定し合い、循環的な依存関係で結ばれていると指摘しました。この本は、一面では、「創造的進化」に関してベルグソンを批判するとともに、他面では、ダーウィン主義を、その機械論的な理解のゆえに不十分としています。

ゼレニーは、社会秩序の自己形成という現象を複雑系の最重要な見方と考えます。ゼレニーは、この観点から、十八世紀のアダム・スミスとスコットランド学派、オーストリア学派の創始者カール・メンガー、二十世紀の経済学者で社会哲学者のフリードリッヒ・A・ハイエクを結んでみせ、これが社会科学における複雑系の科学の流れだと考えているようです。メンガーは限界革命の立役者三人の一人とも考えられているのですが、「無限合理性」を前提とする新古典経済学とはだいぶ異なる考えをもっていたようです。無限合理性とは、すべてが計算可能であるという考えですが、これについては第7章でお話しします。メンガーが注目したのは、経済が人間の計算の結果ではなく、自然発生的な秩序であることでした。貨幣や市場のような経済制度は、言語や慣習法のように、人間が意図してつくった結果ではなく、さまざまな行為の結果として自然に生まれたものというのです。丸山眞男の『日本政治思想史研究』の赤い糸である「作為と自然」という対立を思い出します。社会をこのように理解することは、オーストリア学派のなかでもはっきりしたものではなかったと思われます。シュンペーターなどは、そこからもっとも離れたオーストリアンでしょう。これをオーストリア学派の主要テーゼにしたのは、社会主義経済計算論争をたたかったハイエクでした。

ゼレニーは、さらに遡って、十八世紀はじめのナポリで活動したジャンバティスタ・ヴィーコを複雑性の問題を考えた元祖と目しているようです。ヴィーコは、主知主義的なデカルトの合理主義にたいして、作ることを通して理解する・分かることの重要性を強調しました。のちに説明しますが、複雑系の科学は、論理的理解の限界をある意味で認め、合理主義を相対化する科学運動です。その意味では、デカルト的合理主義に最初の抗議をぶちあげたヴィーコは、たしかに複雑性の科学の源流にたつものといえます。

デカルトの合理主義が、すべての可能な短歌を横に並べて構造的に理解しようとするものとすれば、ヴィーコはひとつの短歌を作り出す過程・創造作用に注目しました。芸術系の大学で長いあいだ、理論研究の大学院は認められても、創造活動を中心とする大学院は認められませんでした。これは、創造活動は学問ではないという判断に基づくものでしょう。ヴィーコは、人間の知的活動は、論理的な理解に限られないこと、知るということの根底に作り出す活動があることを主張した最初の反デカルト主義者でした。

日本の複雑系研究

古い起源に遡ろうとするときりがありません。ここらで、そうした詮索を打ちきって、もう一度、現在に立ち返りましょう。複雑系の研究は、サンタフェ研究所とは独立に、日本でも、じつは活発に行われてきました。

もっとも早く高い関心が集まったのは物理学の分野です。一九九二年六月に京都大学基礎物理学研究所で研究会「複雑系」の第一回集会が開かれています。わたしの参加したのは、一九九三年八月の第二回集会でしたが、湯川記念室に満員で、すごい熱気を感じました。気温も高かったのですが、参加者たちの学問的な情熱が伝わってくる感じで、熱い雰囲気でした。参加者の年齢も若かったです。三〇代前半以下の人達が大半という印象でした。主催者＝組織者が東京大学の金子邦彦や当時神戸大学にいた池上高志たちですから、これは当然といえば当然でしょう。日本では、若い人が年上の人たちを動かして研究会をするということが比較的少ないですから。

それはともかくとして、第一回集会のあと、この集会の意義について電子メールのやり取りがあって、それが『物性研究』59－3（一九九二年一二月）に編集・掲載されています。金子邦彦自身がまとめている研究会への疑問の中に、「欧米で複雑系と騒がれているのに便乗しているのではないか」という批判があります。これに対し、金子は、①欧米でそれほど騒がれているとは思わない、②参加者が多かったのは、欧米の影響かも知れない、③研究会は、進化シミュレーションの研究会、「カオスとその周辺」研究会の延長線上に、周辺部分を活性化する目的で「複雑系」というテーマを定めたので、欧米の受け売りでない、と答えています。

若手物理学者を中心とした「複雑系」研究集会の前にも、複雑系が主題となった研究会が同じ京都大学の数理解析研究所で開かれています。一九九〇年三月の「主体を含む複雑系の数理モデル」がそれです。これは、当時国際大学GLOCOM研究所にいた出口弘たちが企画したものでした。出口の出身の東京工業大学の高原康彦研究室を中心としたため、システム論関係の議論が多かったと記憶しています。

そのほか、福井県立大学で一九九三年五月から「複雑系の科学」研究会が始まっており、これは一九九六年のシンポジウムにつながっています。大阪でも、一九九二年の五月から「複雑系セミナー」が不定期に開かれています。これは、当時大阪大学にいた辻下徹とわたしが共同主宰者になって始めたものです。現在は、おなじ大阪大学の伊達悦朗とわたしが主宰しています。

一九九四年には、北海道大学で第一回複雑系札幌シンポジウムが開かれました。これは後に東大に移った岡部靖憲が組織したものですが、津田一郎・辻下徹が北大数学教室に移ったことがきっかけになっています。計算の複雑さの理論、カオス・ダイナミクスの研究といった関連領域の専門研究を除けば、数学の分野で複雑系研究を現在リードしているのは北海道大学数学科といって間違いありません。北大には、これとは別に、一九九七年、大学院工学研究科に四つの分野をもつ「複雑系工学」という講座ができました。これは、複雑系が大学公認の学問となった日本最初の例にあたります。このように、北大は現在は複雑系研究のひとつのメッカになっています。

工学方面では、電気通信情報学会のNOLTA（非線形理論とその応用）研究グループがやはりカオス・ダイナミクスから出発して複雑系に注目しています。「カオス工学」を唱えている合原一幸も、複雑系研究のリーダーの一人です。情報処理学会の「人工知能研究会」は、最近「人工知能と複雑系研究会」と名称変更を行い、今後は複雑さの問題にも取り組むようです。工学そのものではありませんが、「工学の哲学」を考えている齋藤了文のキー・ワードのひとつが複雑性です。科学哲学を専門とする哲学者は多いのですが、齋藤は工学の哲学をされている日本でほとんど唯一の哲学者です。

わたし自身が「複雑系」というテーマを掲げるようになったのは一九八五年です。サンタフェ研究所を知ったのは、もちろんそのあとです。『適応複雑系としての経済』（一九八八年）という本の案内を見て、さっそく取り寄せたのがサンタフェ研究所を知った最初でした。一九八五年という時点で、複雑系の観点から経済を研究しようと考えていた人がどのくらいいたのか、よく分かりません。一九九〇年の数理解析研究所のシンポジウムの構成をみても、そう多くはなかったと思われます。出口弘、西山賢一など数名が上げられるだけです。もっとも、複雑系というテーマを掲げなくても、大和瀬《おおわせ》達二《たつじ》のように、ダイナミカル・システムの研究から、プリゴジンやハーケンに近づいた人もいますから、どこまでが複雑系の研究者と捉えるかは難しいのですが、物理や数学などと比べると、経済学では多少手薄であったことは否めません。

経済学以外の社会科学の諸方面で複雑系をどう主題化してきたかについても触れる必要があるでしょう。サイモン、ハイエク、モラン、ルーマンといった一流一派のリーダーが複雑性・複雑系について議論しているにもかかわらず、これを中心テーマとして研究してきたひとはこれまであまり多くなかったようです。経済学の近接分野では、会計学に高寺貞男の『複雑系の会計学』(三嶺書房、一九九五年)がありますが、これはかなり孤立した事例です。『複雑性の海へ』(NTT出版、一九九四年)という、現在の複雑系ブームを準備した本があります。これはカオス理論の文脈を越えて複雑性・複雑系の議論を提起した日本で最初の本といえますが、編集には二年ぐらいかかっています。社会科学のセクションを作りたいというので、政治学や社会学など経済学・経営学以外の執筆者を探したのですが、なかなか適当な人にぶつからずに苦労した記憶があります。

以上は、大部分、わたしの知っている（というより、正確には、たまたまわたしが部分的にも関与する機会があって知っている）ものだけ取ってみました。これだけでも日本にはかなり多様な複雑系研究の流れがあるということができます。複雑系の研究は、日本においては、輸入の学問というよりも、いわば土着のもの、自然発生したものです。あとで説明しますように、日本で「複雑系」という用語が「複雑性」「複雑さ」よりも優勢に使われているということ自体が、じつは日本の複雑系研究の歴史的結果なのです。ミッチェル・ワールドロップの『複雑系』も、英語の表題は"*Complexity: The Emerging Science at the Edge of Order and Chaos*"で、忠実に訳せば「複雑性」ですが、日本の慣用にあわせて「複雑系」としたものです。

いま、なぜ複雑系か

随分ながく、複雑性研究・複雑系研究のルーツ探しにそれてしまいましたが、最初の「いま、なぜ複雑系か」という問題に簡単に答えておきましょう。本格的に答えるには、複雑系とはなにか、複雑系研究を準備した学問的状況その他を説明しなければなりません。それには、むしろ次の第5章、第6章を読んでもらわなければなりません。その上で説明するのがよいのですが、それでは後回しすぎるでしょう。

八〇年代・九〇年代に複雑系の研究に学者の期待が集まったのは、そのような研究が必要であるという認識が広まったからではありません。ルーツ探しで分かるように、複雑さの問題に取り組む必要は、そのような言葉を使うか使わないかはともかくとして、随分古くから認識されていました。明示的な主題としても、すでに一九四八年、ウィーヴァーがその必要性を宣言しています。八〇年代から複雑系への関心がしだいに熟成されていった背景は、二つあります。

ひとつは、数理科学の方面で、新しい話題が増え、複雑なものにアプローチする幾つかの道が引かれたことです。カオスとフラクタルは、その主なものですが、少し古くはカタストロフィ理論がありますし、日本でブームになったファジー理論も無関係ではありません。日本では、武者利光による1／fゆらぎの研究も重要です。

もう一つは、コンピュータ科学の新しい展開です。これには、二つの傾向が働いています。ひとつは、パーソナル・コンピュータやワークステーションが普及し、だれもが手軽に、かなり大規模なコンピュータ実験をできるようになったことがあります。いままでは「遊び」として学者の世界で市民権を得られなかったようなコンピュータ実験がさまざまに提案され、研究されて、理論・実験という科学研究の二大モードにつぐ、「第三モードの科学研究法」として、コンピュータを使う研究が認められるようになりました。もうひとつは、これと矛盾するようですが、コンピュータによる計算の限界、より一般的には記号計算の限界が明らかになってきたことがあります。

人工知能の分野では、従来のパラダイムをなしてきた記号系仮説の限界が指摘されるようになりました。この転換の主要なテーマとなったのが、後に紹介する機会がありますが「フレーム問題」でした。認知科学の方面では、認知作用を一種の計算と考える計算主義が批判されるようになりました。この両者に共通する問題は、計算量の爆発という現象でした。実際問題として壁にぶつかっただけでなく、原理的にも、このような問題を避けることができないことが、数学の基礎論の一分野である「計算量の理論」あるいは「計算の複雑さの理論」の方面で明らかになってきました。この分野の重要な成果は「NP完全問題」の発見ですが、トロント大学のS・A・クックによりこの画期的大発見が報告されたのは一九七一年でした。わたしが複雑系研究に入ったのも、じつはこの発見の間接的影響です。この点については、すでに第3章で簡単に触れました。

NP完全問題の発見は、人間の論理的思考を考えるにあたって、今後おおきな影響を生み出していくに違いありません。原理的に可能な計算であっても、実際的に計算できるとはかぎらない。二つの計算可能概念のあいだには大きな亀裂がある。こういう理解が広まってきました。科学研究の方法としても、この乖離を無視することはできない。

これは、複雑さをたんに分析者個人の能力の限界としてではなく、科学研究の本質的な問題として考えなければならないことを意味しています。簡単にいえば、理論研究に原理的な限界があることが明らかにされた、といってもよいのです。コンピュータ実験で得られる考察・結果の中には、論理的に証明できないものが多いわけですが、証明できなければ理論的考察ではないといった主張が弱められてしまいました。コンピュータ実験により得られる知識も、知のひとつの在り方である。こういう理解ができてきました。コンピュータ実験の隆盛と計算量の爆発の問題とは、一見矛盾しているように見えるのですが、じつは相互に助け合って、現在の科学研究の状況をつくりだしているのです。

このような事情が働いて、複雑系の研究は、それが必要なだけでなく、可能でもあると考えられるようになってきました。八〇年代以降、多方面で同時発生的な複雑系研究が生まれたのは、このような背景があってのことです。気をつけなければいけないのは、従来の科学研究の概念そのままで「可能である」といっているのではないことです。そのような研究方法には明確な限界があり、それを乗り越えるには、もっと自由に複雑さに付き合えばよいのだ。こういう了解が生まれたことが、一番大きな変化といえば変化です。パラダイム転換という言葉は、いろいろな場面に気安く使われて手垢がついてしまい、屋台のたたき売りの口上のようになってしまいましたが、複雑系の科学の提起しているものは、かけねなしに「知のパラダイム転換」なのです。

複雑さ・複雑性・複雑系

つぎの第5章・第6章では、このパラダイム転換について、概略をお話しします。第6

章の最後では、このような知の大転換における経済学の独自の役割にも言及します。ただ、その前に、複雑さ、複雑性、複雑系といった類似の言葉について、少々解説を加えておきましょう。

「複雑さ」と「複雑性」の間には、概念上の差異はありません。「複雑さの帰結」という論文を書き、それをわたしの複雑系研究の第二試論集の表題にしたことからも分かるように、わたしは、「複雑性」よりは、より身近な印象のある「複雑さ」を好んで使っています。しかし、わたしの論文の中でも、気分によって、複雑性が現れることがあります。他の人の書くものをみても、おなじ論文のなかに二つの表現が現れることも珍しくありません。複雑性か、複雑さか、ということで一度おもな書籍と雑誌論文を調査したことがありますが、どちらが優勢という明確な結果は見受けられませんでした。揺れ動いているというよりも、両者は相互に交換可能なものとして受け取られている証拠でしょう。

「複雑系」というのは、複雑さ・複雑性とはやや概念が異なります。「系」という漢字は、いろいろな意味に使われますが、ここではシステムという言葉の短縮形として使われています。太陽系が solar system の訳であるように、複雑系は complex system に対応します。複雑さは、対象の性質であるのに対し、複雑系は、対象がシステムであるということが前提になっています。

日本の複雑系研究・複雑性研究の中では、これまで「複雑系」が圧倒的に優勢でした。

これはほとんど偶然の結果であって、複雑さと複雑系と見方の違いがあって、一方が選ばれたというのではないと思われます。第4部第12章で説明しますが、術語というものも、相互の作用によってデ・ファクト・スタンダードが定まってきます。日本では、「複雑系」が標準になったのに対し、英語圏では「複雑性の科学」science of complexity と一般に言われるように、複雑性がまずあって、そのひとつの在り方として複雑系がある、と理解されているようです。この本では、複雑系の科学と複雑性の科学あるいは複雑さの科学を区別することはしません。上で、欧米の紹介にあたって複雑性の科学という表現をしばしば使いましたが、それは原語により忠実にことばを選んだだけであって、複雑系の科学と複雑性の科学の二つのことなる傾向があると考えている訳ではありません。

では、日本では、なぜ「複雑系」が優勢になったのでしょう。一九八五年にわたし自身が自分のテーマを決めたときにも、複雑系か複雑性か悩んだ記憶はありません。その当時すでに、複雑系の方が入りやすかったことは事実だと思われます。確かなことは言えませんが、このような受け止め方ができていたのは、たぶん、一九七〇年代から八〇年代に、物理学・生物物理学方面で大規模系にたいする中規模系の研究というテーマがあったためでしょう。もうひとつの理由は、日本の複雑系研究が、基本的にカオス力学系の発展としてでてきたということがあります。力学系を単純な振る舞いをするものと複雑な振る舞いをするものに分けるとすれば、でてくる用語が「複雑系」となるのはかなり自然なことでしょう。しかし、重ねていいますが、複雑系か複雑性かという見方の対立がある訳ではありません。対象をシステムとしてみるとき「複雑系」、その性質を考察するとき「複雑さ」「複雑性」と理解していただければ十分と思われます。

第5章　ニュートンとラプラスを超えて

複雑系研究の歴史や現状はいくらか分かった。しかし、複雑系とはいったいなんなのか、まださっぱり分からない。こういう印象をもつ人が多いかも知れません。そこで、複雑系と経済学といった話題に入る前に、複雑系とは何か、もうすこし考えてみましょう。いったい、複雑系とは、どんなものか。それをどのようにアプローチしようとしているのか。そもそも複雑さとはなにか。こんなことを考えると、まだまだ、いろいろお話ししなければなりません。

複雑さの概念

複雑さとはなにか、なにを意味するのか。これに答えるのは、たいへん複雑な問題です。これは、ダジャレで言っているのではありません。複雑さとは何であるかについて、はっきりした定義がないばかりか、ひとにより理解が違うからです。

モンペリエ・シンポジウムの第一部「複雑さを理解する」の第一論文で、ケネス・E・

ボールディングも、冒頭で「複雑さは、ひじょうに複雑な概念だ」と述べています。二つのもののどちらがより複雑だと問われれば、比較的簡単に答えられる。たとえば、人間はアメーバより複雑だ。DNAは炭酸ガスより複雑だ。雲はビンの中の静止気体より複雑だ。連邦準備制度は散歩する二人の友人関係より複雑だ。こういうことはすぐ分かるが、しかし、複雑さを正確に計測しようとすると、いまはできないし、将来も多分できないだろう。ボールディングは、こう言っています。

わたしも、じつは一度、自分なりの複雑さの定義を試みて失敗したことがあります。一九九〇年に筑摩書房から出版した『市場の秩序学』は、副題に「反均衡から複雑系へ」という表題を掲げていました。まえがきにも、この本は「複雑なものを複雑なものとして見よう」という提案であると、大見えを切っています。そんなことをいう手前上、複雑さとはなにか、どこかにしっかりした議論を入れたかったのです。そこで、複雑さを主題に、かなり長い論文を書きました。四〇〇字詰原稿用紙で一〇〇枚ぐらい書いたと思います。しかし、それは結局、没になりました。現在、『市場の秩序学』の第11章の第1節が、わずかにその痕跡を残しています。

複雑系に対する関心が広まって、現在多くの方面で複雑さ・複雑系が議論されていますが、しっかりした定義に基づいて理論が展開されているのは、いまのところ数学だけです。さすが数学です。これとは別に、物理学者たちは複雑さの計測ということを考えています。

まず「測る」ことから手がかりを得ようというのも、いかにも物理らしい発想です。

数学の複雑さ概念

現在、数学には、三つほどの複雑さの概念があります。一つは、計算量の理論における複雑さ。第二は、記号列の複雑さに関するコルモゴーロフの定義。第三は、解き方の構造に関する複雑さの概念です。これは、一つの「複雑さ」があって、その捉え方、アプローチが違うというより、いくつもの「複雑さ」があり、それについてそれぞれ取り組んでいるといった方がいいのでしょう。

計算量の理論は、計算の複雑さの理論（theory of computing complexity）とも呼ばれています。この理論でいう複雑さとは、計算の手間が多いことです。たとえば、N個の未知数をもつ連立一次方程式をジョルダン法で解くには、約N^3回の四則演算、つまり加減乗除で解くことができます。ジョルダン法というのは、いわゆる消去法を系統的に行う方法です。ジョルダン法を改良したガウス法によれば、演算の回数はジョルダン法の2／3で済みます。このように、解法によって計算の手間、したがって計算時間が違ってくるのですが、計算量の理論ではある問題を解くのに最低どのくらいの手間が必要か、といったことを研究しています。

この方面での一番有名な話は、すでに二回ほど触れたことのある「NP完全問題」の発見とそれに関係したいわゆる「基本予想」です。

記号列に関するコルモゴーロフの複雑さの定義は、次の問題を考えていただくと、問題の要点が分かってもらえます。数年まえ、宝くじで一等の当り番号に4がずっと並んだというので、新聞などで取り上げられたことがあります。ところで、

4444444444444　(1)

という数字列と、

9891024613909　(2)

という数字列とどちらが珍しいと思いますか。たとえば、バーコードに(1)のような番号がついていたら、みなさんえっと驚くでしょう。(2)の場合はどうですか。ところが、これらが偶然選ばれたとするとき、(1)の数字列が出現する確率と(2)の数字列が出現する確率とは、どちらも一〇兆分の一で同じです。(2)の場合には驚かないのに、なぜ(1)の場合は、珍しいと思って驚くのでしょう。

コルモゴーロフは、(1)と(2)とでは、数字列の複雑さが異なるという説明を考えました。(2)のような複雑さをもつ数字列は、13桁の数字列の大半である（つまり珍しくない）のに対し、(1)のような複雑さの数字列はきわめて少ないというのです。たしかに、(1)のように

同じ数字が13すべてならんでいる数字列は、13桁の数字列の中にも10個しかなく、そのような数字列に偶然当たる確率は一兆分の一しかありません。コルモゴーロフが苦労したのは、では(2)のような数字列が複雑だということをどのように定義したらいいか、ということでした。

複雑さの第三の概念が解き方の構造の複雑さを問題にするのは、計算量の理論にいう通常の複雑さの概念にたいし、いくぶんかの批判が含まれています。たとえば、計算量が多くて、実際的に解けないNP完全問題でも、その解き方の原理は簡単なものがおおいのです。とにかく手間ばかりかかるので、解けないかもしれないけれども、原理は簡単ではないか。問題の複雑さは、そんなところにではなく、解き方の原理が複雑で込み入っているものではないか。こういう批判です。そこで、解法をプログラムで解いたとき、ループが何重くらい入れ子になっているか、といったことを問題にしようとするのです。こうした研究は、計算量の理論の内部でも、また、そこからやや離れた代数系理論からも行われています。

力学系の複雑さ概念

このように数学の内部では、いくつかの複雑さの概念が提示され、厳密な議論もされているのですが、このような概念を参考にすれば、現在の複雑系の諸科学の議論がカバーできるかといえば、そうではありません。

複雑系の議論で有力な一分野に「カオス力学系」があります。第6章では、この分野の研究の影響として、非線形力学系では、均衡でも周期解でもなく、有界の範囲を不規則に運動しつづける可能性が認知されたことに触れます。カオス力学系とは、簡単に、ストレンジ・アトラクターをもつ力学系のことだと理解してもらったらいいでしょう。日本では、これに関して、「カオス的遍歴」といった独自の概念が提起されるなど、得意のテーマでもあり、研究者の層の厚い分野でもあります。

ところが、カオス力学系で考えられている複雑さは、主として解の経路の複雑さです。そこに想定されている複雑さは、上に紹介した数学の複雑さ概念とは、かなり異なるものです。たとえば、経路の予想が困難であるとか、振る舞いが時間的に変化するとか、経路自身の内部構造がフラクタル的に複雑であるとか、こういう性質が複雑さの話題となっています。

両者が無関係かといえば、そうではなく、両者をつなげる試みもされているのですが、すくなくとも印象上、たいへん異質なものです。そこで両者を区別せざるをえないのですが、ではここで問題にされている複雑さとはなにか、というとなかなか厳密な定義がありません。上で、定義に基づいた複雑さの議論がなされているのは数学だけだ、といったのは、この意味です。

ここで、ちょっと断っておかねばならないのは、「力学系」というのは物理学の力学理論を抽象化したもので、じつは数学の一分野だということです。それは簡単にいうと、状態変化が時間の経過幅だけに依存しているようなシステムです。定数係数の微分方程式系とか、もっと一般に、時刻に依存しないベクトル場をもつ微分方程式系はすべて力学系です。ニュートン力学も、時刻に依存しない微分方程式の体系で書けます。力学系は、その数学モデルなわけですから、これは当然のことです。

力学系の理論そのものは、数学として随分詳しく調べられ、高級な理論もあります。カオス自体も、そのような研究の中で発見されたものです。しかし、力学系のいろいろな性質のなかで複雑さが正面切って取り上げられることはありません。それはなかなか数学にならないのです。対象が複雑な振る舞いをしていることはよく分かっているのですが、その複雑さの程度とか、複雑さを導きの糸として、ある性質が分かるとかいったことは、あまりないのです。

こんなことも手伝って、カオス力学系の複雑さを議論する人は、おおくは物理学者です。物理学者は、数学者とちがって、証明がなくとも、対象の性質として確実なことであれば、どんどん議論してしまいます。いわゆる物理的直観がものをいう訳です。

真に複雑な対象の複雑さ

わたしは数学の出身で、物理的直観の欠けている人間ですので、物理学者の大胆さにいつも敬意を払っています。ところが、こんな物理学者たちの考える複雑さや複雑系も、本当の複雑さ、複雑系ではないと、いくらかひややかにみている一群の人達がいます。それは生物学者です。

たしかに、生物の複雑さは、たいへんなものです。アメーバのような単細胞生物ひとつ取ってみても、構造的にも機能的にも、きわめて複雑なものです。細胞膜一つとってみても、おなじことが言えます。しかも、そんな複雑なものが、きわめて精密な機械のように、正確な作動をするのですから、ますます不思議です。

こんな複雑なものと日夜取り組んでいる生物学者からみたら、数学や物理学で議論されている複雑さは、複雑さとしてはかなり単純なものだ、という印象があるのは仕方ないことでしょう。

現在、数学者の津田一郎やたくさんの物理学者が脳の研究に取り組んでいます。脳は、市場経済とならんで、複雑な自律分散システムとして代表的なものですから、複雑系の研究者が脳の研究に挑戦するのは当然のことでしょう。カオスというテーマがどれほど深いものか、ここで問われているといってもよいかも知れません。それは今後の問題ですが、いずれにしても本当に複雑なものの複雑さには、複雑系の科学といえども、まだなかなか届いていない、といわなければなりません。

否定神学と複雑さ

このように、複雑さの概念もさまざまであり、ひとによって、また研究分野によって、その捉え方は異なります。複雑さの概念を頼りにして、複雑系とその科学の性質を明らかにするのは、ほとんど不可能です。

では、複雑性の科学あるいは複雑系の科学は、それぞればらばらな試みにすぎないかといいますと、そうではありません。科学ないし学問の現状に対するかなり共通した問題意識に基づいて、さまざまな方面で、研究が進められているのです。

この事情を分かってもらうには、「否定神学」の考えかたを引くのがいいでしょう。これは川越敏司《としじ》から教えられたことですが、ヨーロッパ中世の神学の流れのなかに、否定神学という流れがあったといいます。キリスト教神学では、神を無限で絶対的な存在と捉えました。しかし、無限とはなにか、絶対とはなにか。こういうことを考えだすと、分かったようで何も分かっていないことに気がつきます。否定神学は、無限や絶対といったものに直接迫ることは不可能であると考えました。そうではなくて、有限の存在である人間は、神は有限でない、神は延長をもたない、神は時間の中に存在しないというように、否定を積み重ねることからのみ神に近づけるのではないか。こう考えたというのです。

複雑性の科学、複雑系の科学も、ある意味で否定神学にたっています。それはこれまでの科学研究法の「否定」の上にたっているからです。このような明確な意識をもって、複雑系の科学を構想したのが、ワレン・ウィーヴァーでした。

ウィーヴァーの四八年宣言

ウィーヴァーについては、第4章ですこし触れました。複雑系の科学の構想を明確な意図と展望をもって述べたのは、ウィーヴァーが最初です。かれが一九四八年、『アメリカン・サイエンティスト』という雑誌に書いた「科学と複雑さ」という論文は、複雑性科学のマニフェスト、「政治宣言」といってよいでしょう。それは、「共産党宣言」が二十世紀社会主義にもったとおなじような意義を複雑性の科学に対してもっています。

ウィーヴァーは、専門は通信理論・コミュニケーション理論で、数学者としては情報理論の創始者クロード・シャノンの共同研究者でした。一九四八年のシャノンの画期的な論文の一年後に、シャノンとウィーヴァー共著の単行書『通信の数学理論』が出版されています。しかし、かれは、現在日本語で「通信理論」と呼ばれているものの範囲に止まらず、英語では同じですが、日本語では「コミュニケーション理論」と異なる呼び名をもっている方面にも考察を広げています。かれは通信理論＝コミュニケーション理論を三つのレベルに分けました。第一は、現在、情報理論の分野となっている技術的問題のレベルです。

第二は、意味論のレベルです。ある信号が送り手の意図どおりに受け手に伝わるかどうかが問題になります。第三は、社会心理学などが問題とする有効性のレベルです。通信理論＝コミュニケーション理論のこのようなレベルの分け方をみても、ウィーヴァーの関心の広さがうかがわれます。コンピュータで機械翻訳できる可能性があると初めて指摘したのも、ウィーヴァーだといわれています。

ウィーヴァーは、もう一つ、重要な顔を持っていました。ロックフェラー財団の科学部長という役職です。財団が科学研究に研究費を出す、助成をするというとき、その政策を決める重要なポストにかれはいました。サイバネティックスの創始者ウィーナーがメキシコ国立心臓医学研究所のローゼンブリュート博士との共同研究を決意したとき、その研究計画を援助してもらうために会いに行ったのも、ウィーヴァーと医学部長のロバート・モリスンの二人でした。

「科学と複雑さ」は、戦争が終わり、二十世紀の後半に入るにあたって、これまでの三世紀半におよぶ科学研究の流れを振り返った上で、今後の研究方向はどうあるべきかを提示したものです。

四八年宣言の反響

この論文は、当時それほど注目されたものではなさそうです。古い文献を詮索する癖のない自然科学方面の文献で、ウィーヴァーのこの論文に言及しているものは、きわめてまれです。フランスの社会学者で、複雑性をキー・ワードに「認識論革命」を提唱するエドガール・モランの大著『方法1　自然の自然』（原著、一九七七年）の巻末には、二六〇本以上の文献が挙げられていますが、ウィーヴァーの「科学と複雑さ」は載っていません。七〇年代には、この論文は、忘れられた存在だったといえます。

もちろん、何人かの人が、この論文に注目していました。重要な例は、フリードリッヒ・A・ハイエクです。ハイエクは、一九五五年の「説明の程度」と、一九六一年に書き一九六六年に発表された「複雑現象の理論」の二本の論文において、ウィーヴァーの論文に言及しています。『アメリカン・サイエンティスト』の論文ばかりでなく、一九五八年の『ロックフェラー財団年報』のウィーヴァーの論文「自然科学における四半世紀」という長大論文をわざわざ追いかけて、この論文の第1章「科学と複雑性」を読んだようです。後にこの二本を論文集『政治哲学・経済学研究』（一九六七年）に再録したとき、注の中に、原論文を書いたとき、五八年の完全版を参照できなかったむね、断っています。

アイゲン、プリゴジンと並んで複雑系科学の三人の創設者とされたハーバート・A・サイモンは、アメリカ人であり、人文系の素養のある学者でした。複雑系研究のひとつの構想を示した一九六二年の論文「複雑性の建築学」において、かれは、ウィーヴァーの論文を参照し、これから議論する複雑性は、ウィーヴァーのいう「組織された複雑さ」のことであると断っています。

もうひとつ重要な言及は、ルードヴィヒ・フォン・ベルタランフィの『一般システム理論』(原著、一九六八年)におけるウィーヴァーの考えの紹介です。第2章「一般システム理論の意味」において、フォン・ベルタランフィはウィーヴァーの「組織された複雑さ」を紹介し、この組織された複雑さを研究することが、古典物理学の追求したものとは反対に、「現代科学に課された」基本的問題だ、とまでいっています。

ウィーヴァーによる科学の三区分

ウィーヴァーの一九四八年の論文「科学と複雑さ」にもどりましょう。ここで、かれはガリレイ以来の科学研究を振り返っています。物理科学を中心として、ちいさなディテールを無視し、主要な特徴を捉えようとすると、今後期待されるものを含めて、三つの問題群が区別されるといいます。

第一は、「単純さの問題」です。ウィーヴァーによると、一六〇〇年から一九〇〇年まで約三世紀間の物理科学は、要約すると、2変数の単純さの問題にかかわってきました。言い換えると、一つの変数をxとし、他方の変数をyとするとき、それはつまるところ$y=f(x)$という関係を扱ってきたことになります。たとえば、加速度の法則(ニュートンの運動の第二法則)や、フックの弾性の法則、熱伝導に関するフーリエの法則、電流と電位差に関するオームの法則などは、$y=a \cdot x$と書けます。ニュートンの万有引力や静電気力に関するクーロンの法則は$y=a \cdot x^{-2}$と書けます。古典的な物理学は、こうした関係を基礎に組み立てられ、そこから微分方程式を立てて、解ける場合にそれを解くというものでした。これがどんな世界観を生み、われわれの自然を見る見方を規定してきたかは、のちに触れます。

第二は、「組織されない複雑さの問題」(problems of disorganized complexity) です。これは主として一九〇〇年以降に発展した分野で、これにより物理系諸科学は、「本質的にまった劇的に新しい種類」の自然に対する攻略を開始しました。アメリカの理論物理学者ジョサイア・ウィラード・ギブズが死の一年前に書いた「統計力学の基本原理」(一九〇二年)は、この新しい分野の開幕を華々しく告げるものでした。一九〇五年には、アインシュタインがブラウン運動の理論に関する論文を発表しています。一九〇〇年にプランクが提出した量子仮説は、古典物理学とは異なる原理に基づく新しい物理学の誕生を刺激しました。一九二〇年代に成立した量子力学ないし量子統計力学がそれです。統計力学が準備されていなくては、量子力学のこのような発展はありえないことでした。統計力学には、もちろん、前史がありました。十九世紀の半ばからの気体運動理論です。とくに、この章の終りに紹介しますが、エントロピー増大の法則を確立しながら、可逆性のパラドックスと苦闘したボルツマンの貢献を忘れることはできません。ギブズの論文題名がよく示しているように、これらは確率論を基礎とする統計力学という新しい物理学を切り開くものでした。

第三は、ウィーヴァーのいう「組織された複雑さの問題」(problems of organized complexity) です。ウィーヴァーは、二十世紀の後半に発展させるべきは、この組織された複雑さの諸問題だと考えました。これこそが、現在の複雑系の科学の出現を告げた大予言であり、また新しい科学政策の指針でもありました。

「組織された複雑さの問題」に取り組む科学の提唱は、従来の科学観から掛け離れた、たいへん大胆なものでした。なぜなら、それは決定論的な世界観とも、確率論的な世界観とも異なる、第三の科学の必要と可能性を説くものだったからです。しかし、その前に第一・第二の科学問題の領域について、もう少し詳しく見ておきましょう。なぜなら、決定論的世界観、確率論的世界観は、上の第一・第二の問題領域の研究方法とそれぞれ密接に関係するものだからです。

決定論的世界観

ガリレイとニュートンにより始められた近代物理学は、ひとびとの世界観に大きな影響をもたらしました。それは一言でいうと、決定論的世界像の提出と確立でした。

ニュートンの力学体系は、ご存じのとおり、万有引力の法則と運動の三法則から組み立てられています。たったこれだけの基本原理から、すべての物体の運動が記述できることを証明したのですから、ニュートンとはたいへんな人です。

ところで、このことをみとめ、世界がすべて微小な粒子の集合、質点からできていると考えると、世界の運動は、ひとつの巨大な微分方程式の体系で書き表せることが分かります。もう少し詳しくいうと、つぎの連立常微分方程式の形に書き表せます。これは、質点の加速度は力に比例し、質量に反比例するというニュートンの第二法則をすべての粒子について書きならべることに他なりません。

$$dx_1/dt = f_1(t; x_1, x_2, \cdots, x_N),$$
$$dx_2/dt = f_2(t; x_1, x_2, \cdots, x_N),$$
$$\cdots$$
$$dx_N/dt = f_N(t; x_1, x_2, \cdots, x_N).$$

ただし、Nは、粒子の総数の6倍の数です。なぜ6倍かというと、三次元の空間においては、粒子の位置を決めるのに三個、運動量を決めるのに三個の変数が必要だからです。たとえば、x_1が第1粒子のx座標、x_2がこのx方向の運動量とすれば、$dx_1/dt=(1/m)\cdot x_2$, $dx_2/dt=f$と書き表わせます。ただし、mは第1粒子の質量、fはそれが受けている力で、これは全粒子の関数として決まります。両者をあわせて、$d^2x_1/dt^2=(1/m)\cdot f$と書けるところを、すべて一次の微分式で書いてみたというわけです。このNが、たとえば宇宙の中の原子の総数とするなら、10^{80}というとてつもなく大きな数です。

ニュートンの世界方程式は、このようにとてつもないものですが、その定性的な性質は比較的簡単に分かります。そのもっとも重要な結果は、数学で「初期値問題の一意性」と呼ばれている性質です。その性質がありますと、世界は現在の状態によって、無限の未来まで決まってしまっているという結論が生まれます。これは上の連立微分方程式において、初期値 $x_1, x_2, \ldots, x_N$ を与えると、その時点以降の方程式の解（つまり世界の運動）が一意的に決まってくるという数学定理からでてきます。「一意的」というのは、ただひとつだけという意味の数学用語です。

微分方程式の初期値問題の解の一意性は、ニュートンの時代から知られていたことですが、それを最初に厳密に証明したのはフランスの数学者コーシーでした。コーシーは一七八九年、つまりフランス革命の年に生まれましたが、政治的には王党派（ブルボン朝支持派）で、ルイ・フィリップの七月王政のもとでは、忠誠宣言を拒否して八年間の亡命を余儀なくされる一徹ものでした。

初期値問題の一意性定理は、それ自体は、なんの変哲もない数学の一定理ですが、それを世界の運動を記述する方程式に適用すると、とんでもない結論が生まれます。世界の現在の状態が与えられると、未来のすべての時点での状態がただひとつに決まってしまう、という結論がでてくるからです。これが決定論といわれるものの厳密な定式です。

このような決定論は、古代ギリシアのデモクリトスも抱いていたといわれますが、それが世界観として大きな影響力をひとびとに及ぼすようになるのは、近代科学の成立後とされています。村上陽一郎によれば、これはニュートンのというより、デカルトの世界観というべきものです。

決定論が否定しようもないものとして世間に受け入れられるとなると、意志の自由と決定論との両立可能性の問題が哲学の主要課題となりました。現在のわたしの考え自身が過去の状態から一意に決まっているとするなら、意志の自由などありえません。意志の自由がなければ、倫理学は成立しません。行為に責任を問うことができないからです。わたしたちは、通常、意志の自由があると思って行動しています。しかし、それはそうあるように見えているだけであって、そのような思想内容もまた決定されているのだ、ということが可能です。これは重大な哲学問題になりました。こうした問題を議論した哲学者の系列には、スピノザ、ホッブズ、ヒューム、カント、J・S・ミルなどがいます。人間意志から独立した、歴史の発展を唱えた史的唯物論も、この決定論の影響から逃れ出ていません。

実際に解けた問題と解けない問題

ニュートン力学の影響は、このように絶大なものでしたが、その力学方程式が、どんな場合に解けていたかも重要なことです。

ニュートンの大きな成功は、天界の惑星の運動と地上の物体の落下とを同じ法則・同じいう原理によって説明したことでした。ご存じのとおり、惑星の運動は、ケプラーの法則に従います。これは太陽と惑星との二つの天体が万有引力で互いに引き合いながら運動するときに生ずる法則です。落下の法則は、ガリレイが実験で示したものですが、地球と物体というやはり二つの物体の万有引力の作用による運動の時間経過です。この両者は、ニュートンの運動方程式から数学的に厳密に解くことができました。しかし、この方法は、すこし大きな体系では、すぐに限界にぶつかってしまいました。

象徴的なのは3体問題です。3体問題は、太陽と地球と月というように、万有引力によって相互に引っ張りあう三つの天体の運動を解析する問題です。月はもっとも身近な天体である上、その運動が複雑なことから、月の運動は古くから研究されてきました。ニュートンの『プリンキピア』にも月の運動が論じられています。このような問題を解く古典的な方法は、積分と呼ばれる関数を求めることでした。3体問題では、十八世紀の中頃、オイラーによって一〇個の積分が発見されており、以後一世紀以上にわたって、研究の努力は新しい積分の発見に向けられました。しかし、十九世紀の末になって、ブルンスやポアンカレが代数関数や一価関数の積分のないことを証明しました。このことは積分をもとめる方法によっては、3体問題を解くことはできないことを意味します。

ところで、このことが誤って理解され、複雑系の紹介の中にも、しばしば「3体問題は解けない」と表現されていますが、それは正しくありません。反対に、三つの天体を大きさのない質点とみなすことができ、かつ三天体の衝突が同時に起こらないなら、一九一二年、スンドマンによって任意の初期値のもとに解が一意的に存在することが証明されています。角運動量積分が0でないかぎり、三天体の同時衝突は起こらないので、このときには、衝突するごとに解の接続を繰り返せば、任意時点における三天体の位置を計算することは原理的には可能です。二つの天体が衝突して、ピンポン玉のようにはねかえるというのがおかしいとすれば、少なくとも衝突までは解が求まると言ってもよいでしょう。最近では、コンピュータを使って、信頼できる数値計算の方法も開発されています。

このように、実際問題として解こうとすると、3体問題以上では、2体問題のときとは比べものにならない難しい問題になってしまいます。2体問題の解としてケプラーの三法則が導けたのは、むしろ例外的な場合だった訳です。ウィーヴァーが、一九〇〇年までの物理科学は、基本的には2変数の簡単な問題に限定されてきた、というのは理由のないことではありません。

確率論と独立の仮定

3体問題でもこのありさまですから、世界の運動方程式を解こうとしても、そう簡単に解けるものではありません。これに対し、多くの経験的現象について、実際に運動方程式を解かなくても、一定の結果を推定できる事情があることが分かってきました。それは確率論を用いる方法です。

一八一二年の著書『確率の解析理論』の序論でP・S・ド・ラプラスが言おうとしたのもこのことでした。かれは、そこでこう書いています。

「ある与えられた瞬間に、自然を動かしているすべての力と、自然を構成するすべての存在の状況とを知ることのできる知性が、これらの与件を解析にかけることのできるだけの大きな能力をもつならば、宇宙の最も巨大な物体から最も軽い原子にいたるまでの運動を、ただ一つの数式のなかにとらえることができるであろう。この知性にとっては、不確実な事柄は何もなく、その目には、未来も過去とまったく同じように現前するであろう。」（広重徹《てつ》『物理学史I』培風館、一三二頁より引用）

ここに触れられている、すべてを解析にかけることのできる「知性」は、後にしばしば「ラプラスの魔」と呼ばれるようになりました。ラプラスの魔は、全知・全能の神のような存在です。そのような存在にとって、すべてはニュートン力学的決定論で解決がつきます。しかし、そうでない人間にとっては、不確実な事柄をその固有の論理で研究する数学つまり確率論が必要だ。ラプラスは、こう言いたかったのです。

ラプラスは、合理性に限界のある人間にとってのみ、確率論が意義のある数学であることを指摘しました。合理性の限界は、こう見てみると、経済学だけでなく、数学のような純粋論理の学問にも、じつは深い関係をもっています。全知・全能の知性にとって、偶然というものはありません。すべては決定論的に展開します。確率の世界は、合理性の限界をもつ人間から見て、偶然なのです。ラプラスは、こうした自然観をもっていました。

確率論には、大数の法則、中心極限定理、逆正弦法則、反復対数の法則、など多数の定理があります。また、ある現象がどんな確率分布に従うか、という経験法則も大切な知見です。よく出てくる確率分布には、二項分布、ポアッソン分布、正規分布などがあります。標本理論に出てくるF分布やt分布、検定によく使われるχ^2分布（カイ2乗分布）もあります。これらは、一般に時間と関係なく、ある事象の生起する確率を考えるものですが、これとは別に、確率過程という研究分野もあります。

確率論の世界は、このように多彩ですが、ほとんどすべてあるひとつの仮定の上に組み立てられています。それは「独立の仮定」です。

確率論では、出来事のある定められた集合のことを事象といいます。東京の千代田区で交通事故が起こること、京都で雨が降ること、宝くじでわたしに一等が当たること、これらはすべて事象です。

事象Aに対し、その事象がおこる確率を$p(A)$などと表すものとしましょう。二つの事象AとBとがあるとき、

$$p(A \cap B) = p(A) \cdot p(B)$$

が成り立つとき、事象AとBとは独立であるといいます。ただし、A∩Bは事象Aと事象Bがともに起こる事象です。事象Aの確率$p(A)$が0でないとき、これは

$$p(A \cap B)/p(A) = p(B)$$

を意味します。

左辺は事象Aが起こったという条件のもとに、事象Bが起こる確率です。これを条件Aのもとにおける事象Bの起こる条件付確率といい、$p_A(B)$と書きます。独立の仮定は、条件Aのもとにおける事象Bの条件付確率は、事象Bの生ずる確率$p(B)$と変わらないことを意味します。

独立の仮定は、分かりにくいものですが、あえていえば、二つの事象が無関係であるということです。たとえば、京都で雨が降ることと東京千代田区で交通事故が起こることとの間には、明確な因果関係はないと考えられます。このとき、京都で雨が降ろうと降るまいと、千代田区で交通事故が起こる確率には影響がないと考えてよいでしょう。もしそれが正しいなら、京都に雨が降ることと千代田区で交通事故が起こることとは独立です。これに対して、千代田区で雨が降れば、車がスリップして、事故が起こりやすくなるかもしれません。もしそうであれば、千代田区で雨が降るという条件のもとでの千代田区内の交通事故の発生確率は、そう仮定しない場合の確率より高くなります。このときには、雨の

降ることと交通事故の起こることとは独立でないということになります。

確率論の定理や分布法則の基礎に、独立の仮定があることを申しました。いくらか一般性のある定理で、独立の仮定を前提としないものは、チェビショーフの不等式とその応用の定理などに限られます。他の定理や法則の前提には、どこかに独立の仮定がおかれています。特定の確率分布が現れることの背景にも、基礎的な確率事象の間に独立の仮定があります。このように独立性は、確率論の生命ともいうべきものです。

統計力学の世界

この世の中で、確率論でうまく説明できる事柄がかなりあるということは何を意味するのでしょうか。もし世界がニュートンの運動方程式で書け、粒子間の相互作用が無視できないなら、世の中には、無関係ということはありえません。京都で蝶が羽根をひらつかせたことの効果が東京に嵐を呼ぶかもしれません。しかし、ありがたいことにというか、世界はうまくできているというか、そんなことはありません。多くの事象は近接の事態に影響を与えるだけで、遠く離れたことには、確率を大きく動かすほどの影響を及ぼしません。空間的には、このことはほぼ確かなことです。

異なる時刻の間の二つの事象の間にも、独立の仮定をおける場合がかなりあります。たとえば、第一回目にコインをトスして表が出ることと、一分後に二回目のトスをして表あるいは裏のでることとは、ふつう独立と仮定してかまいません。変造されたコインが多くて、第一回目に表が出たことが、表側に重心が偏っていることを意味するなら、話は別です。

ウィーヴァーが組織されない複雑さの問題と呼んだのは、この独立の仮定がうまく使える大量現象に関する物理学でした。分かりやすい例は、気体運動論です。空気は、窒素分子4と酸素分子1の混合気体ですが、分子の大きさからみたらすかすかの空間をほとんど衝突することなく飛びかっていき、まれに衝突して、また飛んでいきます。衝突するときだけは強い相互作用が起こりますが、あとは慣性に基づいて直進運動していると見ることができます。二つの分子がどんな速さと、どんな軸角度で衝突するかは、確率の問題です。簡単のために、ヘリウムのような単原子気体を考えることにすれば、真球どうしの衝突ですから、衝突角度の問題を無視できます。このとき、衝突後の運動量がどう変わるかは、簡単な力学の問題です。それぞれの原子が他と独立に運動していて衝突すると仮定すれば、衝突によって、分子の速度分布がどう変わるかも、簡単にでます。もし、気体が熱平衡の状態にあるならば、この速度分布は不変となります。その条件をみたすものが、温度Tを与えたときのマックスウェル分布です。

これは統計力学の初歩の初歩ですが、理論の要点は現れています。それはやはり独立の仮定でした。

確率論的世界と決定論的世界

統計力学が確率論に基づいて組み立てられたものであることはほぼ自明ですが、それがニュートンの運動方程式から導けない独自の論理に基づいていることはどうでしょうか。

有名な熱力学の第二法則は、閉じられた系のエントロピーがけっして減少しないことを主張しています。いまでは、このことは不思議でも何でもなく受け入れられていることですが、十九世紀にはそうではありませんでした。なぜなら、このような性質はニュートン力学から導けないばかりか、ある意味でそれに矛盾する結果でもあったからです。

それは、物理現象が可逆か、非可逆か、という点に関係しています。

ニュートンの運動方程式は、時間の向きを反対にしても成り立ちます。つまり時間反転が成立します。これは、ニュートン力学の世界をフィルムにとって、時間の前後を反転させて、逆向きに巻直して映写しても、そこにみられる運動には、物理法則に違反するものは一切ないことを意味します。ニュートンの世界では、同じ現象が時間の正の向きにも負の向きにも、おなじように起こります。そうするには、初期時点で、すべての質点の速度の向きを反対に変えてやればいいのです。これを時間に関する可逆性といいます。

ところが、熱力学の第二法則は、時間的に非可逆な現象を記述しています。たとえば、温度の高低があるとき、閉じた系では、温度差が少なくなる方向に状態が変化します。時間を反転させると、温度差が大きくなるような変化がおこることになりますが、これは熱力学の第二法則に違反します。室温においておいた風呂が自然に沸くということはあり得ないことです。第二法則を出すまでもなく、フーリエによって定式化された熱方程式をみても、同じことはいえます。熱方程式は、時間の正の方向には、いくらでも解を延長できる性質をもっていますが、一般に負の方向に延長することはできません。

十九世紀末の科学者ボルツマンが熱力学の第二法則をニュートン物理学から説明しようとしてぶつかったのは、二つの世界のこの矛盾でした。ボルツマンは確率論を使って、エントロピー増大のメカニズムを解明したのでしたが、数学者のツェルメロやポアンカレはニュートン力学の可逆性を楯にとって、ボルツマンの説明を批判しました。ボルツマンは、結局、この批判に最終的な回答を与えることができないまま、自殺してしまいました。直接の原因ではないと言われていますが、自説の矛盾に悩んだことが、自殺にいたる気分の基調をつくったことは否定できません。

確率論的世界と決定論的世界とは、このように本質的に異なる論理をもつ二つの世界観なのです。そのことがひとびとに受け入れられるようになるには、長い時間が必要でした。ウィーナーは『サイバネティックス』の第1章を「ニュートンの時間とベルグソンの時間」に割いていますが、これも時間の可逆・非可逆についてかれなりの見解を示すためでした。

組織的に複雑な問題の科学

このように本質的に異なる世界観に立つ二つの問題領域に対し、ウィーヴァーが対置したのは、組織された複雑さの問題領域でした。単純さの問題領域と組織をもたない複雑さの問題領域は、二十世紀の前半までに偉大な達成を遂げたけれども、それだけでは扱えない、あるいは解明できない問題領域がある、それが組織された複雑さの問題だ、というのです。

そのような問題領域としてウィーヴァーが挙げたのは、生物学、医学、心理学、経済学、政治学などです。これらは少数の変数を扱うことによって劇的な成功をおさめることも、大量の独立事象を記述するには統計的技法によってもうまく扱えないものです。組織された複雑さが関係するこのような分野で、新しい科学研究法を創出しよう。ウィーヴァーの提案は、こうしたものでした。

この新しい科学研究分野をどのような方法によって切り開くことができるか、ウィーヴァーに成案があったわけではありません。ただ、いくつかの条件はそろいつつありました。コンピュータの開発、自身も関係した情報理論・通信理論、形を取りつつあったサイバネティックス、ORの開発で示された学際的研究の方法、これらの方法を総合すれば、新しい科学研究への足掛かりはできるだろう。こういった考えだったと思われます。

新しい研究法がどんなものでないかは、はっきりしていました。それは、すべての要素の動きを確定することによってしか議論できないニュートンの方法でなく、独立の仮定を基礎として確率論をもちいる方法でもありません。関係する要素数で数えて比較的規模が大きく、かつそれらのあいだの相互作用の無視できない対象を攻略する。ウィーヴァーの立てた科学研究の戦略目標は、こうしたものでした。この戦略目標が、三〇年ほど早いものだったことを否定することはできません。しかし、一九四八年という時点にたって、すでにこれだけの見通しをもって複雑系の科学を展望していた人がいたということは、この科学がいかなる必然をもって生まれつつあるか、確かな証拠となるでしょう。

ウィーヴァーは三〇年早すぎた、といいました。次章では、この三〇年間に学問状況のなにが変わり、複雑性の科学が必要なだけでなく、可能にもなってきたか、それについてお話しします。

第6章　新しい数学的自然像

ウィーヴァーは、すでに一九四八年に、複雑系の科学に関する明確な目論見書をもっていました。しかし、この目論見はすぐには実現しませんでした。その必要はあったが、十分なだけ熟していなかったということができます。半世紀近い後の今日では、状況は大きく変わっています。複雑系は、科学研究に新しい突破口を切り開くものとして、多くの研究者が期待するものとなっています。四八年から今日までの間に、なにが変わったのでしょうか。

複雑系の最近の流行に対し、つぎのような批判があります。それは、複雑系も、数理科学の流行現象のひとつではないか、というものです。カタストロフィとか、ファジーとか、たしかに一時期、たいへんな期待をもって迎えられて、その後、なかば忘れられていく数理科学方面の話題に事欠きません。批判はもっともです。

第6章は、最近の数学や物理系科学、さらには認知科学や計算機科学の新しい話題をできるだけ簡単に紹介するとともに、それらの話題が、じつは深いところで関連をもっていることをお話しします。それらの話題や知見が総合されることで新しい自然観が生まれつつあるのです。ウィーヴァーが期待した、組織された複雑さの問題に取り組むにふさわしいさまざまな分析手法が開発され、それを導く複雑なものの理解が格段に進みました。それはまさに対象理解に関するパラダイム転換というべきものです。

複雑系経済学も、これらの新しい知見と無関係ではありえません。経済学がなんの気なしに扱ってきた変数あるいは関数が、至るところ微分不可能なものであったり、平均値を取ることが意味をもたないものであったりと、びっくりするほど基本的な性質の見直しを要請されることになります。専門的な研究に進まないまでも、こうした話題に触れておくことは複雑系経済学の素養として大切なことです。

数理科学の流行現象

複雑系も、数理科学の流行現象のひとつではないか、という批判に答えるために、まず、数理科学の流行現象について、手短に振り返ってみましょう。古くは、オペレーションズ・リサーチやゲームの理論やサイバネティックスといった例もありますが、もう少し新しいところで、一九七〇年代以降のおもな流行を拾ってみましょう。

まず、一九七〇年代にはカタストロフィ理論があります。これはルネ・トムにより、一九六〇年代後半に創始されたものですが、一九七〇年代半ばに大流行しました。クリストファ・ジーマンがその立役者でした。流行の社会的理由は、かなり明らかです。一九七三年の石油ショックは、ひとびとにひとつの破局を想像させるものでした。そこにカタストロフィ（破局）と題する数学理論が紹介され、形のあるものの形成と転換と消滅とが説明できるというですから、ひとびとがこの理論に期待したのも当然のことでした。

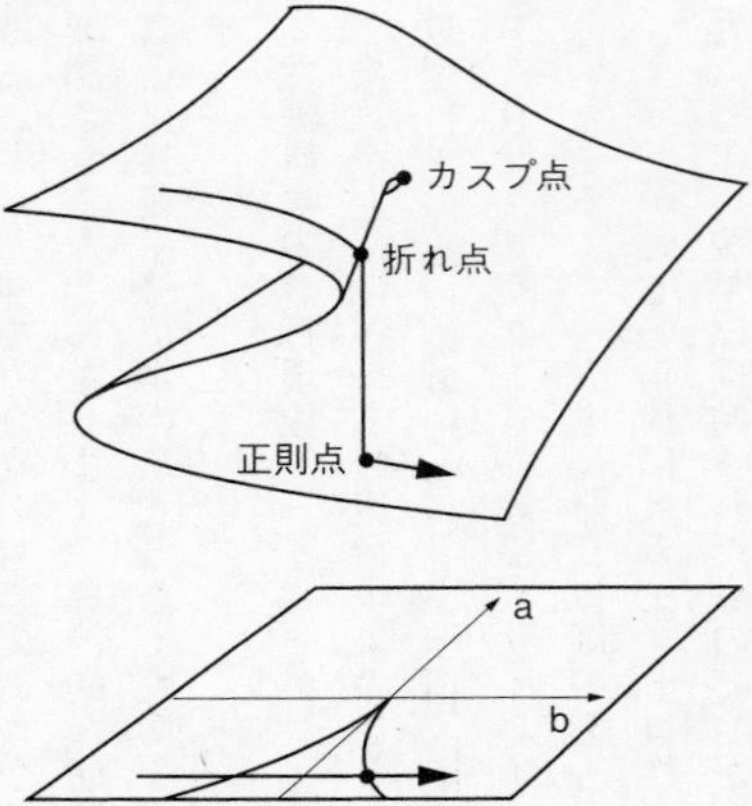

図7　カスプ・カタストロフィと平面への投影（キャスティ，1996）

自然現象や社会現象のあれこれが、これもカタストロフィ、あれもカタストロフィと説明されていくと、最初はみな驚きました。しかし、おなじような説明が繰り返されると、しだいに魔力が落ちてきて、流行が終わりました。うまく説明できて分かりやすいカタストロフィがカスプ・カタストロフィだけであったのも、単調さを印象づけました。

ファジー理論のブーム

一九八〇年代の前半には、これといって目立ったものはありませんでしたが、後半になりますと、ファジー理論が多くのひとびとの注目を引きました。一九八七年に仙台の地下鉄列車の運転にファジー制御が使われ、九〇年にはファジー家電が宣伝されるなど、「ファジー」はひとびとの口に上る一般用語になりました。一九八八‐八九年頃には、大きな本屋さんの理系一般のところには、ファジーの本がいくつも並んで、ひとつのコーナーができるほどでした。雑誌でも、しばしば特集が組まれました。

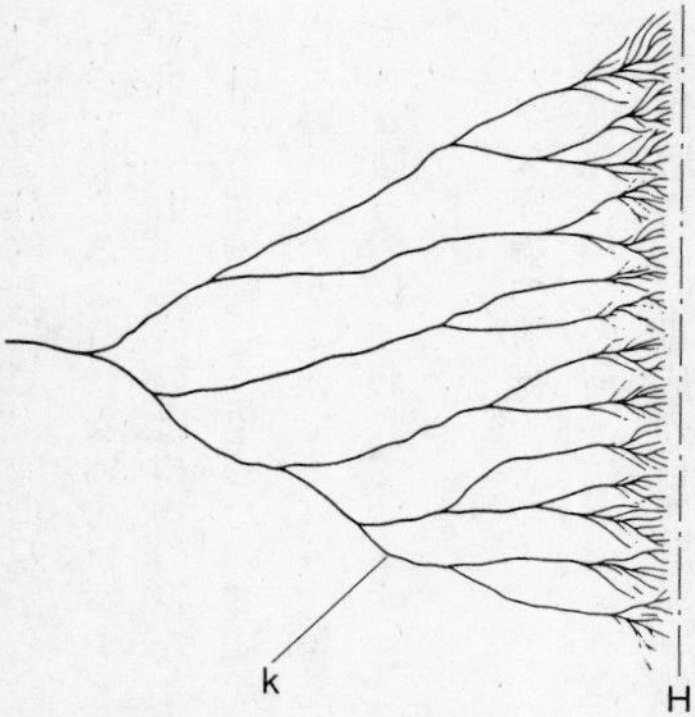

図8　フラクタル様の分岐（R. トム, 1972）

ファジー理論は、L・A・ザデーが一九六五年前後に唱え出したものです。日本でブームが起こるまでに二〇年近くかかっています。いまでは一時の熱気はありませんが、日本ファジィ学会ができ、着実な研究が進められています。ファジーがひろく根付いたのは日本と中国だけだそうです。

おなじころ、マンデルブロのフラクタル理論が、きれいな図版とともに紹介されました（原著は一九八三年、翻訳『フラクタル幾何学』は一九八五年）。フラクタルは、分数次元をもつ特別な対象として、前世紀からその存在が知られていたものですが、計算的に構成することができるようになるのはコンピュータの発達をまつ必要がありました。自然界に存在する山や川、あるいは植物の形などをフラクタルと理解することができるというので、自然科学方面の関心を集めたのですが、実態はグラフィックスの新しい様式として迎えられたといった方がよいでしょう。雑誌などでよく取り上げられ、現在でもさまざまな口絵にそれと断らずに使われています。

カオス理論の流行

一九九〇年代の前半は、カオス理論の全盛時代でした。カオスと銘打った本が二〇種以上も出版され、書店の自然科学一般のコーナーを占拠していました。カオスは、おもに数学・物理学方面の関心を引いたものですが、合原一幸《あいはらかずゆき》によるカオス工学の提唱もあり、一九九三年にはカオスを使って巡回セールスマン問題を解くのにNTTの研究所が成功した、などという記事が新聞に載ったりしました。

カオス理論は、ひとりの数学者が唱え出したものではなく、その起源ははっきりしません。E・N・ローレンツが気体の対流方程式を研究したとき（一九六三年）だとか、リュエルとターケンスがストレンジ・アトラクターの描像を確立したとき（一九七一年）だとか、いやロバート・メイの研究が始まりだとか、いろいろな説があります。メイの一九七四年のサイエンス誌論文には「カオス」の語があります。しかし、「カオス」という言葉が一般的になるのはリーとヨークの論文「周期3はカオスを意味する」(一九七五年)の成功にあります。いずれにしても、七〇年代前半までには種がまかれ、それが約二〇年をへてブームをつくったといってよいでしょう。

このような流行現象を眺めてみると、ジャーナリズムの関心がほぼ五年ぐらいで新しいテーマに移って行くことが観察されます。カオス理論がまだ全盛のブームのころ、わたしはゼミの学生の合宿で報告し、「カオスの次は複雑系だ」と予言したことがあります(一九九二年一〇月一六日)。いつ火が付くかは分からなかったにせよ、いずれカオスに対する関心が薄れ、新しい話題が探し求められるようになるのは確実なことでした。

話題集中の原因

このような流行現象は、学問のどの分野にも見られることです。たとえば、経済学でも、一九七〇年代後半は、合衆国の理論系博士論文の相当な部分が合理的期待形成に関するものであったといわれるほど、合理的期待形成に関心があつまりました。経済学の新しい考え方として、雑誌などでも、しばしば紹介されました。しかし、物理学や化学、生物学などでは一般のひとが興味をもって飛びつくほどの話題性をもった流行は見られないようです。

サイバネティックス以来、固有の研究対象をもつよりは、多くの科学分野に新しい分析方法ないし対象の見方を提供する理論がしばしば提唱されてきました。ベルタランフィやアシュビーによる一般システム理論の提唱は、そのもっとも包括的なものでした。固有の対象をもたず、あらゆる場面に応用可能という普遍性が多くの人の興味を引くことは確かです。個別科学者にとっても、ひょっとして使えるかもしれないというので、まったく無視するわけにいきません。これらのことが、特定の時期に、ある特定の数理科学にひとびとの話題を集中させる原因になっているに違いありません。

この意味では、複雑系・複雑性にひとびとの関心が高まっているのも、おなじような流行現象の一つであることは確かです。このような流行には、かならず便乗組やあまり理解のないまま期待や効能を振り回す人が出て来ます。そんなところなどは、複雑系ブームも、他の流行現象とまったくおなじ経過をたどっています。しかし、複雑系に対する関心には、従来の数理科学とは異なる側面も見られます。

その一つは、複雑さ・複雑系が、いくつかの新しい科学の見方ないし研究領域拡大を統一するものとして存在していることです。

新しい自然像

複雑系は、カオス研究の看板の付け替えに過ぎないという批判があります。そんな批判

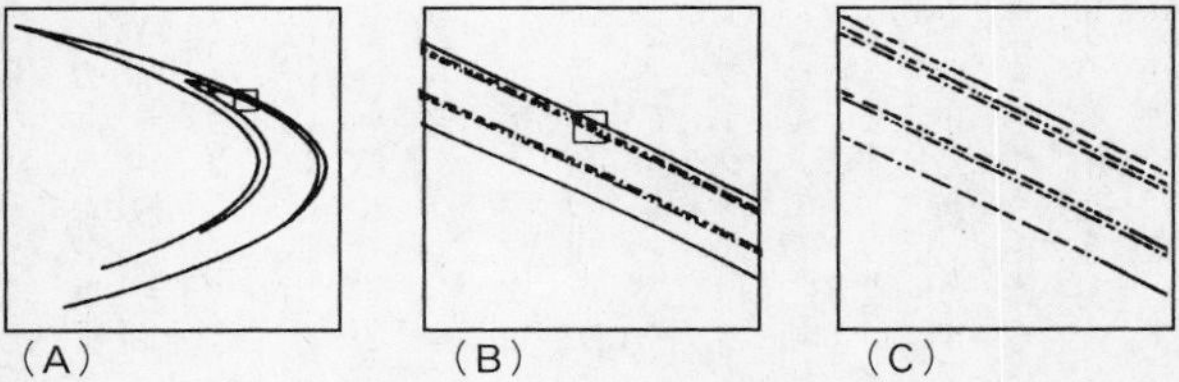

(B)は(A)の、(C)は(B)のそれぞれ拡大図。自己相似的な構造がみえる。(Farmer, 1982)

図9　ストレンジ・アトラクターのフラクタル構造

が出るほど、一般の複雑系の研究とカオス研究とは深い関係にあります。前歴を見ても、複雑系研究者の多くはかつてカオスを研究していた人です。

この批判は当たっている面がありますが、複雑系研究の意味と可能性をあえて小さく取り過ぎているきらいがあります。複雑系の研究で注目すべき点の一つは、従来の古典的な見方では捉えられなかった現象の諸側面に、ひとつの統一的な視点が得られるようになってきたことです。

たとえば、カオスの研究が進むにつれて、フラクタルとの深い関係が明らかになってきました。簡単にいえば、カオスが時間的なものであるのにたいし、フラクタルは空間的なものですが、ある繰り返しの機構によって生成されているという点に両者の共通性があります。カオスやフラクタルの生成がある繰り返し機構によっていることが、これらとコンピュータとの親和性を高くしているひとつの理由です。繰り返しは人間の思考のあまり得意とするところではありませんが、繰り返し計算はコンピュータのもっとも得意とするところです。

カオスとフラクタルとは、生成機構が似ているだけではありません。もっと直接的な深い関係があります。力学系（つまりある法則により時間発展するシステム）がカオスと呼ばれるためには、それが静止したり、周期的な運動をしないことが第一条件です。数学的には、これは軌道が平衡点（ないし不動点）に収束したり、極限周期道に巻き付いていないということですが、このような軌道が近づいていき、動き回る点の集合を「ストレンジ・アトラクター」といいます。「奇妙な吸引者」といった意味でしょうか。このストレンジ・アトラクターの構造を調べてみると、そこにフラクタル構造が見られるのです。カオス力学系の観点からみると、フラクタルはその動きを幾何学的に表現したものと考えることができます。

フラクタルは、もちろん、ストレンジ・アトラクターとしてのみ存在するものではありません。すでに触れたように、自然界のさまざまな場面で、フラクタル構造をみることができます。ひとびとは、これまで、幾何学的な図形や数学的曲線と自然物の間に、なにか感覚的な違いがあることに気づいていましたが、その回答のひとつが対象がフラクタル構造をもつかもたないかの差異です。思想の産物というべき幾何学図形や数学曲線は、そのような構造をもたず、滑らかな対象でした。それに対し、自然物のおおくは、ごつごつして複雑でした。フラクタルという概念が提案されて、ひとびとははじめて、ああ、違いはこういうところにあったのか、と気づきました。

ところで、フラクタル構造の物理的な研究は、その生成にベキ法則(冪法則)ないしパワー則と呼ばれる関係が重要な役割を果たしていることを明らかにしました。あとでもう一度説明しますが、カオス、フラクタル、ベキ法則などといった、これまで独立に研究されてきた現象の背後に、ある新しい統一された自然像が生まれてきつつあります。複雑系は、そのような新しい自然像と密接な関係をもっているのです。それが従来の単発的な数理科学の話題と大きく異なる点の一つです。

ベキ法則と自己組織臨界

ベキ法則とは、2変数の関係が$y=a\cdot x^h$と書ける関係をいいます。一つの物理法則・社会法則の名前ではなく、このような形をもつ法則の総称です。英語では、"power laws"と複数形で呼ばれます。

このような法則は、さまざまなところで発見されています。経済学で有名なものでは、パレート法則があります。これは、一つの国の個人の所得を大きい順番に並べたとき、所得額yと順位x(つまり所得額がy以上の人の人数)との間に右の関係が成り立つというものです。順位xが大きくなると所得yは小さくなりますから、指数hは負となります。都市を人口の多い順に並べたときの、人口と順位との間にも、ほぼ同様な関係が成り立ち

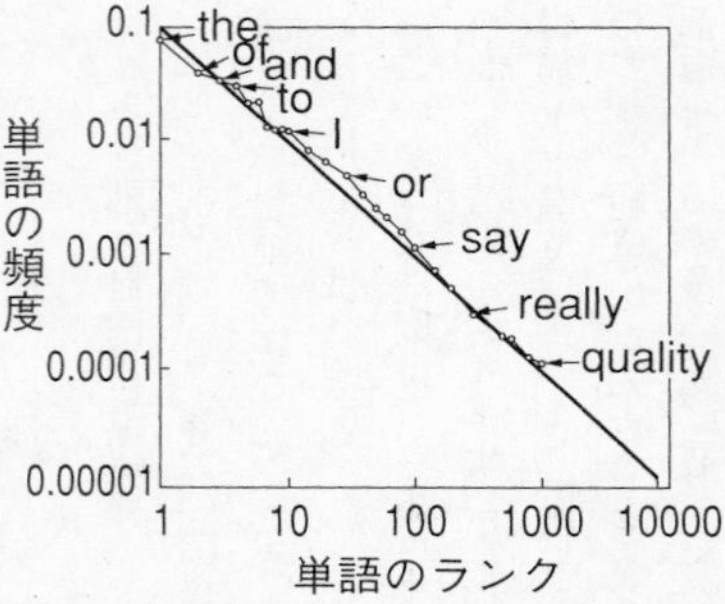

図10　ジップの法則（G. K. ジップ，1949）

ます。これは一九一三年にアウアーバッハが発表しています。本や新聞、あるいはある作品にでてくる単語を使用頻度の高い順に並べると、頻度と順位の関係がベキ法則に従います。これはふつう「ジップの法則」と呼ばれています。このほか、いろいろな種についての個体数の分布とか、川の長さ、湖の面積、岩を砕いたときの破片の大きさなどの分布にも、ベキ法則が成り立ちます。集団の分布にみられるベキ法則のことを、一般に「ジップの法則」ということもあります。この法則は、両対数グラフに点をプロットすると直線になるのですぐ調べられます。

ベキ法則には、スケール不変（尺度不変）という性質があります。単位となる尺度（スケール）を取り替えても、法則の係数が変わるだけです。この性質を上のような多数の個体の集団について考えてみますと、おもしろいことが分かります。元となる集団から、大きさなどと無関係に、別のより小さな集団を作ってみましょう。この集団の作り方は、地理的区分でも、一冊の本のある章を選ぶのでも、より小さな期間を選ぶのでも、かまいません。ただ、あまり小さな集団で、分布が意味をなさないようなものは除きます。そうすると、そこでもまた、おなじベキ法則が成立します。ランダムにサンプルを取らなくても、集団の散布状態がランダムになっていれば、母集団からランダムに標本集団を作るのとおなじ効果があるからです。

このことは、ベキ法則には、ある種の自己相似性があることを意味しています。そこで、フラクタルと結びつきます。ベキ法則が支配的な環境で、手近な個体を集めてある集団を作れば、それはもっと大きな尺度で集めた集団とどこか相似になる、という訳です。これは、自然界になぜフラクタル的な構造がよく見られるかのひとつの説明になっています。こんな説明をされると、人間はすぐに欲がでます。では、おおくの集団で、ベキ法則が成立するのはなぜか。こう聞きたくなります。この疑問に応えて、ベキ法則の普遍性を説明する、ひとつの回答が「自己組織臨界」という概念によって示されています。

バックとタンとヴィーゼンフェルトの三人が上げた例は分かりやすいものです。大きな砂時計を想像してください。上から、砂粒が一定の間隔で落ちてきます。砂粒は段々たまって山になります。山は次

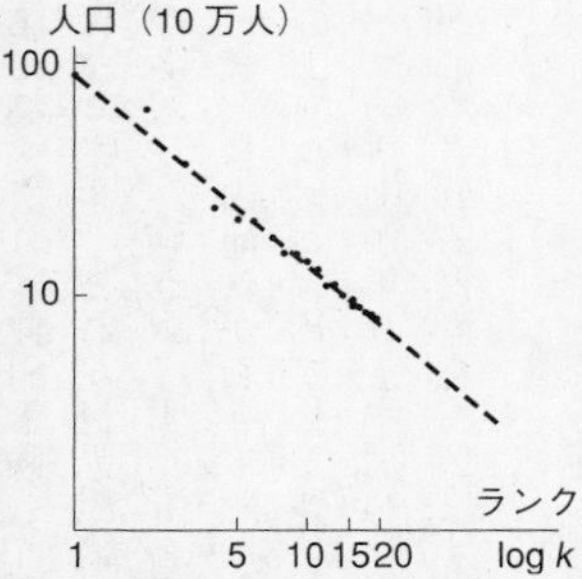

図11　中国（1957年）の都市人口（寺本、1985）

第に高くなり、傾斜も険しくなります。そうすると、どこかで小さな山崩れがおきる状態になります。これが自己組織臨界です。山を作るという自己組織化ができなくなる臨界点がある、という訳です。もちろん、そんなことにおかまいなく、砂粒は落ち続けますから、ときどき山崩れがおき、しばらくは山がまた少し高くなり、また山崩れがおきます。一回の山崩れに巻き込まれる砂粒の数をとって、統計を取ると、その分布にベキ法則ないしジップの法則が現れます。バックたちは、自己組織臨界のあるところには、いつもベキ法則が観察されると考えています。

至るところ微分不可能な世界

ベキ法則の説明が長くなりましたが、要するに、カオス、フラクタル、自己相似性、ベキ法則、自己組織臨界などといった一連の話題が相互に関連をもっていることが分かってきました。複雑系は、こうした新しい話題を統一する視点あるいはキー・ワードとして使われています。カオスと深い関係をもっていますが、ただそれだけではないことに注意する必要があります。複雑系は、物性物理学では、ある統一した自然像だといってよいでしょう。

では、なぜこのような自然像・自然観が、これまで得られなかったのでしょう。これは物理学の問題というより、じつは数学者の数学観に関係しています。近代数学の起源をどこにもとめるかなどと言い出すと、またまた大変なことになりますが、微積分学の成立が重要な転回点になったことを否定するひとはいないでしょう。このことが十九世紀までの数学的対象にひとつの共通した性格を付与することになりました。それは微分可能性です。微分学の対象となるのは、滑らかな微分可能な曲線や関数です。微係数ないし導関数という概念を用いて対象を分析しようとするのですから、これはとうぜんです。微分可能でないといっても、せいぜいところどころ折れ曲がった、区分的に微分可能な曲線や関数が考察の対象でした。このこと自体に問題はないのですが、自然界に存在する曲線や曲面について、このような仮定を置くことにはじつは大変な問題がありました。なぜなら、現在分かってきているように、多くのフラクタル曲線はいたるところ微分不可能だからです。

十九世紀の数学者にも、このような曲線の存在の可能性は分かっていました。ワイエルシュトラスが、三角級数を使って、いたるところ微分不可能な曲線を構成してみせたとき、ひとびとは驚きましたが、十九世紀には、これらは病的な事例として葬り去られました。自然は微分可能なものと信じられていたからです。二十世紀の後半になって、フラクタルが研究されるようになるのは、コンピュータでグラフィック表現が可能になっただけでなく、世界は微分可能でなければならないという呪文が解けたことも働いています。この意味では、フラクタ新しい自然像は、このように、新しい数学観を伴うものです。

ルの研究には、数学的な思弁と物理的な観察とコンピュータによる計算の三者がうまく結びついています。第三モードの科学研究法ということがしばしば指摘され、あとで話題にしますが、このような三者の結合を維持することが、今後の科学の発展とくに第三モードの研究法にとって重要な課題になるとおもわれます。

計算量の理論との結び付き

カオスやフラクタルは、その生成の原理は簡単でした。カオスでいえば、それを作りだす力学系＝微分方程式系は、比較的簡単なものでした。それで本質が分かったとしてしまったのが、従来のやり方ということができます。現に、カオス研究の初期には、複雑な振舞いが簡単な方程式から引き起こされることに驚きが表明され、そのことが強調されたことがあります。ところが、そのような簡単な力学系の軌道の運動をしらべてみると、ストレンジ・アトラクターのような込み入った構造が現れてきます。初期値のわずかな違いが、最終的な振舞いを大きく変えてしまうことも分かってきました。ひとびとは次第に、複雑な構造・複雑な事象・複雑な振舞い自体に興味をもつようになりました。ここに、従来の研究と質を異にする新しい関心が開けたといってよいでしょう。

そのことにより、複雑性・複雑系の研究は、まったく別の方面の研究と結び付くことになりました。計算量の理論あるいは計算の複雑さの理論（theory of computing complexity）

や、人工知能における計算モデルの破綻、行動科学における合理性の限界の問題、さらには科学研究そのものの限界といった新しい問題関心に複雑性・複雑系研究が結びついたのです。

これらの分野の問題関心が従来と異なるのは、複雑な現象のなかに単純な生成機構や法則を見つけ出そうということでは解決されない問題にそれらの分野が取り組んでいるからです。各分野で先がみえていて、こうした問題に取り組みだしたというのではありません。人工知能や認知科学に典型的に見られるように、出発点はむしろ反対の研究プログラムにたっていました。ところが、研究が進むとある共通の壁にぶつかってしまいました。それが計算の爆発という問題でした。

人工知能の研究プログラム

抽象的なことをいっても、イメージが湧かないかもしれません。人工知能の歴史を例に、もうすこし具体的にお話ししましょう。

人工知能の研究は、しばしば、一九五六年のダートマス会議から始まったといわれます。この会議は、人工知能（AI = Artificial Intelligence）という言葉の発案者であるジョーン・マッカーシーが呼びかけて、後にこの方面の有力な指導者となるマーヴィン・ミンスキーなどが参加しました。この会議には、一組の重要な参加者がいました。それが、A・ニューウェルとH・A・サイモンです。かれらは、ここでかれらの開発した「ロジック・セオリスト」（論理的理論家）というプログラムを使って、定理の証明を実行させました。最初に公理のリストと証明済みの定理とを与えて、次に目標とする定理を与えて、探索により、その定理の証明を見つけ出させたのです。得られた証明はラッセルとホワイトヘッドの『プリンキピア・マテマティカ』の証明を改良するものであったといいます。こうして、コンピュータによる情報処理で人間の知能を代替できるのではないかという期待が生まれました。

この会議で方向づけられた方針が、人工知能のその後の研究の基本的な研究プログラムとなりました。最初からそう名付けられていた訳でも、またその特徴が認識されていた訳でもありませんが、それは今日「記号系仮説」とか「表象主義」などと呼ばれるはっきりした特徴をもっていました。「記号系」とは、記号の集合とその記号の上に構造が定義されていて、その記号構造を処理・変換する装置が与えられているものをいいます。なんだか分かりにくければ、BASICとかC言語といった処理系で動くコンピュータを考えてもらえればいいのです。「記号系仮説」とは、人工知能を実現させる必要にして十分な用具は記号系であるという見込みをいいます。要するに、知識を記号によって明示化し、それをコンピュータによって操作すれば、たとえばロボットなどに知的な振舞いをさせることは可能だ、という期待です。

人工知能のその後の研究は、研究者がそう意識するとしないとにかかわらず、基本的には記号系仮説・表象主義の思想によって進められてきました。しかし、研究がすすむと、約束されたような成果が得られないことも分かってきました。チェスや論理学など、背後の状況が関係しない閉じた世界の問題では、ある程度の成果が得られましたが、現実的な問題になると、さまざまな困難が認識されるようになりました。その一つがフレーム問題と呼ばれる困難です。

フレーム問題と計算時間

フレーム問題とは、ロボットに実際的な判断をさせるときに生ずる難問です。たとえば、部屋のなかの貴重な壺をロボットで運びだす、という問題を考えましょう。部屋には爆弾が仕掛けられているという情報があるので、人間が入って運び出すには危険が大きすぎる状況を想像してください。部屋に入ったロボットはなにをしなければならないでしょう。まず、壺を識別しなければなりません。それをどうやって運び出すのかも考えなければなりません。いま、壺が車付きのテーブル（コースター）の上に乗っていたとしましょう。ロボットはさまざまな判断をしなければなりません。壺と他のものを区別するだけでなく、車付きテーブルを動かせば、壺が一緒に動いてくるかどうかなどです。ところで、もしテーブルの上に壺と一緒に爆弾が乗っていたらどうでしょう。せっかく壺を運びだしても、外で一緒に爆発させてしまうかもしれません。こうなると、任務に関係することとしないことなど、あらゆることを判断しなければなりません。とくに、任務に関係ないことを関係ないと判断させることが重要です。ところが、こんな仕事をさせるよう、ロボットに知識を与え、十分に判断させようとしますと、計算時間がすぐに爆発的に増大してしまいます。優秀なロボットほど、部屋の中に入って考えこんでいる内に、爆弾が爆発したなんてことになりかねません。

フレーム問題は、結局、実時間で判断し動くロボットや人工知能を作るには、知識や計算時間に極めておおきな制約がつくということです。これは、サイモンがニューウェルとの共同研究を始めるときに十分分かっていたことですが、ちょっとした計算にも予想をはるかに上回る時間が必要だったということでしょう。

このような困難を回避するため、R・A・ブルックスは、物理基盤仮説という人工知能の新しいプログラムを提唱しています。表象主義のように、行為のまえにすべてを判断させるのではなく、行動と物理的環境との相互作用を重視しようというのです。物理世界も、記号を使わない一種の計算装置と考えれば、計算をなにもコンピュータの中に限定させることはないという訳です。

認知科学における同様の問題

おなじような問題は、認知科学の分野でも起こりました。詳しい説明をする余裕はありませんが、認知科学の一部が人工知能と密接な関係をもって進んできたことを考えると、これは当然といえば当然の結果です。

認知科学のひとつの研究プログラムは、認知活動やさらに広くは心の活動をコンピュータの計算になぞらえて理解しよう、という考えにたっています。心は自然が生み出した計算装置だ、という訳です。こうした研究プログラムを計算主義とか計算アプローチとよびます。コンピュータと人間の心の類似性と異質性とは、認知科学の重要なテーマであり続けてきましたし、現在もありつづけています。両者の類似性ないしは並行関係に注目して、心を理解しようとするのは自然なことですし、必要な研究です。

ところが、この計算アプローチも、人工知能と同様の問題にぶつかってしまいました。それは、心が計算しているとしたら、もっと時間がかかるのではないか、という問題です。コンピュータにやらせようとしてもうまくいかないパタン認識の問題を、人間はいとも簡単に解いている。どうも違うのではないか。こういう疑いがでてきました。これに対し、人間の脳は並列処理だから、ニューラル・ネット方式の計算をやれば、うまくいくのではないかというコネクショニズムの思想が力をもったことがありました。しかし、ニューラル・ネットもどうも万能ではないようです。そのうち、人間は、あたまの中の記号の計算だけで考えたり、判断しているのではなく、環境の与えるヒントをうまく利用して思考しているのではないか、という考えが有力になってきました。代表的なのは、ジェームズ・J・ギブソンの「アフォーダンス」という見方です。ギブソンは自己の視覚研究を「生態学的アプローチ」と呼んでいますが、これは目や脳・神経系よりも外部の環境に注目しようという立場の表明です。対象の方に判断や行動の手掛かりがあるという考えには、ブルックスの物理基盤仮説と共通するところがあります。

複雑さの問題の第二の側面

原理的には可能だけれども、実際的には不可能だという問題のもっとも劇的な事例は、第3章でも触れましたが、将棋や囲碁などのゲームの場合です。正確には定義しませんが、公開・交番・有限勝ち負けゲームと特徴づけられるものでは、先手か後手か、いずれかに必勝法があることが分かっています。しかし、いまだかつて、原理的な必勝法に基づいて勝負に勝った人はいません。実際的には、そのような必勝法を求め、記憶することができないからです。チェスの試合で名人に勝ったコンピュータの話が新聞に載っていましたが、コンピュータが必勝法を計算している訳ではありません。計算に要する時間が長すぎて、必勝法は見つからないし、記憶に止めることも難しいのです。

同じ問題にじつは経営学もぶつかっていました。H・A・サイモンはそれを「合理性の限界」ないし「限定合理性」という言葉で主題化しています。もし人間に合理性の限界がないならば、経営学はいらない、なぜなら、すべての理論はただ一行、代替的な選択肢の内から、最適なものを選び出せ、ということに帰着する。最初に公刊された本である『経営行動』（一九四五年）の中でこんな過激な発言までしています。おもしろいのは、こういう認識をもっていたサイモンが一九五〇年代後半から人工知能の研究に乗り出したことです。コンピュータを使えば、この限界をかなり先に押しやれるとかれが考えていたふしがあります。しかし、結果は上に述べた通り、おなじ問題にべつの形でぶつかってしまいました。

計算によっては、すべてがすまない。こうした認識は、じつは経済学にも古くからあった問題意識でした。第2章に紹介した一九二〇年代・三〇年代の社会主義経済計算論争の成果のひとつがそのことでした。社会主義は可能かというイデオロギー問題がからんでいたため、論争は多岐にわたりましたが、市場なしに適切な価格体系をもつことができるか、という問題については、次のような理解が共通に得られました。それは、価格計算は原理的には可能だけれども、知識の収集と計算の膨大さからいって、実際的には不可能だ、というものです。極めてありきたりの結論です。じっさい、この程度のことは、論争の始まるまえの一九〇八年「集産主義国家における生産の管理」においてエンリコ・バローネが明らかにしていたことでした。

第3章で紹介した、経済学の消費者理論に隠れていたのも、同じ問題でした。予算制約条件つき効用最大化問題は、原理的には計算可能だけれども、その実際の計算量を推定してみると、商品の種類が比較的小さな経済でも、計算時間は天文学的な時間を越えてしまいます。人間がよりよい結果を求めて努力していても、効用最大化といった問題は、解けない。としたら、人間はいったいどんな行動をしているのか。わたし自身が経済学の主題として複雑系を掲げたのは、この疑問との出会いからでした。それが経済学にとってもつ重大な意味については、次の第7章で紹介します。

パラダイム転換に向けて

人工知能、認知科学、ゲームの理論、経済学、経営学。それぞれ分野は違うのですが、類似の事態が問題になっています。それは記号処理能力をかぎりなく大きいと仮定するかぎり起こらないはずであるが、実際にはそうでないために問題にせざるをえない事柄でした。この共通の壁こそが、複雑さの問題の第二の側面なのです。

複雑系の研究がぶつかっているのは、たんに対象が込み入っているというに止まりません。それらの複雑な対象を研究するわれわれの認識能力や計算能力そのものの限界にも関係しているのです。複雑なものを複雑なものとして認めるとは、こうしたわれわれの分析能力にも限界があることを認めるということです。それを認めた上で、理解できることはなにか、真に複雑な対象に迫るにはどういう攻略手段があるのか、複雑系の研究はそれを問題にしているのです。これは科学研究がかつてぶつかったことのない質の問題です。パラダイム転換という言葉があまりにも安易に使われているのですが、これはやはりパラダイム転換を迫られているということではないでしょうか。

複雑系科学における経済学

これまで複雑系についていろいろ話してきました。数理科学とか、物理学とか、さらには人工知能や論理学の話とか、経済学以外の話題を主に取り上げてきました。しかし、この本の主題は複雑系経済学ですから、そろそろ経済学における複雑系の議論に入らなければなりません。その中心は、複雑系の観点が経済学にどのような意味をもっているか、複雑さに注目するとどのような課題が見えてくるか、ということです。しかし、それは第3部に譲って、ここでは逆に、複雑系の科学全体の中における経済学の位置といったものについて話してみましょう。これは、経済学が複雑系の科学全体に対しどのような役割をもっているか、と言い換えてもいいかもしれません。

経済は複雑系である。だから、経済を複雑系の観点で考察する。これが、複雑系経済学の立場です。しかし、経済という複雑系は、他の複雑系、とくに物理学などで研究されている複雑系とくらべますと、たいへん大きな特徴をもっています。それは、経済の基礎単位が、人間ないしはその集団であるということです。経済が人間の経済であり、経済学が社会科学である以上、これは当然のことですが、人間とその行動を問題にせざるを得ないというところに、複雑系経済学の特質があります。これは他の複雑系の科学と大きく異なる点です。

複雑さの三つの様相

人間を含むシステムを対象として研究していると、経済が複雑系であるといっても、そこには複雑さのさまざまな側面があることに気がつきます。複雑系経済学にとって考えるべき複雑さは、すくなくとも三つあるとわたしは考えています。本当は、それらはひとつの複雑さの現れ方の違いと考えるべきものなので、正しくは三つの様相と呼ぶべきでしょう。

それらの区別がいつでも厳密にできるというわけではありません。しかし、それらをいちおう区別してみることで、複雑さが経済学のような学問にどのようにかかわっているか、考え直してみるきっかけになります。

複雑さの様相として、わたしの考えているのは次の三つです。

① 対象の複雑さ
② 主体にとっての複雑さ
③ 認識における複雑さ

それぞれを、まず簡単に説明しましょう。

第一に、対象の複雑さ。これは、研究の対象そのものが複雑であるということで、複雑系というときふつう考えられているのは、この意味での複雑さです。脳の複雑さ、経済の複雑さ、生態系の複雑さ、などというとき、それはシステム自身が大規模で、全体としてどうなっているか分析が困難であることを意味します。一次元の差分《さぶん》方程式で与えられるカオスなどは、システムとしてはさして複雑なものではありませんが、その振る舞いがややこしいというので、複雑な対象と考えられています。

第二の、主体にとっての複雑さ。これは、人間とか、ロボットとか、場合によると動物とか、システムの構成単位が外界の状況を判断して行動するときに問題になる複雑さです。ここで問題になるのは、いちおう状況の複雑さですが、その複雑さは実は判断主体の情報処理能力との関係で決まってくることです。物理系の科学では、当然、こうした複雑さは問題になりません。分子や素粒子にとって、状況が複雑であるかどうかは、かれらの振る舞いを変える原因にはなりません。その意味で、複雑さは実在の条件ではない訳ですが、判断主体を含むシステムの場合、状況が複雑であるか、そうでないかによって行動までが変わってきます。第7章で、もうすこし詳しく説明しますが、経済学では、複雑さは実在の条件なのです。

第三の、認識における複雑さ。これは、われわれの理解能力との関連で問題になる複雑

象分析の困難さが第三の複雑さということができます。

れわれにとっての複雑さです。論理的思考の限界ないしは学問の限界という点から見た対

さです。第二の複雑さが、行動主体にとっての複雑さとしたら、第三は学問行為をするわ

「当事者にとって」と「学知者にとって」

亡くなった哲学者の廣松渉は、「当事者」と「学知者」という区別をよくたてていました。ヘーゲルの für es（当事者意識にとって）と für uns（われわれ学知者にとって）という区別を方法にまでふくらませたもので、これがマルクスの対話的方法だというのですが、第二・第三の複雑さの違いは、まさに「当事者にとっての複雑さ」と「われわれ学知者にとっての複雑さ」と区別されるものです。

こういう目で、複雑さの三つの様相をもう一度、見直してみますと、第一の複雑さと第三の複雑さも、密接に関係していることに気づきます。なぜなら、対象が複雑で分析できない、難しいというのは、それを分析しようとする学問研究者にとって理解が難しいということの裏側だからです。この意味では、第一・第三の複雑さは、光の当て方の違いだともいえます。対象に光を当てると、対象それ自身の複雑さのように見えるけれども、それはじつは人間の思考能力・分析能力の限界を対象に押し付けたものなのです。第一の複雑さは、学知者にとっての複雑さに気づく以前の、複雑性研究の無反省的な段階ということ

もできます。

複雑さの三つの様相に対応して、複雑系の経済学にも、三つの研究領域が生まれます。

第一は、経済システムの複雑さをテーマとするものです。市場経済は、交換を媒介とするひとびとのつながりですが、これは次々とたどっていくと、世界中につながっています。

市場経済は、まず第一に、ネットワークとして大規模なものです。

市場経済のもう一つの特徴は、中心をもたないということです。このことは、計画経済と比べてみるとよく分かります。市場経済には、計画経済における中央計画局のような中心がありません。世界中に広がるものとしては、たとえば、カトリック教会を考えることができますが、この組織には教皇あるいはヴァチカンという中心をもっています。ところが、市場経済には、このような中心がありません。政治的な表現をすれば、市場経済はひじょうにアナーキックなもの、無政府的なものです。それにもかかわらず、市場経済は、世界中をつなげてなんとかひとびとを食べさせています。

家計や企業をひとつの信号処理単位と考えますと、市場はそれらの巨大な網目であり、つながりです。こうした多数の信号処理単位の中心のないつながりを、自律分散システムあるいは自律分散制御系といいます。市場経済は、自律分散システムのひとつの代表例です。

経済学では、しかし、第二の主体にとっての複雑さも重要な視点です。視野や合理性に限界をもつ人間が複雑な環境においてどのように行動しているか。このことを研究しようとすると、複雑さを実在の条件として扱わねばなりません。これは物理学などの学問にないことです。すでに述べたように、この点こそが経済学を他の複雑系の科学から区別する特異性でもあります。これについては、第3部で詳しく説明します。

第三に、経済学という学問の営為そのものを、ひとつの複雑系として考察する必要が生じます。経済を理解するには経済学が必要不可欠な理論装置になります。ところが、経済学は、学派の対立という悪名高い伝統をもっています。これは経済学という学問が経済という複雑なものを対象にしながら、それに接近する適切な方法をなかなか見いだせなかったという歴史的事情の結果ですが、他方では、複雑な対象を研究することの運命をも示唆するものです。経済という複雑なシステムを理解するには、理論という認識装置そのものに対し、その展開を複雑なものとして押さえる必要があるでしょう。科学哲学では、物理学を中心とした自然科学の認識論が盛んです。しかし、複雑なものに対する人間の認識がいかに進むかを考えるには、考えようによっては経済学の歴史の方が物理学の歴史よりもおもしろいともいえましょう。

複雑系経済学の特別な役割

複雑系経済学は、このように、①対象の複雑さ、②主体にとっての複雑さ、③認識における複雑さ、の三者をどうしても同時に意識しなければならない立場にあります。他の複雑系科学では、問題が①か、②どちらかに偏って現れています。また、科学哲学のような特別な分野を除いては③という問題は意識されないのが普通です。ところが、経済学では、この三者がほぼ同等の重みをもって相互に関係しあっているだけでなく、それらを総合しなければ、理論形成自身の方向性もつけにくいという特殊な事情があります。経済学がこのような特別な事情の中に置かれているということは、複雑さへの接近において、他の複雑系諸科学にはない独自の地位にあることをも意味しています。

このことは、複雑系経済学が、単に他の複雑系諸科学から知的影響を受け取るばかりでなく、複雑さの考察において、他の複雑系諸科学に対し、特別な貢献をしうる可能性をもつことを示唆しています。もちろん、その可能性が現実のものとなるかどうかは、今後の複雑系経済学の発展にかかっていることです。

第3部　合理性の限界とその帰結

第7章　複雑系経済学の構想

経済学が伝統的に仮定してきたのは、すべてを計算し、もっとも有利な選択を行う「合理的経済人」でした。この仮定は、消費者理論と生産者理論、すなわちすべての経済主体の行動理論の基礎をなしています。合理的経済人は、たとえていえば、人間を全知・全能の神に同一視したものです。しかし、人間が、このような全知・全能の存在でないことは、わたしたち自身よく知っていることです。

複雑系経済学は、人間が有限の能力をもった存在であるという、じつに平凡な観察を理論形成の出発点におきます。人間は、無限の合理性をもつものではなく、一定の合理性をもつが、その合理性には限界がある。これが複雑系経済学の人間像です。

では、このような見方にたつ経済学は、どんなものになるでしょうか。それを紹介するのがこの章の目標です。そのためには、いま一度、新古典派の経済学に戻って、その基本となる仮定を置き換えることから始めなければなりません。

合理的経済人の仮定

新古典派の経済学において、合理的経済人の仮定、つまり最適化原理が維持され続けたのはなぜでしょうか。第3章の復習をかねて、手短に説明してみましょう。

最適化の仮定が採用されたのは、第一に、それが数学的に定式化しやすかったからです。すべての行動を、制約条件のもとである関数の値を最大化するという形に表現することができました。いったん、このような定式化ができると、あとは数学的分析によって、詳細な分析が可能になりました。そのことによって、経済学は、なにやらむずかしい数学によって記述された「精密科学」であるかのような雰囲気を漂わせることができました。一九五〇年代にほぼ完成した形をみた一般均衡理論は、その前提さえ問わなければ、美しい数学理論として完璧なものでした。しかし、その理論枠組みとそこに前提される行動仮定には、重大な問題が隠されていました。なぜなら、人間は、そこに仮定されているような計算能力をもたず、最適化とは別の原理にしたがって行動していたからです。

合理的経済人の仮定が維持された第二の理由は、もっと深刻なものです。それは一言でいえば、「理論の必要」という事情でした。こういうことです。主流の経済学の方法的枠組みは、最適化が実現できているとする「主体均衡」と価格調節による需給の一致という「価格均衡」という二本の柱の上に立っています。この枠組みは、以下のシナリオを想定しています。

まず、ある価格体系が想定される。消費者と生産者は、この価格体系のもとに、最適と思う行動をする。任意の価格体系にこのような行動が成立すると想定することによって、需要関数と供給関数という二つの関数が構成される。ある適当な価格体系においては、すべての変数に関し、需要関数・供給関数の値は一致するか、少なくとも供給が需要を上回る。経済には、このような「均衡価格」を自動的に発見する仕組みがあり、現実の市場経済では、この価格の近くで、交換が成立する。

このシナリオにどうしても必要なのは、需要関数・供給関数が構成できるということです。これを需要関数・供給関数の「構成問題」といいます。すでに第3章で説明しましたが、これら関数の構成のために、二つの仮定が「必要」になります。

まず、消費者については、消費者が効用最大化問題を解き、それを実行しているという仮定が「必要」です。ところが、この効用最大化問題は、解けることは解けるのですが、コンピュータで計算しても、天文学的な時間がかかるという問題です。このような問題を解き、最適行動を行っていると考えるためには、全能の合理的経済人、つまり「無限の合理性」を前提にする必要があります。

もう一方、生産者については、生産者の利潤最大化を仮定します。その仮定から供給関数を構成するためには、「規模に関する収穫逓減」あるいは「限界費用増大」という仮定をおく必要があります。これについては、第11章でもっとゆっくり説明する機会がありますが、ひとことでいえば、これは生産規模を大きくするほど、生産効率が悪くなるという仮定です。つまり「規模の不経済」を前提にするものです。これは、いわゆる「規模の経済」の反対の事情を想定するもので、近代工業においては、ほとんどありえない状況です。

このように需要関数・供給関数の構成問題は、根本的なところに難点を抱えています。しかし、需要関数・供給関数の二つの関数が構成できなければ、価格均衡という枠組みが成立しません。そこで、いくら非現実的な仮定であろうと、それらは「理論的に必要」な仮定であるとして承認され続けてきたのです。

枠組みの転換と新しい前提

「理論の必要」という理由は、しかし、ある特定の理論枠組みに固執する場合にのみ、必要であり、理由となります。理論枠組みを取り替えてしまうなら、もちろん、そのような理由は解消します。必要は必要でなくなってしまいます。

複雑系経済学は、従来の経済学が必要と考えてきた二つの大前提、つまり「無限の合理性」と「規模に関する収穫逓減」を否定し、それらに代わる新しい前提、つまり「合理性の限界」と「規模に関する収穫逓増」を前提とするところから、理論を再構成しようとするものです。従来の経済学が均衡理論という枠組みの罠に陥ってしまい、現実に反する仮定を置きつづけなければならなかったのに対し、発想を一八〇度転換させて、旧来の枠組みの否定の上に、新しい経済理論を作り出そうというのです。最適化原理を否定し、合理性の限界を認めるということは、「人間にとって経済は複雑なものである」ということから経済学を再構築しようとすることです。そのような経済学は一体、どのようなものになるでしょうか。この質問に、確定的な回答を出すことはできません。なぜなら、複雑系経済学は、まだ始まったばかりであり、今後構築されていくべき経済学だからです。その意味では、本章はわたしの構想にすぎません。

この構想は、しかし、思いつきで提案されているものではありません。わたしは、一九八五年から、経済学の革新の鍵が複雑さにあると考えるようになりました。それ以来、思考を重ね、先行の業績を参照し、また第2部でのぞきみたように、数学や物理学で複雑さの問題にどのように取り組んでいるかを眺めながら、経済学の再構築について考えてきました。ここに示す構想は、一〇年以上に及ぶわたしの思考と試行錯誤の結果です。もちろん、それは今後に続くべき思考の中間報告であることを断っておかねばなりません。

合理性の限界と収穫逓増の仮定とは、複雑系経済学の車の両輪ともいうべきものです。しかし、両者を一度に説明することはできません。「複雑系経済学の構想」と題する本章においては、主として合理性の限界についてお話しします。この前提を受け入れるとき、経済の見方がどう変わり、どんな新しい経済理論が期待できるのか、が話の中心になります。第8章・第9章は、この見方のやや具体的な発展です。これに対し、第4部では、収穫逓増とその諸効果について中心的にお話しすることになります。

複雑さに関する二つの態度

複雑系経済学の出発点となるのは、上で述べたように、従来捉えられてきた「経済人」の人間像を転換することです。それは一言でいえば、全知・全能の存在としての人間から、限界ある能力の中でなんとかよりよい結果を求めて行動する人間へと、人間像を転換することです。

経済の現実の担い手が、いかなる形であれ、全知・全能の存在でないことは明らかです。そのことは新古典派も認めます。分かれるのは、その後の対応です。新古典派は、このような経済人の仮定を置きつづけることで、理論が単純化し、ことの本質が明らかになる、と考えます。複雑系経済学は、経済人は全知・全能ではないのだから、そのことを理論の中に織り込むのでなければ、結局、経済学は虚構の大理論に終わってしまう、と考えます。新古典派経済学と複雑系経済学とは、この点で決定的に分かれます。

じつは、これは、「複雑なもの」に対してどのような立場を取るかという、複雑系科学の基本戦略に関係した問題です。全知・全能の神にとって、一切のことは平明・簡単で、複雑なものなどありません。しかし、人間は全知・全能ではありません。だからこそ複雑な現象や過程があり、複雑さが大きな問題となるのです。これが複雑系科学の基本的な立場です。

単純な理論により、ことの本質を明らかにする。こういう戦略にたって、十九世紀までの近代科学は大成功を収めました。しかし、その見方からは抜け落ちてしまうものがあるのではないか。これまで、単純化可能な問題や現象ばかりを考察してきたが、そのような態度では自然の重要な現象を理解できないのではないか。複雑なものに迫るには、それにふさわしい科学観と接近方法とが必要なのではないか。複雑系科学ないし複雑性科学を標榜する人達はこう考えるようになっています。このことは、第2部、とくに第6章でくわしく紹介しました。

複雑系研究の初期には、新古典派の人達とおなじように、複雑なものの基底に隠された単純な法則を見つけ出すことが複雑さを解明する道なのだ、と考えられていたことがあります。これは本質還元主義の立場です。

第6章で触れたカオスやフラクタルは、単純でない見かけの底に単純な生成規則がある例と見ることができます。そのような単純な法則や構造が発見される場合には、単純なものの発見はひとつの方法であるに違いありません。しかし、複雑なものの研究がつねにそのような単純な生成規則に還元されるのか。諸要素がしたがっている法則が明らかにされれば、諸要素が全体として作り出す現象は理解できるのか。これらの点には疑問があります。

もし基底にある単純な法則で目標とすべき事態が解明されるなら、そのような現象は、これまで通りの古典的方法で分析できることになります。複雑性科学・複雑系科学は、それだけでは済まないから、複雑性の問題に取り組もうというのです。複雑系・複雑性に取り組もうとする人の多くが還元主義に満足できないのは当然のことです。こういう考え方から、複雑なものを複雑なものとして理解しようという立場が生まれてきました。

複雑系経済学も、基本の考え方において他の複雑系諸科学と同じ立場に立っています。理論の単純さのために全知・全能の経済人を想定するという新古典派の立場にたいして、複雑系経済学は複雑さの帰結に正面から取り組もうとするものです。

実在の条件としての複雑さ

複雑系諸科学が単純なものへの還元に反対していること、複雑系経済学が基本的にそれと同じ立場にあることを上に説明しました。しかし、他の複雑系諸科学、とくに物理系統の複雑系諸科学と複雑系経済学との間には、ひとつ本質的なところで違いがあります。物理学と経済学とでは、研究対象にとっての複雑さの意義がまったく異なるのです。

物理学においては、複雑さは分析者にとって複雑なものであって、対象の構成諸要素にとって実在の条件ではありません。事態が複雑であるか単純であるかによって、要素の振舞いが変わるということはありません。たとえば、細胞内のアミノ酸分子の運動は、その分子の近傍の力の場で記述できるのであって、複雑さのパラメータがそこに介在することはありません。

これに対し、経済学や、一般に人間や動物やロボットの認知や行動に関係した学問では、複雑さは、対象となるエージェント（認知や行動の主体）にとって、実在の条件です。いいかえれば、事態が複雑であるかないかによって、行動が変わってしまいます。

効用を最大化しようとする消費者に、もう一度、もどってみましょう。財・サービスの種類Nが小さな数のときは、最大化は可能かもしれません。しかし、もし種類数Nが大きくなると、最大化計算は不可能になり、最大化行動は不可能になります。このとき、消費者は、最大化以外のなんらかの行動を取ることになります。すなわち、状況が単純か複雑かで、行動原理が違ってきます。

複雑系経済学が、全知・全能の経済人像を捨てて、有限の能力をもつ人間の行動を理解し、分析しようというのは、環境の複雑さがこのような実在の条件であることを考慮に入れようとしているからです。

合理性の限界と複雑さ

人間の能力にはさまざまなものがあり、その限界にもさまざまな側面があります。複雑系経済学は、このうちとくに「合理性の限界」に注目します。

合理性の限界とは、人間の合理的な推論能力・計算能力・思考能力には限界があるということです。この限界は、さまざまな場面で観察されます。

たとえば、数学の研究を考えてみましょう。形式化された数学では、公理の体系から演繹により導かれる命題を定理といいます。数学研究は、ある公理体系において定理を導くこと、どの命題が定理であるか、どの命題は定理でないか、調べることにあります。ところで、もし人間の合理性に限界がないとすれば、すべての正しい推論はたちどころに見通せることになります。合理性に限界がなく、無限の推論能力をもっているならば、数学の研究はつねに自明であるという理由で無意味なものとなります。「神は数学したまわず」ということわざにあるとおりです。

複雑系経済学が合理性の限界に注目するのは、複雑さと合理性の限界とは、ある意味でメダルのうらおもての関係にあるからです。いま、分析がすべて数学のように形式化された記号の列を処理することで行われると考えてみましょう。人間の思考はこのようなものに限られませんが、分かりやすい比喩として、認めてください。記号列をあらかじめ指定された規則にしたがって変形していくことが計算です。複雑な事象・現象あるいは複雑な対象における複雑さとは、このような記号の計算によってはすべてを解明できないことと定義すれば、複雑さはまさに「合理性の限界を越えるなにものか」ということになります。この定義は、もちろん厳密な意味で定式化されたものではありません。複雑さの概念については、第5章で考察しました。上の定義は、しかし、合理性と複雑さ、あるいは合理性の限界と複雑さの間に密接な関係があることを理解してもらうためには意味があります。重ねていえば、人間が無限の合理性をもち、無限の分析能力をもつならば、「複雑さ」というものはないのです。

複雑系経済学が複雑さの問題に正面きって取り組む以上、経済行動に関係して合理性の限界という問題を避けて通ることはできません。

人間能力の三つの限界

人間能力の限界は、もちろん合理性の限界にかぎりません。その他の能力も関係します。経済行動との関係で人間の能力を考えるとき、わたしは次の三つの限界に注意する必要があると考えています。

① 視野の限界
② 合理性の限界
③ 働きかけの限界

「視野の限界」は、外界の状況に関する情報収集能力一般について、一定の限界があることを述べたものです。「視野」とありますが、かならずしも見ることにかぎりません。聞くことでも、触ることでも、通信機器を利用して情報を得ることも、すべて包括して、その情報獲得能力に限界があることを視野の限界といいます。

もちろん、この限界は、どのくらいの時間を掛けるか、どのくらいの費用を掛けるか、により変わってきます。限界は、したがって、厳密には、これら注力する努力の関数として定義すべきものです。しかし、一定の行動を考えるにあたって、視野の限界の移動によりえられる成果の差異はほぼ決まっていますから、対応して注力すべき努力もほぼ妥当なものが選ばれていると考えておきます。

合理性の限界については、すでに説明しました。べつの言葉でいえば、合理性の限界とは計算能力・思考能力の限界といってもいいでしょう。世界に関する得られた情報や経験などに基づく知識をもとに、取るべき行動を決めるにあたって、成果の推定や比較のために広い意味での「計算」が必要になります。この計算量にはかなり厳しい限界があり、多くの場合、最適化の計算などは行われていない。これが複雑系経済学のひとつの眼目です。視野の限界でいったとおなじように、合理性の限界もまた、その限界自身は、注力できる努力の関数として変化しうるものであることに注意してください。

なお、複雑性科学の創始者の一人で、経営学者のH・A・サイモンは、合理性の限界(limits of rationality)ないし限定合理性(bounded rationality)という言葉を、視野の限界と計算の限界の双方を包含する意味で使っています。前者が情報の収集、後者が情報の処理という点では、両者の間に共通するものがあることは確かですが、視野の限界と計算の限界とを混同することは、行動を考えるにあたって好ましいことではありません。ここでは、合理性の限界は、厳密に思考ないし計算つまり記号の処理能力に関係したものと解釈しておくことにします。

三番目の「働きかけの限界」は、人間の肉体的な能力から（あるいは補助となる機械などを使って）、あることを達成しようと思っても、一定の時間内にはある程度以上の成果を上げられないことを意味します。

これら三つの限界に条件付けられた人間が複雑な環境の中で、どう判断し、行動しているか。複雑系経済学の行動理論は、この問題設定から出発します。

情報の経済学と複雑系経済学

人間能力の三つの限界のうち、第三の働きかけの限界は、経済学で古くから考慮されてきたものです。労働価値説などが出現したのも、一定の時間内に一人の人間ができることには限界があることを認めたものといえます。新古典派も、第三の働きかけの限界については、ほぼ認めていたといってよいでしょう。新古典派は全知・全能の経済人を想定したといいましたが、正確にいえば、視野の限界と合理性の限界の二つを認めなかったというべきでした。

このように、人間能力の三つの限界のうち、視野の限界と合理性の限界とは、経済学の歴史の中では、無視された存在でした。ようやく二十世紀の後半になって、視野の限界が、情報の不完全性という主題で問題にされるようになりました。今日、「情報の経済学」と呼ばれている経済学は、この情報の不完全性・視野の限界を明示的に取り入れ、人間の経済行動や経済過程への影響を考察しようとするものです。

ところが、第二の合理性の限界については、経済学はなかなかそれを理論内部に取り入れることができませんでした。すでに説明したように、合理性の限界を認め、最大化行動を否定すると、価格均衡理論あるいは一般均衡理論という経済学の中心的な枠組みを破壊しなければなりません。そのような大胆な方針はとれないというのが大方の経済学者の判断だったと思われます。

情報の経済学も、合理性の限界については、大勢として古典的な立場をとっています。情報の経済学や不確実性の経済学と呼ばれる理論では、多くの場合、期待効用*の最大化という定式を採用しています。情報の価値の分析においても、ある情報を入手した場合とそうでない場合の最大期待効用の差異が分析の対象になっています。期待効用は、いくつかの状況がある確率で期待される場合の、平均効用として定義されます。多数の財・サービスがある場合に、その最大化に計算量の爆発の問題が起こることは、期待の入らない場合と同じことです。むしろ、期待値を計算しなければならない分、計算の負荷が余計にかかっています。情報の経済学は、この意味で、人間に無限の計算能力があると仮定しています。

情報の経済学と異なる「複雑さの経済学」があるとすれば、その第一の主題は、合理性の限界とその帰結の考察にあります。複雑系経済学の出発点となる問題意識が合理性の限界にあるということは、このように見てくると、ひとつの必然であると同時に、大変な冒険でもあることが分かります。それは、単にある仮定の拒否ないし変更に止まらない、経済学の見方・議題の大きな変化を要請するものなのです。

＊期待効用　ある行動の結果が確率的にしか予想できないとき、結果の効用の確率的平均を期待効用という。期待効用が定義できるためには、効用の係数倍と加算とが必要であり、効用はたんに順序的なだけでなく、基数的（四則演算の可能な実数）なものでなければならない。

合理性の限界の意味しないもの

複雑系経済学の出発点をなす問題意識が合理性の限界にあることを述べました。しかし、次のことには注意してください。合理性に限界があるという主張は、人間が非合理な存在である、合理的な思考を行わない存在である、という主張ではありません。合理性の限界という主題は、人間の合理的思考には、あるおおまかな限界があることを主張しているだけで、その限界の中でできるかぎり合理的な思考をし、計算をすることを否定しているのではないのです。

その意味で、これはかつて新古典派経済学にしばしば浴びせられた批判とは違います。そこでは、人間は不合理な動物であり、合理性にもとづく人間分析は無効である、と主張されていました。たとえば、選択肢Aが他の選択肢よりよいことが分かっていて、追加的な犠牲を払うことなくそれを採択することが可能であっても、あえて分の悪い選択をするのが人間である、というのでした。複雑系経済学は、これとは反対に、合理的な選択や決定が可能ならば、多くの人間は、より有利な選択肢を選択すると考えます。ただ、ほとんどの場面で、すべての選択肢を比較したり、それらの内で最良のものを選出することが実際的に困難であると考えているのです。

もうひとつ、蛇足ながら、よくある誤解を解いておきましょう。経済を複雑系として研究するといいますと、大規模で複雑なモデルを構成することと誤解する人がいます。複雑系経済学は、コンピュータ・シミュレーションによってしか解析できない現象を抽象的に（つまり一般性のあるストーリーとして）分析することを拒否するものではありませんが、大規模計量モデルによって経済の予測が向上するとか、理論的理解が進むとは考えていません。同定に問題がある係数や方程式からなる体系を大規模化しても、予測能力が向上するとは考えられません。複雑系経済学が発展すれば、むしろ、このような計量モデルの予測能力の限界について、しっかりした説明を提出することになるでしょう。

経済行動の説明がやや長くなりました。複雑系経済学は、しかし、経済行動にばかり注目するものではありません。経済は、個別主体の行動の総和というよりも、それらの相互作用の全体です。複雑系経済学が行動学ではなく、経済学である以上、その中心的な考察目標は、この相互作用の在り方とそれらが生み出す総過程にあります。

取引視点の重視

この相互作用を考えるとき、重要になるのが「取引（transaction）」という視点です。経済には多数の担い手つまり行為主体がいますが、それら主体間の相互作用はある制約された形に限定されています。それが取引です。

日本語の「取引」の言葉の成り立ちはあまりはっきりしませんが、自分が「取る」と相手が「引く」という相互に相反《あいはん》する行為の折り合いをつけることと解釈できるかもしれません。ヨーロッパ語の transaction はラテン語 transigere からきた言葉ですが、これにはものごとを「やり抜く」という意味と「相互に譲歩する」という意味とが含まれています。

取引の基本形態は、二人が話し合って、相互の合意に基づいて、あるものごとの処分を行うことです。処分できる対象は、所有権の設定されている社会では、自己の所有物に限定されますから、そのような社会では処分の目的はとうぜん二人の所有物ということになります。

合意により相互に自己の所有物になんらかの手を加えるという「取引」も、原理的には可能です。たとえば、おいしいお菓子を目の前にした子供が、自分のお菓子が先になくなるのは悲しいし、食べない訳にはいかないからというので、二人でおなじくらいずつ食べて、同時に食べ終わろうと取引することもありえます。しかし、このような特別な状況を除けば、自己の所有物を処分することは自己の排他的裁量に任されていますから、あえて自己の所有物にたいする処分の仕方を相互の合意により決めるということは、あまりありません。取引で一般的なのは、自己の所有物を相手の所有物とし、相手の所有物を自己の所有物とするという交換です。この交換には、とうぜん、貨幣と物財との交換も含まれます。

「取引」という語を二人の関係に限らず、もっと一般に、用いることもあります。その場合には、「取引」は複数の主体の合意に基づくものごとの処分というほどの意味と理解されます。

相互作用を取引に限定して考えるのは、経済学の重要な視点です。合意のない財の処分、たとえば他人の所有物の窃盗や強奪、許可なき使用や損壊は、ふつう経済学では考慮しません。取引においては、取引当事者の視野と判断に基づいて合意がなされ、その合意は実行可能であることが前提されています。経済の相互作用を取引に限定することは、そこで次のことをも意味します。それは、経済の相互作用を分析するにあたって、人間的な判断の範囲内で行われうる事態、進行しうる事態に考察を限定する、ということです。

人間が視野の限界、合理性の限界、働きかけの限界に条件づけられている以上、この限定は当然のことです。しかし、経済学では、しばしばこの当然の前提が忘れさられ、このような前提の成立しない取引や交換を想定して理論を組み立ててしまうことがまま見られます。

貨幣と相対取引

経済における相互作用の形態は、基本的には、二者間の取引です。これ以外の相互作用、たとえば、三人以上の人の合意による自分たちの所有物の処分も、取引といえば取引です。三者間取引、四者間取引と言われるものがそれです。もっと極端に、社会全体の構成員が話し合って、資源を相互に融通しあうのも、取引といえないことはありません。しかし、取引は、なんといっても、二者の合意によるものが代表的で、取引といえば二者間の取引が連想されます。

取引あるいは合意に基づく所有物の処分には、原理的には多様な関係が可能なのに、なぜ二者間の取引が圧倒的に多いのでしょう。

まず、第一に言えることは、関係者が多くなれば多くなるほど、合意が難しくなるということです。これは単に情報の交換時間が長くなるということにかぎりません。相互の要求する条件を満たす解を見つけるのも大変になります。すべての条件を満足する解がないかもしれません。たとえ解があるとしても、合理性の限界のもとにある人間にとって、そのような解を見つけるのは大変なことです。もし、すべてを満足させる取引条件がないなら、また別のグループを作って、相互に満足しあえる解があるかどうか探さなければなりません。このようなグループの作り方は、社会の構成員数をNとするとき、2のN乗個もあります。それぞれには交渉時間がかかります。すべての組み合わせを考え、話し合いをしようとするのは、有限の時間の中に生きる人間にとって不可能なことです。

第二の理由は、多数者の間で交渉をし、取引をすることの利益が限られていることです。二者間の取引を繰り返すことで、多数者の間の取引に変えることができるなら、合意の難しい交渉をあえて行う必要がありません。

貨幣というものがない社会では、事情は違っていたかもしれません。小学生のころ、学校にきた芝居に、次のような話がありました。あるところに鹿皮をもった山の猟師、米をもった里の農夫、干物をもった海の漁師がやってきました。山の猟師は米を欲しいといい、里の農夫は干物を欲しいといい、海の漁師は鹿皮が欲しいといいました。でも、二人ずつで話しあったので、話がつきません。互いに困っているところに、旅人がやってきて、話を聞き、いい知恵があるといいました。そして、三人を一方に並ばせ、それぞれの持ち物を少し離れたところに置かせ、合図をしたら走っていって自分の欲しいもの一つを取ってよい、といいました。自分の欲しいものが手に入るか、それぞれ心配したけれども、やって見ると結果はみな満足でした。

この話の落ちは、こんな知恵がなくても、みんながお金というものを使うようになれば、二人ずつが話しあって、自分の欲しいものが手に入るようになる、という旅人の教えでした。旅人はたぶん町の商人だったのでしょう。

この芝居の目的は、お金の働きを分かりやすく教えることにあったと思われます。お金のない社会、物々交換の社会では、交換には、需要の二重の一致が必要になります。鹿皮をもった山の猟師が米を欲しがり、米をもった里の農夫が鹿皮を欲しがるという状態です。お金の働きは、需要の二重の一致がなくとも、お金を媒介とすることによって、交換が可能になることにあります。町の商人がお金を使って、三人の間を回れば、合図によってみなが走ったとおなじ結果がえられます。しかし、見方を変えれば、この芝居は、売り買いを繰り返していけば、多数のひとが話し合って取引しなくても、必要な交換が達成できることを教えている、ということもできます。

貨幣のない社会では、三者による取引が必要な場面があり、芝居はそのような場合を印象深く示していました。貨幣がある社会では、三者の交渉・取引を経なくても、二者間の取引を繰り返していけば、おなじ結果が達成できます。合理性の限界に制約された人間が相互に合意によって交換しようというとき、これはたいへんありがたい事情です。貨幣という経済制度が、このような取引形態を可能にしている訳です。ここから、経済の取引がなぜ基本的に二者間のものであるのか、おおよその理由がわかります。

取引が二者間のものであることを強調したいとき、それは「相対《あいたい》取引」と呼ばれます。相対取引は、合理性の限界という経済主体の条件と、そのことを前提とした貨幣という制度の存在によって、経済ではもっとも普遍的な相互作用の形態になっています。

複雑系経済学は、経済の相互作用を基本的には相対取引によって進められるものと考えます。これは、新古典派の経済学とは大きく違うところです。均衡による需給の一致を考えるときには、二者間の取引という考えは暗に排除されています。この点は、第10章でもう一度、詳しく説明します。

動的過程の理解

経済システムの総過程を分析するためにも、複雑さの視点は重要です。これまで経済学は、この総過程をあまりに単純にイメージしてきたために、必要な分析装置の開発を怠ってきました。相互作用の全体を分析するのに、一般均衡という枠組みのみに頼ってきたことは、そのよき証拠です。

新古典派は、経済過程がほぼつねに均衡にあると、なぜ考えたのでしょうか。十九世紀の第四半世紀にあって、それが唯一知られていた定常的過程であった、というのがひとつの理由です。大規模な系の分析において可能な状態が物理学などでも、均衡（＝平衡）以

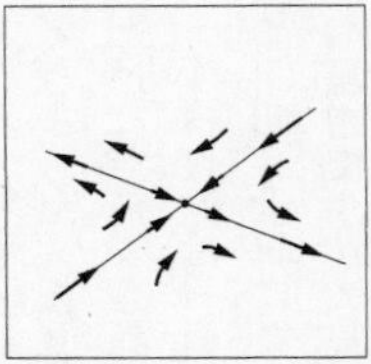

図 12　不動点への収束（不安定な場合）

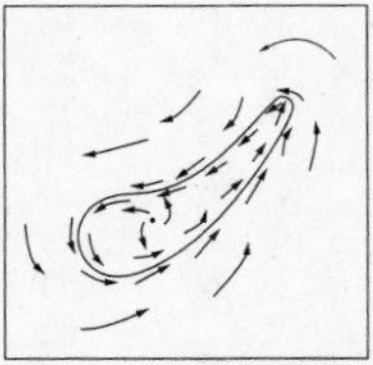

図 13　極限周期道への巻付き

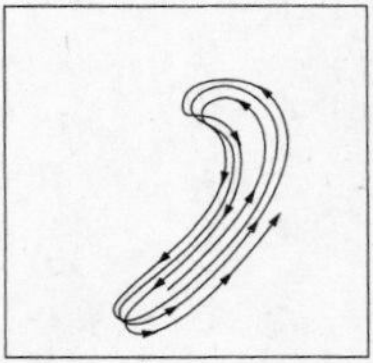

図 14　ストレンジ・アトラクター（2次元への投影）

外になかったというのが第二の理由です。

線形の方程式系を考えている内は、運動が一点への収束でも、周期解でもなく、ある有界な範囲内で不規則に動き回るということは、あり得ないことでした。二十世紀に入ってからも、微分方程式の解の研究では、ながいあいだ平衡点ないし均衡点（数学では不動点と呼ぶのが普通です）と極限周期道のみが考察の対象となっていました。

こうした時代に、経済学が取りあげる動的過程が、不動点への収束か極限周期道への接近であったのは不思議ではありません。前者は均衡解への収束、後者は循環過程の説明に用いられました。つい最近にいたるまで経済学は、景気循環といえば、厳密な周期を描くものと考えてきました。

カオス力学系とストレンジ・アトラクターの発見によって、こうした固定観念が覆されるようになりました。それは経済動学の理解にも大きな衝撃をもたらすと同時に、見方の解放をもたらしました。動的過程を均衡への収束過程とみなくてもよいという理解が生まれたのです。

ゆらぎのある定常過程

ある種の微分方程式系である力学系の理論に、ストレンジ・アトラクターという話題が取り上げられるようになったのは、おおむね一九六〇年代のことです。不動でも周期的でもない運動が長期にわたって続く可能性があり、高次の非線形力学系ではむしろそれが通常の在り方であるといった理解が数学の外に得られるようになったのは、カオスの研究が本格化する一九七〇年代です。こうした動きが数学・物理学方面で複雑系研究の機運を盛り上げていきました。その後の動きなどについては、第2部で紹介しました。しかし、数学的対象としてかなり複雑なものが普通視されるようになったことは、経済過程そのもののダイナミクスに関する理解を大幅に変えてしまいました。

経済変数の運動は、均衡点への収束でも周期解でもなく、もっと奇妙なものでありうる。こういうことが理解されるようになりました。「ゆらぎ」の性質にも、従来にない理解が生まれました。白色雑音（ホワイト・ノイズ）のような単なる確率的変動ではなく、1／fゆらぎ（f分の1ゆらぎ）という平均値をもたない時間変動がさまざまな場面で見られ

唱するに至ったのも、こうした背景に助けられてのことでした。わたしが「ゆらぎのある定常過程」という概念を提唱するに至ったのも、こうした背景に助けられてのことでした。

経済の変動は、一変数に注目すると、周期的ではないが一定の範囲で不規則に揺れ動いています。こうした変数の動きは決定論的に考えれば高次の非線形運動の一端を形成するものに違いありません。しかし、経済システムの複雑さに注目することは、その全体を記述するような大規模な方程式系を再構成することではありません。そんなことをしようとしても、計量経済学がまさにぶち当たったように同定の困難にぶつかるのは必定です。また、もしそのような方程式が得られたとしても、それを計算して解くことは実際的には不可能です。脳や市場経済のような複雑系を分析するには、力任せに方程式を解くというのでなく、大規模で相互作用のある系として、その特性を明らかにしていかなければなりません。理解の方向を変える必要があるのです。

確率的過程による連結

複雑系経済学では、経済変数を一義的に決定するような方程式ないし方程式系をかならずしも要求しません。たとえば、一企業あるいは一店舗に表明される需要は、価格や消費者の所得、嗜好などによって決定論的に決まるものではないと考えます。それらはかなりの程度において不確定なものと見る方がいいのです。実際的には、企業や商店は、過去に表明された需要の時系列を確率過程とみて、対応することになります。

不確定さの中には、単純に確率的な過程から派生する部分があります。経済内で確定しているけれど、われわれの認識限界により、決定できない部分もあるでしょう。

たとえば、コーヒー用のガラス湯沸かし器を考えましょう。最初の購入はともかく、再購入の需要のほとんどは、このガラス器が壊れた場合に発生します。そうした事故のほとんどは、不注意でぶつけたり、空焚きしたりしたときに起こります。これは因果関係を調べるより、確率的な事象とみた方がよい場合です。絆創膏の買い足しは、一箱を使い切ったか、残り枚数が少なくなったときに起こります。ある買い足しから次の買い足しまでの間隔は、子供の人数やけがの頻度などに依存する、より複雑な確率過程となります。

需要が価格の高低や、収入の変動、宣伝の有無、社会的流行、店舗の陳列方法の差異などに依存している場合もあるでしょう。これらは、ある程度まで要因分析が可能でしょうが、それによって一〇〇％決定できる訳でもありません。需要がなんらかの因果関係で決定論的に決まっているものであっても、その因果関係を完全に解明できないうちは、確率的変動部分があると想定しなければなりません。

需要の流れが正確に予測できないからといって、販売や生産に支障が起こることはありません。偶然的に変動する需要に対し、品切れなどをあまり起こさず対応できれば、第一の要求水準は満足されます。

個人と個人、あるいは個人と企業の結び目では、需要は決定論的な変数としてよりも確率的な変数と見た方がよい場合があります。これは、経済主体の判断にとっても、理論研究者の立場からみても、言えることです。もちろん、これらの変数が、季節や月や週などに関係した特有の変動パタンをもつことは大いにあり、それらを利用して、需要予想の精度を上げるということも考えられます。だからといって、需要予測がすべて正確に行われる訳ではありません。むしろ需要予測が狂ったとき、それにどう対応しているか、何によって調節をとっているか、こうしたことが問われることになります。

部分過程分析

この調節を可能にするものが、在庫です。在庫のもつシステムの切り離し機能については、第8章でお話しします。このような切り離し装置によって、巨大なシステムが小さな部分・部分に切り離され、相互があそびをもって連結されていることは、経済システムの需要な特性です。この特性があるために、働きかけ限界という制約をもつ個人が経済システムに働きかけることが可能になっています。

経済システムから、このような一定の独立性をもつ小部分が分離されることは、経済分析においても、一つの可能性を与えてくれます。それが「部分過程分析」の方法です。代表例は次のようなものです。

小部分が一軒の商店としてみましょう。この店に表明される需要は、上で議論したように、ひとつの確率過程と考えることができます。ある特性をもった需要の流れがあるとき、商店主は、一定のパタンでそれに対応します。通常取られるのは、「随時定価販売」の戦略です。それは、次のことを意味します。来客があり、ある商品を買いたいむね、意向が表明されたとしましょう。商店主あるいはその代理人は、その場で、定価で買い手が望む数量だけ売り渡します。この原則が破られるのは、在庫が枯渇して売り切れになるときのみです。

このような基本的な対応パタンに合わせて、毎日の仕入れ数量が決められます。話を簡単にするために、閉店時に在庫量を調べ、開店までに補充するとすれば、需要の予想される分布から、望ましい開店時在庫量が計算されます。仕入れ数量は、この数字から閉店時在庫量を引いたものになります。

商店主がこのような定型行動を取るとき、どのくらいの確率で売り切れが発生するか、理論的な予想頻度が計算できます。その頻度を大幅に越えて売り切れが発生するとき、需要予測に誤りがあったことが分かります。そのとき、どのような修正行動をとるか。このように一連の疑問を解いていくことができます。

複雑系経済学は、このような部分過程分析をひとつの重要な分析方法と考えます。これは、経済システムの調整機構について、複雑系経済学が一般均衡理論とは対極にある見方をしているからです。一般均衡理論と違い、複雑系経済学は、経済にはすべてが一挙に調整されるようなメカニズムも、可能性もないと考えています。経済システムは、多くの小さな、あるあそびの範囲で独立した部分に分かれ、その小部分の不断の調節を通して、経済全体の調節が進みます。この過程を、独立した小部分についても、またそれらがゆるやかに結びついた全体についても分析し、解明することが複雑系経済学の分析方法です。

経済の総過程と基本的定常性

上で考察した随時定価販売と在庫調節は、経済行動のひとつの典型を示しています。詳しい構造の分析は、これも第8章に譲りますが、経済行動はひとつのプログラム化された一連の定型的対応と見ることができます。経済状況には、おおくの基本的な繰り返しがあり、行動はその繰り返しに対しある一定のパタンで反応し対応すると考えます。このようなプログラムに従って仕事がうまくいくためには、環境や経済自身に一定の定常性があることが必要です。状況の基本的な反復・循環が保証されなければならないといっても同じことです。

この関係は、農業を考えるとよく分かります。人間が農業を始めたとき、種蒔きから収穫までの作業は、季節が反復されるという知識に支えられていました。しかし、循環し反復するものは、季節だけではありません。社会の制度として作られたさまざまな時間リズムがあり、それに対応した反復や繰り返しが見受けられます。毎月あるいは毎週、日を決めて給料を払うというのも、そのひとつです。株式会社の役員の任期を二年とし、二年毎に役員を選任し直すというのも、慣習的に作り出された時間リズムです。これらは人間が人為的に作り出した循環節です。暦の特定の日に、特定の行事がなされるように、このような循環節の存在は、われわれの行動に計画性をもたらし、一定の予測可能性をもつくりだしています。

もっと長い周期としては、景気循環があります。景気の良し悪しは、正確な時間間隔をもっているものではありませんが、景気のよいとき・わるいときがあるのは、商売の常道といってよいでしょう。老舗として長い存続期間をもつ会社では、かならず何度かは景気の波を被っていますから、景気のよいときにも、その後にくる景気後退期をかならず考慮にいれて、投資などの決定を行っています。

繰り返しが重要なのは、行動にあたって、過去の経験を生かすことができるからです。もし、経済になんの繰り返しもなく、すべてがまったく新しい出来事の連続であるなら、合理性に限界をもつ経済主体には、適切な判断と行動ができなくなります。

経済がゆらぎつつも定常性を保ち、ことの推移に反復・繰り返しが見られることは、時間視野を限られた人間が限定された合理性に基づいて行動することを可能にする基盤です。なんの定常性もない変幻万化の世界、G・L・S・シャックルのいう「万華鏡のような世界」では、行動をどのように組織し、選択したらいいか、合理性に限界のある人間には判断がつきません。経済の総過程がゆらぎながらもある定常性を保つことは、経済行動が反復される定型として組織される基礎になります。また、類似の結果をもたらすいくつかの行動の成果を事後的に判断する前提ともなります。定常性は、行動の選択の基礎でもある訳です。

ミクロ・マクロ・ループという視点

経済の総過程がどのようなものになるかは、その中で行動する個別主体にとっては、重要な条件です。混雑した駅の構内を目的に向かって歩くとき、最短距離を歩くのが適切とはいえません。そこが人にあふれているなら、いくらか大回りしても空いているところを歩く方が速いかもしれません。しかし、みんなが空いた所をねらうならば、そこが混雑した所になってしまいます。このように、行動の適切さは、他の経済主体の行動の影響を受けます。

個別の行動がある秩序を形成することもあります。長い廊下状の平面を右左から押し寄せた多数の人が反対方向に歩いている状況を考えてみましょう。ある場合には、左行き・右行きのひとはまったくランダムに交ざっているかもしれません。しかし、このような流れがしばらく続くと、右に行く人同士が、左に行く人同士がいくつかの帯になり動くようになり、いくらか秩序らしいものが生まれてきます。これは、同じ方向に歩く人の近くを移動する方が、そうでない場合よりも楽に移動できるからです。もっともうまい場合には、中央付近に分離帯が一本でき、その両側で、右行き・左行きが判然と分かれます。このような秩序の自然発生的な形成を「自己組織化」といいます。

右行きの流れのなかをあえて左に進もうとすれば、そうでない場合より、かなりの努力をしなければ同じ速さではすすめません。自己組織化された状況の中では、全体の過程がどうあるかによって、個別主体の取るべき行動が違ってきます。シナージェティックスを唱えたハーケンの表現を借りれば、自己組織化されてできた支配的な状況（Ordner＝支配者、整頓者）に個体の運動が支配されている関係です。

おなじような事情は、経済の総過程についてもいえます。総過程がどうあるかというマクロの状況がミクロの行動を決めるという側面があります。経済過程では、しかし、逆の関係も成り立ちます。経済の総過程は、さまざまな経済行動が相互に組合わされて進展するものです。それがどのような総過程となるか、どのような秩序と反復のパタンが見られるかは、これら経済行動が全体として生み出す性質でもあります。その意味では、経済の総過程ともいうマクロは、（自己組織化過程を通して）個々のミクロの行動が作り出しているものです。ここでは、ミクロがマクロを規定している側面が見られます。経済では、このようにミクロとマクロとは相互に円環的に規定しあっています。

複雑系経済学の分析においては、均衡理論に代えて、このミクロ・マクロ・ループという考え方が研究の重要な指針となります。とくに与件として仮定した定型行動が、どのような定常過程を生み出すか。その定常過程は最初に仮定した定型行動が前提としているようなものであるかどうか。この二つは、つねにチェックすべき項目です。なぜなら、プログラム化されたどんな行動も、(一定の許容範囲をもって) ある特定の経済過程を前提するものだからです。個と全体の関係を考えるときには、そのループが確認されないうちは、理論として完結していない考察といわなければなりません。

行動・知識・習慣

人間の行動を繰り返しのパタンにおいて考えるということは、それらをある種の定型行動と見ることに当たります。それは行動を、ある状況に対しある反応を行うものと見ることだといってもいいでしょう。第8章では、これを状況認知 (Cognitive) から作業指令 (Directive) への変換とみて、知識の重要な類型と考える話をします。この認知・反応のパタンが定型的だといっているので、定型行動といっても、つねにおなじ反応・動作をしている訳ではありません。むしろ、一定の範囲で状況の変化に合わせて対応を変えるのが定型行動です。

新古典派の経済学では、経済行動を、その場・その場の状況に合わせて計算され、選択されたものとみてきました。そこには、行動を習慣的ないし慣習的なものとみる観点はありません。複雑系経済学では、人間能力の限界、とくに合理性の限界を経済行動を考える際の基本的な前提としています。そこから行動が定型的なものとならざるをえないと考えています。

行動が定型化されていることは、合理性の限界をもつ人間にとっては、制約というより、可能性を切り開くものです。家庭生活から経済活動にいたるまで生きるに必要な能力は、適切な定型行動のレパートリーをもつことで獲得されます。行動が学習されるという考え方は、経済学にとっても重要な観点です。

われわれがほとんど無意識に行っている多くの活動は、習慣として獲得された定型行動です。慣習は、社会的に受け入れられ、社会の成員によって学習されるべきものと考えられている習慣です。慣習を、社会が成員に課す保守的な行動の制約とばかり解釈してはなりません。慣習にそのような制約的働きがないとはいえませんが、第一義的には慣習は、社会がその成員にたいし、社会に必要な定型行動のレパートリーを示すものと考えるべきです。

経済制度とその支え

慣習は、たんに獲得された習慣として社会に存在しているのではありません。それは、しばしば社会的サンクションの場におかれます。ある行動は称賛を受け、他の行動は名誉の剥奪といった制裁を受けます。サンクションは、しかるべき行動規範に照らして、社会成員がある行動を行うことを奨励ないし強制し、また他の行動を抑制する社会的な装置です。ある行動がこのような社会的サンクションの場に置かれるとき、その行動は制度化されているということができます。

ある行動が禁止され、ある行動が奨励される。経済は、このような制度化を前提として成立しているものです。個人的な所有物を他人が勝手に使用したり、処分したりしてはいけないという社会慣習がなければ、取引も円滑には進行しません。

経済制度は、しかし、このようにサンクションを受けた定型行動ばかりではありません。取引単位の基となる度量衡や納期や支払い期限を定める暦制や時刻制など、行動の基準となる秩序を形成するものもあります。このような「秩序形成者」として、経済でもっとも特徴的なものは、なんといっても貨幣です。貨幣は、現在では、法定通貨として記号化されています。つまり、紙幣のように、紙の上に印刷されていたり、銀行の口座の上の数字として管理されていたりします。しかし、その起源に遡りますと、貨幣は、他のおおくの物財とおなじく物質的なものでした。たとえば、それは牛であったり、米であったり、金・銀・銅のような金属貨幣であったりしました。

貨幣という制度を理解しようとするとき、国家のサンクションにより、法制化される以前の貨幣について考えてみることが示唆的です。その時代、貨幣は、それ自身として使用価値をもっていました。しかし、ひとびとはなぜ、牛や米や金属を貨幣として受け入れたのでしょうか。牛や米や金属としての固有の使用価値によってではありません。それらが貨幣でありえたのは、ひとびとがそれを貨幣と認め、かつそれが貨幣として機能したからです。

ここには、一種の循環がみられます。ひとびとが貨幣を貨幣として受け入れるのは、それが現に貨幣として、交換手段として機能しているからです。他方、貨幣が貨幣として機能するのは、ひとびとがそれを貨幣として受け入れているからです。この関係は、貨幣という制度を巡って、ひとつのミクロ・マクロ・ループができあがっている状態だ、ということができます。

制度は、貨幣のように物質的な支えをもっている場合があります。その物質的支え自身は、このようにひとびとの信念と行動とに支えられています。そして、その信念と行動とは、それを許容するミクロ・マクロ・ループによって支えられています。経済制度は、このように、経済の総過程と離れて独立の制度として取り出すことが難しいものがあります。

行動・技術・制度の進化

慣習が社会的に維持されている知識のひとつの形態だとすると、技術や制度にも、おなじような役割と維持・学習の仕組みが見られます。

技術とは、生産・加工、機械・用具の使用、天然資源の探索、家庭生活、健康の維持、社会の秩序形成、文化・学術活動など、人間のほとんどあらゆる領域において、それらの活動をよりうまく組織するための方法的知識をいいます。慣習と違って、社会から強制される知識ではありませんが、技術の継承・獲得と維持・展開は、よりよく生きていくために必要な知識の相当部分を占めています。技術には、技能のようにからだに反射的に形成された能力の形を取ることもあれば、有用な知識として体系化され、理論化されていることもあります。真理の探求である科学と有用な知識である技術との間には、しばしば「科学技術」と併称されるように密接な関係がありますが、その知識の存在形態には、前者がknowing-that（命題的知識）、後者がknowing-how（指令的知識）を中心とするといった違いがあります。現在では、科学が基礎で、技術はその応用といった理解が多いのですが、知識の形態の基本的な差異に留意して、技術には技術の（科学とはちがった）継承・維持・発展を図る必要があります。

社会的諸制度も、技術とおなじように、社会・共同体に有用な知識としての側面があります。貨幣は、市場《しじょう》が生み出したもっとも有用な制度であり、その恩恵をだれもが受けていますが、かつては貨幣というものを知らない社会がありました。手形や株式などの証券は、現代経済になくてはならないものです。しかし、それらが世界に広まったのはそう古いことではありません。明治維新後の日本は、欧米諸国から多くの社会制度を輸入しました。このようなことができたのは、制度に知識としての側面があるからです。

制度が社会的な知識の一存在形式とすれば、行動や技術が変化するのとおなじように、制度もまた固有の論理にしたがって変化します。複雑系経済学は、行動・技術・制度の経済システムにおける働きや役割を明らかにするだけでなく、それらを変化するものと考え、その固有の論理を明らかにしようとします。複雑系経済学は、この意味で、進化経済学の一部を担うものです。

逸脱増幅的相互因果過程

複雑系経済学は、このように進化の機構分析につよい関心をもっていますが、それのみがこの経済学における変化や発展の議題ではありません。新古典派経済学が調整過程の極限点である均衡状態に分析の焦点を合わせたのに対し、複雑系経済学は、循環と調整の過程そのものに焦点をあてます。極限において均衡状態に収束すると考えないのですから、これは当然のことです。このことが一種の解放となって、これまで排除されてきたような過程に対する分析がなされるようになりました。

逸脱増幅的相互因果過程とか自己再強化過程とよばれる過程がそれです。これは丸山孫郎がセカンド・サイバネティックスで唱えた変化過程であり、経済学ではスウェーデン学派のG・ミュルダールなどが累積的因果連関という表題で話題としたメカニズムです。

均衡からの逸脱過程そのものに注目しようというのですから、このような過程が均衡理論を中心とする新古典派の理論的視野に入らなかったのは当然です。しかし、逸脱増幅過程や自己強化過程は、その気になって探してみると、経済や社会の至るところに観察されます。

丸山があらゆる形態形成をもたらすものといったように、特徴ある形態が現れるところには、なんらかの逸脱増幅過程ないし自己強化過程があります。たとえば、自己組織化の過程には、その内部にこのような逸脱増幅なり自己強化の機構が認められます。

デ・ファクト・スタンダードが生まれてきたり、平原のなかに都市が生まれてきたりする過程には、優位なものをより優位とし、集積をより大きな集積とするような、自己強化過程が働いています。このような点については、複雑系経済学の標準的話題のひとつである収穫逓増とその効果のところで、やや詳しくお話しします（第11章と第12章）。

逸脱増幅過程・自己強化過程があるところでは、かならず「分岐」という現象が起こります。なにがデ・ファクト・スタンダードになるか、どこに都市が生まれるかなどには、始原における恣意性があります。しかし、いったん均一からのある逸脱が生まれると、それは拡大強化されて、他の方式や都市の近傍には、おなじような地位の獲得が事実上禁止されることになります。

経済の多くの状態は、資源の配分状態や技術・選好などから、一義的に、非歴史的にきまるものではありません。分岐があるところではかならずそうであるように、近い過去の状態によってのみ、現在を説明することが可能となります。こうして理論には、歴史という観点が必要となります。

歴史性の積極的評価

新古典派の一般均衡理論では、現在の価格や取引量を決めるものは、資源の配分状態や技術・選好などであり、それら自身が過去に決められたものではあれ、理論的説明としては一切の歴史性を排除したものになっていました。複雑系経済学は、逸脱増幅過程や自己強化過程に注目し、状態の分岐を認めます。歴史の偶然が現在を説明する重要な事象でありうることを受け入れます。ここでは、理論と歴史とが相互に排除する関係はありません。

経済学には、かつて「歴史学派」と呼ばれる思想の流れがありました。主として十九世紀ドイツにあって、発展水準のちがいを強調して、保護貿易政策を提唱しました。オーストリアのメンガーは、この思潮にたいし方法論争を挑み、経済理論の独立した意義を主張しました。メンガーが主張するように、理論は歴史から独立した意義と普遍性を持ちうるものですが、歴史性を排除するものではありません。複雑系経済学は、歴史性の存在を積極的に認め、歴史の偶然と理論の普遍性とを和解させます。

逸脱増幅や自己強化がもたらす分岐過程の分析においてのみ、歴史性が介入するのではありません。行動や技術・制度の進化（evolution）と深化（deepening）において、歴史的考察が重要なのはいうまでもありません。

ある目的を達成する行動には、代替的な複数の定型があります。人間や企業は、その生存や存続のために、多くの目的とそれを実現する定型行動とを持っています。ひとつの目的にただ二つの選択肢があるとしても、おおくの独立した目的があれば、全体の組合せ数は莫大なものになります。限定された合理性しかもたない人間が、これらすべての組合せについて、その良否を判定したりすることはありえません。進化過程は、かならず、現存の定型組合わせの中で、その一ないし二の定型を変更することにより進行します。したがって、ある社会・ある経済においてどのような行動の組合わせが優勢に採用されているかによって、次に導入される革新が規定されます。ここには優れて歴史的なものが入らざるをえません。

同じことは、技術の体系や諸制度の体系についてもいえます。複雑さに正面から取り組むことは、このように歴史性の積極的評価を必然としています。複雑系経済学は、歴史性の存在を積極的に認め、その過程に理論的分析を加えようとする最初の理論経済学になると期待されます。

第8章　経済システムの特性と経済行動

市場経済の基礎過程は相対《あいたい》取引です。市場における交換の大部分が相対取引であること、それらは二人の合意があれば、他の取引とは独立に成立すること、そこには取引市場のような特別な調整機構がないが、ひとびとが自己の利得を目指して裁定行動を行うことから、そこそこ効率的な価格体系が出現すること、これらは市場経済の重要な性質です。これについては、第10章で改めて考えます。

経済は、このように自己組織化する巨大なシステムです。それは、取引のつながりからみればネットワークであり、時間のなかで繰り広げられる事象の流れとみれば過程であり、部分だけを取り出しても意味がないものとしてはひとつの全体です。経済行動は、このようなシステムのなかで展開されます。主体の意図をみているだけでは経済行動を理解することはできません。

この章では、経済行動をシステムの特性との関係で見ていくことにします。第7章では、人間能力の限界が経済行動を理解する第一の鍵であることを説明しました。それはこの章でも変わりありません。しかし、限界が同じであるにしても、その限界内で具体的にどのような行動パタンがなされるか、行動自体がどのように組み立てられているか、このようなことを理解するには、経済システムの特性との連関のなかで考えなければなりません。一部分、第7章の説明と重複するところがありますが、考察の焦点がやや異なることに注意して読み比べてください。

経済の素過程

経済の総過程、経済過程の全体はきわめて大規模かつ複雑なものですが、分析してみれば、多数の部分過程に分けることができます。相対取引も、そのような部分過程の一つと考えることができます。総過程の部分過程への分け方には、かなりの自由度があります。時間尺度の取り方や、関係領域の取り方などから、広くも狭くも取ることができます。

ここでは、部分過程をなるべく短く小さくとって、「素過程」というべきものに分解してみましょう。素粒子というとき、もうこれ以上、分析できないという意味が含まれていたと同じく、素過程というときには、それを二つ以上の経済過程にはもう分解できないといった意味を含ませてあります。もちろん、これは証明できるような厳格なものではありません。常識的に考えて、これが限界というのでいいのです。解釈により、ある過程が素過程であったり、分解可能な過程であったりすることは、経済学では仕方ないことです。

経済のような複雑なものを分析するにあたって、使用される概念をあまりに厳格に定義しようとすると、かえって対象から遠ざかってしまいます。

素過程にかかわるのは、通常、一人ないし二人の人間です。生産や消費の決定は、他のだれに相談することもなく、生産者や消費者が個人で自分で決めます。したがって、生産量の決定やある財の消費・利用などは、ただ一人が関係する素過程に分解できます。相対取引は、二人の合意により成り立つものですから、二人が関係する素過程です。ただし、生産者や取引者が組織体である場合は、それを法人として形式的に一人と数えておきます。多数の自然人がつくる組織体について考えるのは、第9章の方にまわします。

経済の素過程では、人間の行動が重要な意味をもちます。素過程としての消費や生産、交換は、関係する個人に注目してみれば、ひとつの行動です。ある状況で、ある過程がどう進むかは、それぞれの素過程において、関係する個人がどのように判断し、どう行為するかにかかわっています。そこで以下では、人間の経済行動がどのようなものであるか、総括してみることにしましょう。

経済行動の局所的性格

人間の行動を考えようとするとき、考慮しなければならないことが二つあります。一つは、人間の能力です。能力の限界を越えて、人間は行動することはできません。さまざまな能力にどのような限界があるかを考えることなく、人間の行動を考えようとすると、現実からかけ離れた人間行動を想定してしまうことになります。

もう一つ考慮しなければならないことは、行動の場の性質です。行動の能力といっても、行動が行われる場がどのような可能性を供与しているかと無関係に決まっている訳ではないからです。行動の場という代わりに「環境」といってもいいかもしれません。

さて、経済行動との関係で人間の能力を考えるとき、第7章では、次の三つの限界に注意すべきことを述べました。

① 視野の限界
② 合理性の限界
③ 働きかけの限界

この三つの限界は、人間がなにをするにも背負わされた原罪のようなものです。この三つの限界を考慮すると、人間の経済行動が三つの意味で局所的なものであることが従います。

第一に、行動の選択・決定にあたって、考慮される状況は、部分的なものでしかありえません。身近な状況のみが考慮に入れられやすいという意味では、局所的な状況のみに依存して行動が決められます。

第二に、比較や推論や考察の範囲が狭いものだということです。合理性の限界のもとでは、論理的な推論であっても、そのすべてが尽くされるとはかぎりません。すべてが尽くされると仮定することは、公理系が与えられれば、すべての定理を知ることができると考えるのとおなじく馬鹿げた想定です。Aという公理から出発して、B、Cという定理までは導けたが、Y、Zはおろか、K、Lという定理も導けないということはしばしば起こります。わたしは、これを「論理的に局所的」ないし「計算論的に局所的」と呼んでいます。限定合理性と収穫逓増局所性は、空間・時間についてのみいうべきことではないのです。限定合理性と収穫逓増の立場に立つ複雑系経済学は、人間の思考や推論が局所的であることをつねに考慮にいれておく必要があります。

第三は、働きかけの限界を考慮すると、経済の諸変数の多くのものを一挙に変化させるような行動は不可能だということです。経済の素過程を支える行動は、一つないし二つという少数の変数に対する働きかけです。作用対象は、つねに限定されており、働きかけは空間的・時間的に局所的です。

切り離し機能とその支え

こうした三つの種類の局所性を考慮に入れるとき、人間が行動できるのは、経済にかなり特別な構造が存在しているからだ、ということに気がつきます。それは、経済システムが全体として緊密に繋がっている硬直したシステムではなく、ほとんどの変数がある程度独立に動きうる柔軟性をもったシステムだということです。

システム論の言葉では、このようなシステムは「ゆるい結合系」あるいは「ゆるやかな結合系」(loosely connected system) と呼ばれています。経済がこのようなゆるい結合系であるのは、そこにさまざまな切り離し装置が組み込まれているからです。

切り離し装置として重要なものを二つ上げるとすれば、在庫と貨幣です。在庫は、原材料在庫・仕掛《しか》かり在庫・製品在庫・流通在庫など、さまざまな形態がありますが、原材料在庫は購入と生産過程への投入を時間的・量的に切り離す働きをしています。仕掛かり在庫は、生産過程のなかである工程の産出と次の工程の投入とを時間的・数量的に切り離す役割をしています。製品在庫・流通在庫も、それぞれ同様な切り離し装置となっています。在庫の切り離し機能は、一般家庭の中でも、用いられています。買ってきてすぐ消費してしまうのでなく、棚や冷蔵庫の中に貯蔵して、必要なときに取り出して使うのも、在庫のりっぱな切り離し機能です。

もし、このような切り離し装置がなく、経済が全体として一体のものとしてしか動かないとするなら、個人や小さな組織が経済に働きかけることは原理的に不可能となってしまいます。なにをするにも、社会の全員が相談して、いっせいに調整の取れた働きかけをしなければなりません。それでは、個人や個々の組織がそれぞれ独立に判断し、決定を下すということは不可能になってしまいます。経済が自律分散システムとして機能しうるのは、システムの各所にこうした切り離し装置があって、それにより局所的な決定と働きかけが可能になっているからです。

経済の切り離し装置として、もうひとつ重要なのは貨幣です。貨幣は、ご承知のように、売りと買いを切り離します。貨幣経済の確立した社会に生きているわたしたちには、これは当然のことですが、もし貨幣がないとしたら、どうなるかを考えると、貨幣という制度の偉大な役割がよく分かります。貨幣のない、物々交換の世界では、いわゆる需要の二重の一致がなければ、交換が成立しません。これは、そう簡単に起こることではないので、このような社会では交換と分業に基づいた経済が発達することはありえません。そのような経済では、生活の基本となる物資は、自給することが原則となります。

経済過程の時間パタン

経済システムは、横の繋がりで見たとき、ゆるやかな結合系でした。このような性質がないと、働きかけの能力に限界をもつ人間には、経済に働きかけることができません。視野の限界や合理性の限界のもとに、局所的な判断と行動を行うためにも、経済システムが小さな部分系に切り離されていることは重要な条件です。

経済を縦に、時間の流れの中で見るとき、経済の総過程がみたすべきもう一つの重要な性質があります。それは、ちいさな部分過程について見るとき、事態がほぼ繰り返されるということです。これは、時間的循環とも事態の再生産とも呼ばれています。

繰り返しの時間尺度は、さまざまです。反復・繰り返しがもっと意図的に作為され強制されているものもあります。典型的なのは、流れ作業におけるタクト時間でしょう。トランスファー・マシーン（大型の加工対象などを搬送する装置）やプレスなどを用いて流れ作業で生産するときには、タクト時間（あるいはサイクル・タイム）を設けることが普通です。このとき、ひとつのタクト時間の中で、正確におなじ作業が繰り返されることになります。

車の組立工程を想像してみてください。タクト時間というのは、ラインの上を一台の車が流れてきて、人々が作業をし、次の車にとりかかるまでの時間間隔のことです。それをいま、四五秒とします。このとき、一台の車を組み立てるに必要なさまざまな仕事を、たがいに分担して四五秒という時間間隔の中でこなすよう、人員の配置や作業分担を調節しなければなりません。もし一か所でも、毎回五〇秒かかる部署が出てしまうと、四五秒というタクト時間は成立しません。もし反対に、各人の分担作業がすべて四五秒のタクトに従って進むならば、このラインでは一時間八〇台の生産が可能になります。

時間的なパタンをもった反復・繰り返しとしてみずからの行動を組織することは、個人的・私的な行動から、仕事と呼ばれるような公的・社会的な意義をもった行動に至るまで、広範に認められます。

反復と仕事の定型化

わたしたちの日常生活を振り返ってみましょう。朝起きて夜寝るというのも、ひとつの繰り返しパタンです。朝起きて、仕事に出掛けるまでにすること、たとえば、新聞を読む、朝食を取る、身繕いをする、時計を腕にはめ、筆記用具とハンカチと定期券とティッシュペーパーをあちこちポケットに入れる、これらも皆、反復される行動です。

会社の仕事として典型的な、事務の仕事でも、事情は同じです。ひとつひとつの仕事に手順があり、必要な用件ごとに、手順にしたがって書類が処理されます。やってくる仕事の種類が多く、いつどの仕事が飛び込んでくるか分かりませんが、その一つ一つについて見ますと、たとえ一件ごとに固有の判断を要請されるにせよ、その作業がきわめて定型的で類型化されていることは驚くべきことです。

程度の差はありますが、おおくの人にとって、仕事の大部分は、いわゆるルーティンの仕事です。創造的と思われるファッション・デザイナーなどにとっても、この事情は変わりません。一枚一枚の服は新しいアイデアによるものであっても、デザイン画から、生地の選定、裁断、縫製、着付けにいたる作業は明確な手順があり、それによって仕事が分担されています。こうした基本的な手順に反復の要素がなければ、どの仕事にどのくらいの時間が必要になるかの見通しも立たず、さらにはコレクション発表の予定も立てられないことになります。

もう少し視野を大きくとって、一つの企業の仕事の全体をみても、同様の反復が見られます。そこには多くの仕事が、長短のリズムに従って、同時並行的に進められています。しかし、ある製品の生産と販売に関連した仕事をたどってみると、そこにはある定型化された仕事の体系が見えてきます。関係する仕事はじつにたくさんあります。生産そのものの組織の他、原材料の発注、在庫管理、人員計画、費用支払い、発送・納入、代金の請求と領収、各種帳票への記入と発給、など多数の仕事が付随しています。これらは、しかし、仕事ごとにどのような処理が必要か、あらかじめ決められています。そのような規則化が可能になるのは、仕事の内容に反復・繰り返しがあり、必要な処理が類型化されているからです。

不確実性とゆらぎ

経済学では、不確実性をどう取り扱うかは、おおきな問題の一つです。ジョーン・ロビンソン以来、不確実性が重要であるということには学界の合意があるといってよいのですが、この問題にどう取り組むかには、学派により大きな違いがあります。

新古典派の情報の経済学では、不確実性の問題は、将来のさまざまな事象の生起確率を予想して期待効用や期待利潤を最大化するという形で処理されています。このような処理は、二つの点で疑問があります。不確実性を経済学の主題に乗せた一人であるフランク・

ナイトは、危険と不確実性を区別して、生起確率の計算できる場合は危険であり、不確実な状況においてはそのような確率をも計算することができないと考えました。期待効用・期待利潤を考えるのは、ナイトの区別でいけば危険の場合であって、本当の不確実性は扱えていないことになります。疑問の第二は、確実な場合でも、効用最大化が消費者に無理な計算能力を要請することになるというのに、期待効用の最大化はその上さらに過大な能力を要請しなければならないことです。このような難点があるにもかかわらず、上のような便法が取られるのは、均衡理論の枠組みを維持するのに、それが必要だからです。

均衡理論にかならずしも囚われない経済学者にとっても、不確実性は深刻な問題です。シャックルという難しい文章を書く経済学者がいますが、かれは不確実性の問題に正面から取り組んだ珍しい経済学者の一人です。シャックルは、しかし、不確実性を扱うのにけっきょく成功していない、とわたしはにらんでいます。かれは経済が意外な出来事にあふれていること、経済の状況が万華鏡のようにつぎつぎと変化することを強調しました。しかし、経済は、そのようなまったく新しい事態の出現によってよりも、繰り返しと反復によって維持され、かつ働きかけ可能なものとなっているのです。

繰り返しや反復は、もちろん、正確なものではありません。反復の周期が長かったり短かったりするほか、反復された時点においても、正確な事態の再現はありえません。どんな場合にも、いくらかのゆらぎをともなっています。しかし、おおむね似たような状況が再現され、同じような事態の推移があるから、そのことから学んで、いくぶんか有効な対応が可能になるのです。この辺りの理解がないと、不確実性を取り入れようとしても、非合理なまでに合理的な人間を想定する以外に逃げ道がないということになります。

反復とゆらぎのある定常過程

経済がゆるい結合系であることが、経済が自律分散システムとして働くことの基礎でした。個人が個々独立に判断し、決定しあるいは合意する。このことが可能であるのは、経済の変数が切り離されていて、一定の範囲では他の諸変数と独立に動かすことができるからです。

しかし、これは経済という自律分散システムがうまく機能するための必要条件というべきものです。いくら個別の働きかけが可能であっても、個人がある程度、適切に判断することができなければ、かれの行動はなんの妥当性ももたない不合理なものとなってしまいます。視野と合理性の限界のもとにある人間にとって、なぜこのような判断が可能になるのでしょうか。

答えは、すでに暗示してあります。経済の小さな部分に注目してみると、それは多く繰り返しからなっています。もちろん、それは事態の正確な繰り返しではありません。変数の変動をつねにいくらか伴っています。しかし、個人の働きかけがおよぶぐらいの狭い範囲で観察すると、状況は、ある程度、推移の予測可能な繰り返しからなっています。ある程度の合理的推論能力しかもたない人間が、いくらか適切な判断をし、目的に照らしてそこそこ有効な行動を取りうるのは、経済の総過程にこうした反復の構造が組み込まれているからです。

ケネーやマルクスは、経済分析の出発点に経済の時間的再生産の構造をおきました。この再生産の構造こそが、限定された合理性しかもたない人間がある程度、適切な判断を行える環境的な条件なのです。経済学が、人間の経済行動・目的行動の科学に止まることができないのは、この再生産の構造を明らかにしなければ、経済行動そのものを理解したことにならないからです。これが経済学という学問が背負わされた科学の統一性です。経済学の究極の目標は、経済行動の理解ではなく、経済の再生産の構造とその変動を説明し、理解することにあります。

このあたりは、新古典派一般均衡理論が無限の合理性という袋小路にはいったまま、なぜなかなか出てこれないかのキー・ポイントでもあります。一般均衡理論は、経済がほぼ定常的であり、相対価格などもそう劇的に変化するものでないことを見ていました。しかし、そのことを定式化するのに、ある過ちを犯しました。それは、経済の定常性が確保されるのは、経済主体が所与の条件のもとにその行動を別のものに取り替えないことだという理解です。これが一般均衡の定義になるのですが、人間にとっての与件は、一時点における所有権の配分状態や価格ではないのです。そのような条件を与えられても、人間はどう行動してよいか分かりません。事態の繰り返しのパタンを読み取ることが人間行動の基礎にあるとしたら、そのような繰り返しの過程のなかに人間を立たせてみなければ、かれあるいはかのじょをその行動の場においたことになりません。それはあたかも過去の経験をもたない人間に、さあ選択せよと迫っているようなものです。経済を一時点で切断し、経済過程の時間的特性に関しなんの前提も置くことなしに、経済を個人の行動から構成できると考えたところに、一般均衡理論の根本的な誤りがあります。

CD変換としての行動

このように考えてくると、人間の経済行動そのものについても、あたらしい捉え方が見えてきます。

われわれの出発点は、もちろん人間の能力の限界です。狭い視野しかもたず、わずかの計算・推論しかせず、かつ少数の変数にしか影響を与えられない人間が、自己の行動をどのように組み立てて、そこそこの成果を上げているのでしょうか。これが解くべき問題です。考えてみれば、これは驚くべきことです。能力の限界はあまりにも強く、経済は大規模かつ複雑だからです。

解答のヒントは、経済過程の時間特性としての繰り返しの構造にあります。ある事態に

えなくとも、だいたいの筋は読み取ることができます。その筋の一部に介入して、状況を変え、予想できる未来における結果をいくぶんか自己の期待する方向に変化させることは可能です。

この点をもう少し整理してみますと、人間の行動を次のように特徴づけることができます。それは、プログラムされたCD変換の組という見方です。

「CD変換」というのは、社会学の吉田民人《たみと》のことばです。正確には、「CD意味変換」というのですが、略して使わせてもらいます。CはCognitive（認知的意味）、DはDirective（指令的意味）の頭文字を取ったもので、CD意味変換とは、環境の意味を認知して、それを自己が行うべき指令的意味に変換するというのが原義です（『自己組織性の情報科学』新曜社、一九九〇年）。

ここであえて付け加えさせてもらえば、吉田は、CやDの意味内容にとくべつ条件を設けていませんが、視野の限界を考慮すれば、認知される環境は局所的・部分的なものになるでしょうし、働きかけの限界を考慮すれば、指令の内容も働きかけ可能な範囲に限定されるはずです。

人間の行動の基本型をCD変換とみる見方は、まったく別の方面から技術と労働について考えてきた中岡哲郎もいっています。中岡は、もともと宇宙物理が専門でした。ですか

自然の合図		作業の指示	
杏の花が咲く 杏の花が散る 雑草が生える 雨が降る	季節の進行 ↓	軽い土を耕して、おさえる もう一度耕して、おさえる また耕す 土をおさえる	農作業の手順 ↓

注意：「おさえる」というのは、表土を鎮圧して水分の蒸発を防ぐこと。北方の乾燥地帯の農業には欠かせない作業である。

表3　古代の農法の構造（中岡哲郎、1990）

ら、いまでも天文学史に造詣が深く、『氾勝之書《はんしょうししょ》』なんていう中国最古の農書を持ち出して、古代の農業技術が一連のCD変換として組織されていたと説明されています。

別表に掲げたのは、『氾勝之書』「耕」の章の記述を中岡が整理したものです。これは「自然の合図→取るべき行動」の流れ、つまりCD変換の系列に他なりません。

しかし、行動のこうした構造は、近代の工場労働になったからといって変わった訳ではありません。いまや古典というべき『工場の哲学』の第3章「労働」では、主として工場における熟練労働が考察されていますが、中岡はつぎのように書いています。

「熟練というもののポイントが、『判断』と結びついているということは、作業を現実にやってみると疑いもなく納得させられる事実である。」「これらの判断にはほとんど思考めいた過程が介在してこない。」「それは徴候→結果（すなわちとるべき行動）というふうに整理されたパターンの群のようなものであって、徴候をみとめると自動的に手が動いてしまう。」（『工場の

哲学』、平凡社、一九七一年、97～98頁）

チューリング機械としての行動

このように人間の行動を分析してみると、その基本型がCD変換となっていることが分かります。ただ、上で人間の行動を「プログラムされたCD変換の組」といったように、人間の行動は、ただ一つのCD変換からなるのでなく、複数のCD変換が一定のプログラムにしたがって順序づけられている、といった方がいいでしょう。この順序は、かならずしも一列に並んだものではなく、条件が整わなければ、元に戻るといったループをも含むものです。

このようなプログラム順序をも考慮にいれるには、CD変換の各々の項を二つに分け、以下の四つ組命令として整理するのがうまい方法です。そのため、主体の内部状態という概念を導入します。

まず、認識作用Cは、主体の内部状態がqであるとき、qが指定する、外界に対するある特定の観察をおこない、状況がSであるかどうか確かめる。これがCD変換の条件部分になります。これに対して、指令作用Dは、主体が外界になすべき働きかけS′と、その後主体がとるべき内部状態q′の対に分解されます。これをまとめると、結局、CD変換はあるqSS′q′という四つ組に転換できます。

この四つ組 qSS′q′ は、具体的には、つぎのような行動の素過程を表します。内部状態がqのとき、世界のある特定の事情を調べてそれがSならば、主体はS′という働きかけを行った後、内部状態をq′に変化させる。こうすると、内部状態がqのとき、観察結果がSでなく、その否定~Sであるときにも対応できることになります。たとえば、q~SS″q″といった四つ組命令を入れて、内部状態q″をうまく取れば、プログラムを先に進めることも、戻すこともできます。

四つ組命令をわざわざこのような形に表現したのは、じつはこれがコンピュータのプログラム言語として、もっとも単純な形だからです。たとえば、ひとつのチューリング機械は、このような四つ組の矛盾のない有限集合として定義することができます。ここで、矛盾がないとは、論理的な矛盾のことではなく、おなじ条件項qSに対しては、同じ指令項S′q′がしたがっているという意味です。集合に重複がないとすれば、無矛盾性はおなじ条件項qSをもつ四つ組はただひとつしかないといっても同じです。

ここでは、記録装置としてのテープについては、一切触れませんでした。区間に分別された無限に長いテープがあり、その一つ一つに0か1という文字を書き込めるとすれば、計算機械としてのチューリング機械となります。任意の計算可能な関数があるチューリング機械として実現できることは、数学基礎論の古典的な結果です。テープの文字を読み取り、右に行くか、左に行くか、さらに0か1かを書き込むというごく単純な操作を積み重ねることで、任意の関数が計算できるとは驚くべきことです。ここにプログラムの威力が如実に現れています。人間の行動は、かならずしも機械的なものではありませんが、それをチューリング機械になぞらえてみることは無駄ではありません。それにより、視野・合理性・働きかけの三つの能力の限界のもとにある人間が単純なCD変換をうまく組み合わせて、かなり高級な目的行動まで生み出していることがかなり理解できるからです。

経済学における知識の理論

生産や販売を含め、社会の有用な知識の多くはCD変換あるいはその複合されたプログラムの形をとっています。これは、「この場合には、こうせよ」という知識です。知識には knowing-that（命題的知識）と knowing-how（指令的知識）の二種類の存在形態があります。これは、哲学者のG・ライルが『心の概念』の中で指摘した区別です。経済行動を背後で支えている知識は、こうした「いかになすかの知識」なのです。

ところで、知識の理論といえば、これまで、いかに真理を獲得するか、いかに真理に到達できるか、ということにのみ注意を払ってきました。哲学の一分野である認識論で主要な課題としてきたのは、こうした「いかにあるかの知識」、ライルの言葉でいえば knowing-that（命題的知識）でした。しかし、経済学では、このような真理とは別に、有用な知識を問題にせざるをえません。

経済学の話に知識の理論が出てくるのは奇妙なことと思われるかもしれません。しかし、経済や経営を考察するにあたって必要となる知識が、認識論や科学哲学が問題とする知識とその性格において大きく異なるとなると、経済学自身がそれ固有の知識の理論をもたなければならないことが分かります。それは「いかにあるかの知識」ではなく「いかになすかの知識」、科学的知識ではなく技術的知識を対象とするものになります。

古典的な科学の理解に基づけば、「いかになすかの知識」は「いかにあるかの知識」から導けるはずのものでした。じっさい、物理科学の発達は工学の支えとなり、原理の理解が新しい物質の製造方法を教え、新しい機械装置の設計を可能にしてくれました。単純な対象の場合には、これは正しい理解でした。運動方程式が得られれば、月にロケットを送る最適軌道を計算することができました。しかし、十九世紀以来、われわれはややこの可能性を過大に考えてきたのではないでしょうか。

物質の研究が機械の設計方法をかならずしも教えるものでないことは、工学者はみなよく分かっていました。しかし、「いかになすかの知識」を「いかにあるかの知識」から導くことの困難を明示的な主題とするひとはそう多くはありませんでした。知識といえば真理であり、真理以外のものは知識ではない。こういう理解が一般的でした。

そうではありません。「いかになすかの知識」は、「いかにあるかの知識」とは独立の、知識の独自の存在形態なのです。真なる知識をいくら組合わせても、すぐには到達できない有用な知識というものがあります。たとえば、うまい料理の仕方などはこうした知識です。栄養素の成分設計をいくらうまくやっても、腕のいいシェフの料理にはかないません。真なる知識のほかに、有用な知識という知識の在り方があるのです。

第6章で、経済学においては、複雑さが三つの様相をとることを指摘しました。対象の複雑さ、主体にとっての複雑さの問題だけでなく、経済学では、第三の認識における複雑さの問題もあります。行動の支えとしての知識について反省することは、まさにこの第三の複雑さの問題です。

生産現場の生産性を支えるものが、こうした有用な知識であるとしたら、それらの知識がいかに獲得され、保持・伝達されていくかは、経済や経営を考える際、欠かせない議題になります。経済学に独自の知識の理論があるのは、不思議なことではないのです。

第9章　複雑系としての企業

市場経済は複雑系である。この視点から、経済を見直そう。これが複雑系経済学の中心的な主張ですが、企業についておなじような主張をすることもできます。企業も複雑系なのです。

経済学は、従来、企業を生産関数として扱ってきました。それは企業をひとつのブラック・ボックスと見ることです。そのような見方にたって企業経営ができないことは当然です。そのことは、すでに経営学が明らかにしてきたことですが、企業を複雑系と見直すことから、経営に対するどんな手掛かりが得られるでしょうか。本章では、複雑系としての企業について考えます。

企業を複雑系としてみるということは、主として企業を内部から見ることになります。企業の経営を考えるには、そのおかれている環境に適応した戦略を立てなければなりません。ところが、収穫逓増といった事態があると、市場《しじょう》の方にも、これまであまり注目されてこなかったさまざまな現象がおこります。ロックインだとか、経路依存だとか、すでにお話ししたデ・ファクト・スタンダードだとか、いろいろな現象がおこります。こういった現象については、第12章で主題的にとりあげます。

利潤は最大化できるか

伝統的な経済学の企業の捉え方で問題なのは、利潤を最大化できると考えたことです。もしそんなことができるならば、経営学は一行ですんでしまう、とサイモンが経済学を皮肉ったことはすでに紹介しました（第6章、一九八〜九頁）。

複雑系経済学は、これとは反対に、企業は利潤を最大化していない、あるいは最大化しようとしても、最大化できない、と考えます。こんなことをいいますと、では、いったいお前は、企業の目的を何だと考えるのか。企業はいったいなにを目的に行動しているのか。経済学の人からは、すぐこういう反問がでてきます。

じつは、こういう反問こそが、企業を単純なものとみていることの裏返しなのです。企業はなにか単一の目標をもって、それを最大化しようとしている。こういう見方にたちますと、企業の目的は利潤最大化である、経営者の役割はこれを実現することである、などという結論が従います。経済学がそのように考えるのは、企業を複雑なものと考えていないからです。

わたしは、企業が利潤追求活動をしていることを否定しようとしているのではありません。企業は、あるいは経営者は、利潤をなるべく多くしたい、こう考えていることを認めます。その上で、しかし、従来の経済学の考えるように、生産量であれ、製品価格であれ、そのような変数を決定するだけで、利潤が最大化できると考えてしまう単純さを否定しているのです。

経験を積んだ経営者は、しばしば、「利潤は求めて得られるものではない、結果として得られるものだ」といったことを言います。経済学は、これを神秘的な言い方であり、経営者がひとびとをけむに巻いているに過ぎない、と解釈してきました。しかし、複雑系の立場にたってみますと、利潤というものが、いくつか少数の政策変数の関数であり、その政策変数を適切に選ぶことで利潤が最大化できる、といったこと自体が企業というものをきちんと見ていないことからくる誤った考え方だ、ということが分かってきます。

次のように言い換えることができます。企業経営者は、利潤を大きくしようとして日夜苦心している。しかし、それはこの決定・あの決定により利潤を最大化しているのではない。利潤が結果として大きくなるよう、企業に働きかけ、それを変えようとして行動している。

この点の考え方は、新古典派の経済学に批判的な経済学でもおなじことです。マルクス経済学は、資本家・経営者の利潤獲得を労働者の搾取の結果であるとして非難しましたが、経営者が利潤を最大化しているという点については異議を挟みませんでした。これは、

「敵」の能力を高く買い過ぎているといえます。

企業とはなにか

それでは企業とは、いったいなんでしょうか。

企業には、個人企業と会社企業とがありますが、ふつう企業といえば会社組織を考えます。そこで企業とは、まず会社であると考えておきましょう。会社とは、法的には、まず社団法人です。たとえば、株式会社は、株主が払い込み資本を限度とする有限責任の範囲内で営利法人を設立し、その運営を経営者に委任することにより、出資の比率に基づいて運営の成果を享受しようとするものです。株式会社の特殊性として、株式の自由な売買が認められているため、社団としての性格は薄れていますが、いずれにしても複数の人格が合意により、新しい団体を作り、それに社会が法人格を与えたものに他なりません。このため、会社には、会社を代表する役員およびその指揮に基づいて動く会社組織と、その活動を保証するための会社財産とをもつことになります。

しかし、企業をこのように法本質論で捉えたからといって、企業の活動や利潤がどのように生まれてくるか、つかめる訳ではありません。

企業を考えるとき、わたしたちはよく組織図を使います。社長がいて、その下に事業部門があって、各事業部門の下に部があり、その下に課があり、それぞれにそれを指揮する長や課員、スタッフがいるという、見慣れた図です。これは会社の指揮・命令と報告・復命の系統を示したものですが、このような指揮・命令にしたがって、会社が動いていると考えたら、企業を考えるにあたって大切なものがかなり落ちこぼれてしまいます。

仮に社長の命令で、すべてが動く企業というものを考えてみましょう。そのためには、社長は会社に関するすべての状態を知らなければなりません。その中には、ある店で、いつ、どんな客に、なにを、いくらで、どれだけ売ったか、といった報告も含まれます。あるいは、社員が顧客のところにいってこんな商談を持ちかけられたという話もあるでしょう。もし社員が一〇〇人を越える会社で、全部の社員がこんな報告を社長にしたら、もちろん社長は報告を受けているだけで、一日が終わってしまいます。しかし、社長の仕事は、報告を受け取るだけではすみません。これらの報告を基礎に、各社員に行うべき交渉や取引、さらには生産から配送、お金の受け取りや支払いについて、指示をださなければなりません。しかし、一〇〇人の社員が取るべき行動について、一々指示をだすなんて不可能です。社長の直接の指示がなければ、一切の取引や仕事ができないとしたら、その会社は、せいぜい社員二人か三人の仕事しかできないでしょう。

このようなことは、社長が人間であり、人間は視野・合理性・働きかけの三つの側面で限界があることを考えれば当然のことです。社長ばかりではありません。部長も課長も、また一課員も、すべておおかれすくなかれ、こうした三つの限界のもとに働いています。

としたら、いったい企業は、いったいどのように動いているのでしょうか。

組織図は、じつは、指揮・命令と復命・報告の公式な伝達経路を示しているにすぎません。このような公式経路は、職務命令をだれがだれにだせるか、といった関係を指定していますが、法的関係を確定しなければならないなど、特別な場合には意味をもちます。しかし、企業が、このような特別な手段を使わなければならないのは、むしろ例外的です。企業は、日々動いているものですから、もっと日常的にどのように運営されているか、見ていかなければなりません。

もっと日常的な観点から企業を見てみますと、企業とは社員が会社の仕事としてやっていることの全体だということができます。大きな会社では、一万人を越える社員がいます。そのひとりひとりがやっていることが少しずつちがいますから、企業とはきわめて複雑なものです。しかも、社員ひとりひとりが視野・合理性・働きかけの三つの側面で限界をもっています。だれも、会社の全体を見、会社の最終的な利益を計算して、行動している訳ではありません。では、いったい、どうしているのでしょうか。

経済がなぜそこそこうまく機能しているかについて考えたとき、人々は基本的には状況の繰り返しに基づいて定型的な判断とプログラムにしたがって行動しているといいました。経済ほど大きくはありませんが、企業でも、同じことです。経済が慣行の束としたら、企業も慣行の束なのです。

ルーティンとしての仕事

企業の内部における慣行は、それぞれの持ち場のルーティンとして組織されています。会社のルーティンにはさまざまなものがあります。出勤したらタイム・カードを取って、時刻を押すのも、ひとつのルーティンです。これは従業員の仕事の管理のために、就業規則で決まっているものですが、そのような明文の規則や手引き（マニュアル）がないことでも、ルーティンとして確立していることはたくさんあります。たとえば、ある仕事は、課内のだれがやるべきか、規則では決まっていないけれども、通常はAさんに回されるといった慣例ができていたりします。

企業には、たくさんの処理すべき仕事が流れるように入ってきます。たとえば、受注係では、電話などによるひとつひとつの注文に、在庫の確認や期日までの納品可能性をチェックし、可能な場合には注文を受け、受注伝票・納品書・請求書・出荷伝票などを作成し、納品部門など関係部署に必要書類や指示を伝えます。できない場合には、発注元に期日を変えてもらうか、生産部門に特急での製作を要求するとか、なんらかの対応が必要になります。

多数の注文が舞い込むところでは、このひとつひとつをいかに速く確実に行うかが、職場の課題になります。速く確実な処理のためには、仕事を定型化し、半自動的に処理できるようにしなければなりません。そこで、受注伝票や出荷伝票などに、工夫をこらす必要がでてきます。そのためには、納入相手先、品番、納入数量、納入期日、単価、支払い方法など確定すべき事項やチェック項目を一枚の伝票に盛り込み、空欄を埋めていくだけで受注に必要な事項が確定し、かつ必要なチェックもできるよう、各社定型を決め、印刷しておくのが普通です。この際、書き入れる事項に欠落があってはならないことは勿論ですが、必要最小限を越えて余分な書き入れを要求することも、避けねばなりません。そうでなければ、不必要な仕事が増え、処理時間が余分にかかってしまいます。おなじ内容を別の伝票に書き込む必要のある場合などは、複写紙を使うなどして一度に複数の伝票に書き込めるようにします。こうすると作業能率が上がるだけでなく、転記まちがいを防ぐことができます。

小売店の店頭ではこれほど整理はされていませんが、客への応接や商品の取り扱い、代金の受領、商品伝票の取り扱いなど、やはりひとつひとつの販売ごとに定型的にしなければならない作業は決まっています。たとえば、書籍の小売店舗の場合ですと、それらは、だいたい次の作業からなっています。まず、客が買いたい本をレジまでもってくると、カバーを希望するかどうか聞いて、かける場合には手早くカバーを掛ける。その一方、本に挟んであるスリップを抜き取りながら、合計代金を計算して、支払いを請求する。現金なら、金額を確かめて、釣銭を渡す。クレジット・カードなら、それが有効かどうかチェックした上、指定の用紙に顧客の署名を要求する。買い上げの礼をいい、またの来店をうながす。スリップは、きまった箱などに保管する。こうした、多くの作業がプログラムされて、それらがスムーズに実行されることが、サービスの質をきめるひとつの要因になります。

ふだんの作業とふだんとちがった作業

もちろん、仕事は、すべてがこのような定型で型通りに済むわけではありません。返品の申し出、応接の難しい客の扱い、万引きを発見したときの処置、汚損本の取り扱い、など日常的とは言えないまでも、かなり頻繁におこる問題への処理も仕事です。問題に対処するだけでなく、よく売れるように工夫するのも、重要な仕事です。商品の配列を工夫する。売れ筋商品をつかむ。作家のサイン会などを企画する。テーマ別のフェアを企画する。こうした努力は、一点一点の販売ごとの定型業務とは、そのサイクルや頻度が違います。しかし、これらの仕事も、つねにまったく新しい仕事としてなされるのではなく、過去の類似の仕事の経験を生かして、工夫もされ、効果もはかられています。

この意味では、「仕事の幅」といった見方が役にたちます。状況が基本的な反復を保ちながらゆらいでいるとすれば、そのゆらぎの大きさにより必要な仕事のルーティンも変わってきます。

この点を、小池和男は「ふだんの作業」と「ふだんとちがった作業」とに分けて議論しています。まったくの繰り返しのように見える大量生産の組み立て工場でも、二時間・三時間のうちには、いろいろな変化や異常が発生します。そのとき、よりまれな事態に対応する定型が「ふだんとちがった作業」です。変化や異常は、かなり頻繁におこりますが、その内容を調べてみると、それぞれ、その発生理由も解決方法もかなり違っています。これら多様な変化や異常に対処するには、長い経験を積み、仕事の幅を広げて、さまざまな状況に対処できる能力を身につけた労働者ないし技術者がいるかどうかが仕事の生産性を左右する大きな要因になります。労働者の知的熟練は、このような仕事の能力の蓄積ではないか。小池は、このように見ています。

繰り返しのサイクルやその発生頻度はちがっても、それに対処すべき仕事そのものは、かなり定型的に存在し、それが主として熟練労働者によって保持されている。この構造そのものには、本質的な違いはありません。

熟練と労働生産性

中岡哲郎が熟練にたいして似たような考えをもっていることは、すでに第8章で紹介しました。そこでは、熟練とは、徴候→取るべき行動というように整理されたパタンの群のようなものである、とされていました。おなじ『工場の哲学』から、もう一か所だけ次の一文を引用しておきましょう。

「熟練というものの本質はほとんど作業者の記憶の中のこうした徴候→結果のパターンの集積なのではなかろうか」（『工場の哲学』九九頁）

なぜ、このような熟練が生産性を左右する重要な要因になり得るのか。初めての経験で、原理的に考えていたのでは分からないか、時間がかかりすぎるさまざまな現象があって、それらが多くの場合、徴候→結果というように整理されるからです。中岡が挙げている例では、次の例があります。

新米の製造課長である中岡技師が、工場であるポンプのモーターの異常な動きに気づく。しかし、かれにはその原因が分からない。考えているうちに、近くの工員が気づき、電解槽のはしごを駆け登って、上端に手を伸ばすと、異常は直ってしまった。

そのモーターの特徴ある異常な動きは、電解槽の上端の水位を調整するスイッチの間に槽の内張りがはがれて浮かんでいる状態で起こる現象だったのです。工員は経験でそのことを知っていた訳です。

この場合、機械あるいは生産設備の破壊にまで進む故障ではありませんでした。もしそのような危険がある場合には、事前に機械の不調子を知ることができ、原因を取り除くことができれば、機械が長持ちするばかりでなく、その稼働率を上げることができます。途上国では、機械が故障してしまうと、製造会社の技師を呼ぶまでそれを直せないなどということが頻繁におこります。自国の技術者で対応できず、外国の技師を呼ぶときには、簡単に一週間ぐらいは機械が止まってしまいます。このようなことの積み重ねが、先進国と途上国との労働生産性の大きな差を作り出しています。

こういう意味で、熟練の蓄積は、経済発展の理論のおおきな主題のひとつであります。

組織の記憶

熟練が、このような定型的知識の記憶にあるとしたとき、考えておきたいもうひとつの問題は、その記憶の構造です。記憶は、つうじょう、個人の頭脳のなかに蓄えられます。上の引用文のなかで、中岡先生も、「作業者の記憶」という表現を使っています。しかし、人間の記憶というものは、頭のなかに蓄えられた液のようなもので、コックをひねればいつでも取り出せる、というものではありません。

フランスの社会学者のアルヴァックスは、人間の記憶の多くは集合的に支えられている、と主張しています。第二次大戦中、かれはコレージュ・ド・フランスの教授だったのですが、一九四四年七月にゲシュタポに逮捕され、ヨーロッパで戦争が終わる直前の四五年三月にブーフェンヴァルトの収容所でなくなっています。

このアルヴァックスの遺著に『集合的記憶』という本があります（小関藤一郎訳、行路社、一九八九年）。この中で、アルヴァックスは、記憶というものは語り直されることで保持されると指摘しています。知的熟練といったものを考える場合には、組織のなかで、この集合的記憶がどのように維持され、語り直されていくかが大切です。ある個人の記憶のなかにのみある記憶は、その個人とともに消えてしまいますし、個人の中でも薄らいでしまいます。重要な経験や知識は、組織の中で語り継がれ、語り直されることで保持されます。このような文化を組織がもてるかどうか。それが企業の知的熟練を維持し、生かしていけるかどうか、の別れ目になります。

組織の記憶は、定型的な作業よりも、研究開発や商品開発といった側面で一層重要な役割を果たします。成功経験が自信と積極性につながるとともに、下手に記憶されると、狭い経験に固執する原因にもなりかねません。

どこの組織にも、むかしのことをよく知っている語り部のような人がいます。しかし、こういう人だけが組織の記憶を維持しているのではありません。いろいろな事件に関連して過去の出来事が想起され、それが互いの間で語り直されることで、出来事の経緯やその意味が変容し、それが組織の記憶となるのです。ですから、さまざまな機会に、いろいろなできごとがどのように語り直されるか。そこに注意しておく必要があります。

組織の自律的働き

状況の繰り返しに対し、ある一定の対応をもって行動する。企業の各部門・各部署のすべてのひとびとがこのように行動するとき、組織にはある自律的な運動が生じます。それは、市場が自律的な運動を繰り返しながら、状況を再生産しているのによく似ています。じっさい、企業の内部か外部かということは、行動にとっては、絶対的な区別ではありません。

企業組織における行動も、基本的には、CD変換です。状況を一定の型に分類・識別して、それにたいして特定の反応・働きかけを行う。状況の多様性に対応して、そのパタンをたくさん用意しているというだけで、ある特定の状況に特定の働きかけを行うということに違いはありません。このとき、ある特定の部署の人間にとっては、環境を形成するものは、企業の外の状態ばかりではありません。企業内部の他の部門・他の部署の行動やその結果も、自分たちにとっては外的に変化するものとして、ひとつの環境となります。

このように、企業の各部門・各部署、さらには各人がそれぞれある程度独立に動きうることは、組織の自律的な運動にとって重要なことです。中央の指令のもとに、すべての部門のすべての部署が整合のとれた行動をつねに行う、などということはたとえ組織であれ、できません。そうではなくて、組織の仕事の多くの部分は、各部署の各分担者の判断と決定に任されています。企業とは、こうした仕事の配分と判断、決定の体系なのです。組織を形成しても、その内部の人間が視野・合理性・働きかけの三つの面で能力に限界があることは変わりないのです。ですから、そのような限界のもとにある人間が、それぞれの限界のなかで、互いに働けるよう、うまく組織が設計されていなければなりません。

もちろん、この組織の設計者自身が合理性の限界のもとにある訳ですから、その設計もまた、すべての状況とひとびとの行動を考慮に入れたというものよりも、むしろ経験的に積み重ねた知恵といったものでしかありません。こうした組織設計の大枠は、組織の構成や職務分担規定として決められているわけですが、すべての詳細が明文化されているわけではなく、境界的な事例は担当者たちの記憶や押し付けあいのなかで処理されることになります。

学習する組織

最近は、企業を「学習する組織」に作り替えなければならない、といったことがよく指摘されています。このことは非常に正しいのですが、なにをどのように学習し、またその成果がどのように記憶されるのか、よく考えておく必要があります。

学習されるのは、ある知識なわけですから、その知識の原型がCD変換であり、この知識の有効性が状況の基本的な定常性に依存したものであること、獲得された知識は個人的にではなく、組織の記憶として保持されなければならないこと、に留意しなければなりません。そのうえで、学習は、大胆な試行の結果として得られるものですから、組織の人間が大胆な考えを出せ、かつその試行を許容する雰囲気を作りださなければなりません。

マネジャーはなにをしているか

組織の自律性を強調しますと、これはたんに労働者か、あるいは定型業務をこなしている事務員のはなしではないか、と思われるかもしれません。しかし、中間管理職というべきマネジャー達の仕事も定型的な判断・処理と無縁ではありません。

わたしの好きな経営学者のひとりにミンツバーグという人がいます。かれの『マネジャーの仕事』(奥村哲史・須貝栄訳、白桃書房、一九九三年)という本には、マネジャーの仕事が一〇の役割に整理できると書いてあります。日本語としてやや分かりにくい言葉もありますが、そのまま紹介しますと、①フィグュアヘッド、②リーダー、③リエゾン、④モニター、⑤周知伝達役、⑥スポークスマン、⑦企業家、⑧障害処理者、⑨資源配分者、⑩交渉者の一〇の役割です。ミンツバーグ自身が書いているように、マネジャーたちは「山のような仕事を間断のないペースで」こなさなければなりません。ある職長は、一日に少なくて二三七、多いときには一、〇七三もの出来事にかかわったと報告されています。このような状況のもとでは、素早い判断と処理とが要求されることは当然です。

上の一〇の役割の内容を調べてみても、その大部分はことと事情に応じて、問題をある程度定型的に処理することからなっています。フィグュアヘッドの役割というのは、さまざまな儀式には、社長とか課長とか、大小をとわず、組織の長として「臨席」が要求される場面に出掛けて、それなりに振る舞う役割です。代役でもかまわない仕事ながら、本人が出ていかなければ、それだけの効果が出ないという困った仕事です。

もちろん、ものや伝票を相手にしている労働者や事務員と違って、マネジャーの相手は人が主ですから、相手の反応に応じて一律の対応ではすみません。交渉や障害処理、リーダーといった役割の特別な事情はそこにあります。処理すべき状況の幅も、課員が定型的に処理している事項に比べると、かなり変化のとんだものになります。課員が定型的に処理できない例外的な事例を処理するのが主な仕事なのですから当然です。

一〇の役割の中で、企業家の役割だけがやや異質です。というのは、他の役割がおおむね定常的・安定的な仕事の流れを作りだすことであるのに対し、この役割は、その定常性・安定性にゆさぶりを掛け、組織に新しい動きを導入し、それを定着させて、これまでの定型を改善することだからです。

マネジャーの多くの仕事の中で、このような役割を果たす時間が多いとはけっしていえません。しかし、小さなものであれ、このような改善や改良を行うことができず、過去のやり方をそのまま維持しているだけでは、企業としてはしだいに先細りになってしまいます。時代が変わり、外部の状況が変わり、顧客の要求も変わっていくのですから、それに応じた適切な対応がなければ、競争に負けても仕方ありません。

経営の改善・改革

企業の効率を支えているものは、企業の各部署の円滑で安定した自律的な活動です。それは慣習・慣行ともいえる定型的な行動に基礎をおくものです。他方、企業の効率を上げていくものは、各種の改善や工夫です。すべてを過去の慣例通りにやっているとすれば、長い目では、企業は衰亡してしまいます。しかし、改善や改革は、一時的には仕事の円滑な流れを乱すことにも繋がります。短期の視点と長期の視点との間にある種の矛盾があります。改善・改革には、また部門間の利害の対立をも生み出しかねません。トップに立つ経営者の役割は、こうした相反した二つの要求をうまく調整して、業績をあまり落とすことなく、長期の展望を切り開くことにあります。

経営の主要な役割は、組織の自律的な働きに介入して、その働きをより良いものに変えることにあります。ただ、命令を押し付けてもできるものでないことは明らかです。自律的な働きに介入するということ自体、ある意味で矛盾した行動です。業務の改善運動や組織の編成替え、さらには組織風土の改革運動を起こすことが必要ですが、そのことが仕事の円滑な流れを阻害し、組織の記憶を失わせてはなりません。一番いいのは、組織の各部門が自己運動により変革を遂げ、新しい状況に適した効率的な態勢に変わっていくことですが、放っておいて組織がそのような習慣を身につけるものでもありません。経営革新の難しさというべきでしょう。

最近は、各種の経営革新手法が紹介され、それが取り入れられて、企業内部がいつもさまざまに揺さぶられているという状態が起こっています。少しぐらいの運動で、ひとびとの行動パタンや組織の習性がそう大きく変わる訳でありませんから、つねにこうした圧力をかけておくというのも、ひとつのやり方かもしれません。人間の注意の向けられる対象は限られたものですから、時期を変え、目標を変えて提起される一連の運動は、それなりに意味があるといえるでしょう。ただ、それでひとびとが疲れてしまっては、かえって逆効果です。手を変え品を変えての運動がマンネリになるのでなく、自主的な改革・改善をもたらすような組織文化を作り出せるかどうかが問われている、というべきかも知れません。QCサークル運動については、優秀な技術者に限ってそれを低く評価するひとがいるのですが、こんな観点から見直してみると、やはりそれは日本型の経営の生み出した偉大な成果のひとつといわなければなりません。

まとめと展望

いままで話してきたことを、いくらかまとめてみましょう。

この章で申しあげたかったことは、企業は複雑系である、ということです。企業も、複雑系である、といった方がよいかもしれません。その意味は、企業を指示・指令で動かそうと思っても、動かせるものではない、ということです。企業は利潤追求を目的としていますが、その行動は、伝統的な経済学がいうような利潤最大化行動ではありません。いくつかの変数をうまく決定すれば、利潤が最大化される。こう考えるのは、企業を単純なものと見なしている証拠にすぎません。

利潤は最大化しようと思っても、できるものではないのです。しかし、では、利潤を追求していないかというと、そうでもありません。利潤の追求と利潤の最大化とは別のことなのです。これは、企業を複雑系と見ることから導ける、経済学の理論にとっては非常に重要なメッセージです。

このことを、企業の経営者の目から見直しますと、利潤は出すものではなく、結果として出るものだ、ということです。自分であれこれ指令を出し、こうしろ・ああしろといっても、それで企業の全体の行動が最適化することはけっしてありません。そのように直接的に介入する代わりに、放っておいても利潤が出るようにするのが経営のコツです。

これをもう一度、複雑系関係のことばに翻訳しますと、企業はおおくのルーティンからなる自律的過程であり、その過程がおのずと利潤を出すような方向に影響力を行使するのがよい経営ということになります。

これは「経営者はただ担がれていればよい」ということではありません。部下の行動の一々に介入して仕事のペースを乱してはいけませんが、なにもしないでいいということでもありません。企業は、基本的には自律的な過程であり、かつ自己組織するものです。放っておいても「もうかる組織」に自然に自己変革していく。これは企業の文化というか空気というか、成員たちが自分たちで形成するものですが、これらを上手く仕向けることは経営者の重要な仕事のひとつです。

ところで、いままで述べてきたことは、企業を船にたとえてみれば、船の「整備」に関する事柄でした。経営者が船長だとすれば、船長が機関の状態や積み荷の状態を心配しているようでは、船はうまく動きません。よく整備された船に乗っている船長さんは、船の調子は耳で聞いていても、ひとつひとつの装置の動きまでも心配はしていません。それは自動的な調整に任せて、船長さんがやるべき重要な任務があります。それは企業という大きな船の舵をしっかりと取ることです。どんな優秀な船でも、うまく舵を取らなくては難破してしまいます。高性能の船ほど、その任務は重要になります。難しくもなります。このような舵取のことを、企業の戦略的決定といいます。経営トップに要請される一番大きな役割は、この戦略的決定をうまく行うことです。

船長さんが航海図をもとに舵を取るのとおなじく、戦略的決定のためには、経営者も経済という航海図を読まねばなりません。そのためには、まず航海図が読めなければなりませんが、複雑系経済学は、読み方ばかりでなく、航海図の画き方まで変えつつあります。その点については、次の第4部でお話しします。

第4部　自己組織する複雑系

第10章　自己組織系としての経済

市場経済は、世界中に取引の網目が広がっています。もし、これが組織ならば、きわめて大きな組織ということができますが、この大きな「組織」には、中心がありません。これは他の大きな組織、国家機構、軍隊、カトリック教会、計画経済などと比べると、際立った特徴です。だれも全体に指令するものがなく、各経済主体の判断に任せながら、市場経済はなぜ機能して行くのでしょうか。これは、もっとも初歩的でありながら、経済学が答えるべき、もっとも重要かつ基礎的な問題です。

複雑系経済学は、自律分散的自己組織系として市場経済をとらえます。市場経済では、経済の担い手である多数の主体は、基本的に自己判断に基づいて行動します。市場においては、これら主体の相互作用が重要です。複雑系経済学が、相互作用として、取引、とくに相対《あいたい》取引に注目することは第7章に触れました。この章では、相対取引を通して、経済がどのように自己組織化され、全体としての秩序が生み出されるか、考察します。このようにして生み出された秩序は、しかし、静的なものではありません。技術進歩や価格変化、所得水準の上昇と需要構造の変化などを通し、その内的構成を変化させていきます。このような構成変化も、また、自己組織化の過程と見ることができます。

このような市場経済の見方は、自然なものですが、経済学の長い伝統の中では、かならずしも優勢な見方ではありません。そこで、本章では、ワルラスやマーシャルという経済学の巨人たちが、市場の働きをどのように説明しようとしたか、まず簡単に振り返ってみることから始めましょう。

ワルラス型市場

経済を一般均衡の体系ととらえる考え方は、ワルラスが初めて提示したものです。これはワルラス自身が著書のなかでいっているように、パリの証券取引所をモデルに考えられたものです。ワルラスは、このような市場を「完全に組織された市場」と考えていました。このような考え方の背後には、他の市場は、これほど完全には組織されていないが、完全な市場を研究しておけば、不完全にしか組織されていない市場の働きも原理的には理解されるにちがいない、という期待があったと思われます。しかし、このような市場と経済取引のイメージ自身が実はおおいに問題なのです。

ワルラスの念頭にあった市場は、たぶん、東京やニューヨークの証券取引所とおなじ、撃柝《げきたく》商いという価格の決定方式を用いるものだったのでしょう。これは、つぎのように運営されていました。定刻がくると、一人の競り人の周りに場立ち《ばた》があつまり、立ち会いがはじまります。一定の順番で特定の銘柄を取り上げ、競り人が価格を叫びます。それにたいして場立ちが売り・買いの数量を手振りで示します。売り買い一致したところで、柝《き》が入って、その銘柄の価格と取引が決まります。

ただ、このような価格決定方式とワルラスの理論とのあいだに決定的に違うところが一つありました。それは、ひとつひとつの銘柄を独立に取引していることです。ワルラスやその後の新古典派の経済学では、すべての商品について需要と供給の一致が成立するとき、はじめて取引が行われると考えました。東京証券取引所でしたら、約三千の銘柄があります。それらすべての需給が一致するまで待つとなると、時間はどんどん過ぎていって、いちどは需給の一致が成立していた銘柄も、売りが多くなったり、買いが入って、均衡が破れてしまいます。ひとつひとつの銘柄ごとに、価格を決め、取引を成立させている点は、ワルラスが想定した市場の在り方と根本的に違います。

一般均衡と部分均衡

このあたりは、経済学では、マーシャルの「部分均衡」に対するワルラスの「一般均衡」というテーマで、学説史的に取り上げられています。しかし、問題は、それがどう説明されているかです。教科書や学生向け経済学の雑誌を見ていますと、本来は一般均衡を

	ワルラス型市場観	自己組織型市場観
交渉形態	中央一括	2者交渉
主な組織者	競り人	商人
取引要件	需給の総計一致	取引者の合意
価格の分布	一物一価	中心のあるばらつき
調整様式	価格の模索	価格裁定
比喩	国家	脳

表4　対立する市場観

考えなければいけないのだが、そうなると難しくなるので、一財ごとの市場の需給均衡を考えるマーシャルのような部分均衡にも意義がある。こういった説明がほとんどです。できれば一般均衡で考えたいし、説明もしたいのだが、そうすると説明も理解も難しくなるので、理解の簡単な部分均衡による説明が許されるというのです。わたしは、この説明はまったく間違っていると考えています。

理由は簡単です。現実の市場では、価格は財・サービスの種類毎に独立に決められています。市場において、需給の不一致が価格の上昇や下落を導くとすれば、それは個別市場の動きです。ですから、証券取引所や商品市場・荷受け市場で行われているのは、ワルラスの一般均衡理論ではなく、マーシャルの部分均衡に近い仕組みです。このような取引市場では、呼び値ごとに売り希望量・買い希望量を募って、売り買いのマッチングを行います。呼び値ごとに、買いの希望数量と売りの希望数量が計算され、高いほど売り希望数量が増え、買い希望数量がへるわけですから、教科書にあるように需要曲線と供給曲線とが描けて、その交点に価格と取引数量とが決まるという話がぴったりです。しかし、すべての市場で需給が一致しなければ取引が成り立たないというような市場は、世界のどんな取引所にいってもありません。

より現実的な部分均衡理論が一般均衡理論の特殊な場合と見られ、マーシャルの理論は「教育版」としてのみ意義を認められてきました。なぜ、こんなことが長く続いたのか。これも、解かれなくてはならない学説史上の一つの問題です。

わたしの答えは「システム理論が貧しすぎた」というものです。部分ごとに均衡に向かうとすれば、全体としても均衡に向かうはずである。経済学は、こういう単純なシステム理論しかもっていなかったのです。経済というシステムを複雑なものとみる視点の欠如がこうした事態を問題視させなかったといったらよいでしょうか。個別の市場ごとに均衡に向かう傾向にあるけれども、すべての市場ではけっして均衡はしていないし、均衡にも向かっていない。システムのこういう特性をきちんと説明し、表現する手段をもたなかった。そのため、一般均衡理論の教育版として部分均衡理論を援用するという奇妙な伝統ができあがったのでしょう。

この事態は、一般均衡理論の非現実性を隠し立てる効果ももっていました。証券市場などをみれば、部分均衡というイメージには、なるほどと思わせるものがあります。一般均衡はこれらの部分均衡の一般理論だと説明されると、なにやら難しそうだが、どこか現実に根差した理論なのだという印象を人々に植え付けるには効果がありました。

相対取引による市場

しかし、マーシャル流の部分均衡理論にも、問題があります。ひとつひとつの財がそれぞれ独立に取引されるとしても、取引市場のように組織された市場は例外にすぎません。市場経済での取引で圧倒的に多いのは、相対《あいたい》取引あるいは相対売買と呼ばれているものです。これは、ふたりの人がある商品の所有権の移転をめぐって合意すれば、対価を払って売買を行うというものです。たとえば、われわれが喫茶店にはいってコーヒーを一杯飲む、というのもこういう取引の一例です。ここには典型的な相対取引のような、価格の交渉はありませんが、それは価格がすでに決められていて、注文すればその価格にしたがって対価を払うことが相互に了解されているからです。

百貨店やコンビニエンス・ストアなどの店頭でものを買うのも、電話で出前を頼むのも、みんな相対取引です。銀行のディーリング・ルームで行われている円やドルの売り買いも、相対取引です。メーカーと卸、卸と販売店との商品の売買も相対取引、商社どうしが石油などのスポット売買を行うのも相対取引。相対取引でないものを探す方がむしろ難しいのです。取引市場では、撃柝商いが多いのですが、シカゴの穀物取引所には、競り人はいません。場立ちに当たる人達が勝手に売り値・買い値を叫んで、それに応ずる場立ちが飛びついて、取引が成立すると、その価格と取引量だけを取引所に通知します。すこし変形ですが、これも相対取引です。

右で典型的な相対取引では価格の交渉が行われると言いましたが、ここで「典型的」というのは、そういう機会が多いという意味ではありません。むしろ概念的に典型的であるといった方がよいかもしれません。値段の交渉が真剣に行われるような相対取引は、よほど数量の大きな取引か、金額の張る場合に限られます。そうでなければ、かなりひまな世界の話でしょう。むかしは日本も、呉服屋などでは客ごとに交渉して値段を決めていたようですが、三井高利が定価販売を開始して次第に定価販売がひろがり、現在では値切り交渉はむしろ珍しくなってしまいました。

現在では、おおくの場合、売り手が販売価格を決め、注文に応じて、その価格でいくらでも売るという制度が取られています。このような建値制の場合、価格は売り手が決めますが、買い手は買うか買わないかを決める自由をもっている訳ですから、買う場合には値段にかんする合意があるということになります。このような売買では、売り手が価格を、買い手が数量を決定するという非対称な関係になっています。この関係が逆転した売買もあります。たとえば、産地問屋が買値を決めて、特産品を集荷する場合などがそれです。

明示的な値段の交渉がないからといって、価格が問題にならないというのではありません。売り手が価格を決める場合でも、複数の売り手がいる場合には、買い手は相手を選ぶことができます。距離や品質・信用などが問題にならなければ、より安い価格をつけている売り手から買うのが買い手にとっては得策です。売り手にとっては、買い手のこのような価格選好を見越した上で、価格決定しなければならないことになります。この意味で、定価制のもとでも、激しい価格競争があることになります。

相対取引の場合には、一物一価の法則は厳密には成り立ちません。標準化された商品の場合でも、販売店の位置や開店時間などによって、商品はいつもいくらかは差別化されていますから、高い値段をつけたからといって全然売れないわけではありません。たとえば、コンビニエンス・ストアは、スーパー・マーケットよりはいくらか高めの値段がついていますが、近くにあり、遅くまで開いているので、そのことを知っていながら、ひとびとはコンビニを利用しています。

自律分散型経済

市場経済の取引の圧倒的部分が相対であることは、経済の働きを考える場合に、重大な意義をもっています。ワルラスが考えたような「組織された市場」が存在することは確かです。しかし、それはむしろ例外的な状況であって、そのイメージを市場経済全体に広げてしまうと、市場の働きのもっとも重要なものを見落とすことになります。

これは単に経済学の問題に止まりません。最近では、コンピュータ・ネットワークの方面で「マルチ・エージェント・システム」の設計問題などが課題になっています。多数のサーバーと多数のクライアントがいて、処理しなければならない多数の仕事がある。ネットで繋がれているわけですから、しようとおもえばどの仕事をどのサーバーに割り当ててもよい。しかし、下手な割り振りをすると、あるサーバーは仕事が過大で処理に遅れがある、別のサーバーは暇で仕事がない、といった事態になりかねません。どうやったら、うまく仕事を配分できるか。こうした問題があります。

マルチ・エージェントで考えられているのは、ワルラス型の配分方法です。処理すべき仕事や処理可能容量などの情報をあるコンピュータに集中して、そこである種の「競り」をして仕事を割り振ろうというのです。これは、わたしに言わせれば、本当に自律分散型のシステムではありません。もし真に自律的で分散した仕事の配分方式を考えようとすれば、サーバーどうしの相対の取引による仕事の配分を図るべきでしょう。クライアントから受け取った仕事が期限内に実行できないときは、近くのサーバーに応援を頼むことにします。特定の仕事には、特定の点数がついているとし、応援を受けた場合、応援してくれるサーバーに合意された一定の点数を支払うことにする。一定時間内に平均どのくらい仕事をしているか、処理した仕事の点数を計算する。もしあまり仕事をしていないサーバーがあるなら、そのようなサーバーは廃棄するか、移転してしまうことにする。逆に、いつも忙しいサーバーは、同じ仕事をするサーバーを増やすことにする。こうすれば、サーバー間にある種の生存競争がおきます。あまり仕事をしないサーバーは廃棄されて生き残れないことになり、システムは全体としては、比較的うまく仕事を配分することができるようになるでしょう。

マルチ・エージェント・システムを設計するにあたって、経済学の例をモデルに取ろうとしたことは間違っていません。脳の研究は、いま急速に進んでいますが、経済の方が少し分かっているとすれば、新しいシステムの設計に経済学の知見を生かそうとするのは当然のことです。しかし、経済学のような対立する見解の多い学問では、経済学のどんな知見を生かそうとするか、それが問題です。有名だとしても、ワルラス型の市場は、経済の中では、ごく特殊なものにすぎません。もしそれが部分均衡ではなく、一般均衡の意味で言われているなら、そのような市場はどこにも存在しない空想上の産物です。しかし、他分野の専門家が、そのようなことをあまり検討もせず、モデルとして採用してしまうことはまま起こります。そんな意味でも、相対取引が市場経済の基礎をなしていることは、いくら強調しておいても強調し過ぎることはありません。

相対取引の自己組織系

市場経済は、計画経済ではありません。中央にだれかコントロールする人がいて（あるいは、機関があって）全体がうまく調整されているというのではないのです。相対取引が繰り返される中から、自然に生まれてくる秩序、自生的に作られる秩序が市場経済です。

これをなんと呼ぶか。いろいろな表現があります。わたしは「自己形成秩序」ということばを使いたいのですが、一般に膾炙《かいしゃ》していることばでいえば「自己組織系」という表現があります。なぜ、「組織」でなく「形成」というあまり示唆的でないことばを好むかといえば、経済学および経営学では「組織」ということばは、ある特定の社会構造を指すのにたいし、市場はそのような組織の概念に当てはまらない、というのが主要な理由です。市場は国家や会社のような組織体ではない、結果が組織でないのに自己組織化というのはおかしいではないか、ということです。

「系」か「秩序」かというのは、たぶんに趣味の問題でしょう。ただ、ここでも「系（システム）」が人工的な設計の産物というコノテイション（含意）を排除していないのにたいし、「秩序」の方は、経済学では、ハイエクの影響もあり、通常のニュアンスと違って、自生的な印象が強いのです。このような理由があって、わたしの別の著書などでは「自己形成秩序」という表現を使っているのですが、他分野の人に分かってもらうには、やはりより一般的な「自己組織」および「自己組織系」という表現を用いておきましょう。

市場経済は相対取引の繰り返しから自己組織される秩序である。このことを認めたうえで、まず説明しなければならないのは、このような秩序がなぜそこそこの効率性をもちうるのか、ということです。ワルラス型の経済においては、この問題は、一般均衡解のパレート最適性といった主題で議論されています。しかし、現実の経済の効率性をそのような架空の機構を使って説明してもあまり意味がありません。あくまでも相対取引を基礎として、経済がおのずと一定の効率性を保証する体系であることを説明しなければなりません。

残念ながら、このような説明はふつうの教科書ではほとんどされていません。例外は三土修平さんの『初歩からのミクロ経済学』（日本評論社、一九九五年）です。この本では、リカードの比較生産費説を経済学の「管制高地」として、そのメカニズムから価格理論を説明する構成になっています。比較生産費説というと、国際貿易の利益の説明原理というように理解されやすいのですが、じつは国内経済についても成立する原理なのです。おなじ原理は、ノーベル賞をもらったソ連の数理経済学者カントロヴィッチが工場間の生産調整問題として取り上げています。そういう普遍的な原理なので、ちゃんとした名前があるといいのですが、どうもそうではありません。ここでは、かりにそれを「価格裁定の原理」と呼んでおきましょう。

価格裁定の原理

価格裁定の原理とは、つぎの事情がつねに成り立つことを指します。

「おなじ国の中であれ、二つの国の間であれ、経済に二つの部分があり、そこに比例的でない価格が成立しているときには、二つの経済間で交易を行うことにより、双方の経済成果を高めることができる。このことは、二つの価格体系の不比例性を利用して裁定取引を行うことにより促進される。」

リカードの比較生産費説は、イギリスとポルトガルの二国において、ラシャとブドウ酒の相対《そうたい》価格が等しくないときの説明でした。表5に、リカードが考えた価格例を示しておきます。このとき、ラシャをイギリスから輸出して、それをポルトガルで売り、その代金でブドウ酒をイギリスに輸入して現金に替えれば、ラシャを購入した資金よりも多くの現金が得られます。これは、貿易で利潤を上げられるという条件です。このようなとき、そのことに気づいた人は、いち早く、そのような活動に取り組むでしょう。これが裁定行動あるいはさやとり行動です。この活動自体は貿易商人の利己的な活動なのですが、このような活動の結果、イギリスでブドウ酒の生産からラシャの生産に労働人口が移動し、ポルトガルでラシャの生産からブドウ酒の生産に労働が移動すれば、両国で働く人の数が一定でも、二国で別々に生産していたときに比べてラシャとブドウ酒の双方の生産量を増大させることができます。これがいわゆる「貿易の利益」です。

比較生産費説の説明はいろんなところに載っていますから、あえてここで証明はしません。重要なことは、私益が公益を促進するという構造がここにもあるということです。つまり、貿易商人が、だれのためでもない、自分の利益のためにさやとり行動を行うことに

	ラシャ	ブドウ酒
イギリス	100	120
ポルトガル	90	80

注1．上の数値は、リカードの説明では、ラシャとブドウ酒を1単位生産するのに必要な労働者数を表す。資本や土地にたいする支払いが無視できるところでは、この数値は両国の相対価格を示している。

注2．(120/100)/(80/90)＝1.35>1．この条件は、しばしば特化条件と呼ばれているが、同時に裁定行動の可能性を示している。この比率が1に等しくない（すなわち相対価格が等しくない）とき、裁定行動による利潤機会があるが、1より大きいか小さいかにより、商品をまわすべき向きが逆になる。

表5　リカードの数値例

より、双方の国の経済成果が改善される可能性がうまれるということです。この可能性は、無限に続くものではありません。裁定行動を続けると、たとえばイギリスでは、ラシャに比べてブドウ酒の価格がしだいに低下して、ポルトガルの相対価格に近づきます。もし、輸出にともなう費用や危険が0とすれば、二国の相対価格が一致するまで裁定の可能性はあるのですが、現実には貿易の費用や危険のため、一定の価格差を残したまま裁定行動は終息します。しかし、そのようにして変化した価格体系のもとで、上記の生産量の変化と労働移動とが起こり、総労働時間は同じでも両国を合わせた全体としての生産量が増大することになります。

このようなことは、なにも国際貿易にかぎりません。ロシアの数理経済学者カントロヴィッチが示したのは、幾つかの工場があって生産しているとき、各工場の「陰の価格」が比例的でないなら、原材料の受け渡しにより、製品間の指定の比率を保ちながら全体の生産量を増やすことができる、という事実でした。カントロヴィッチは、線形計画法の例題として、これを説明しています。

オーストリア学派と機敏さ

人々の裁定行動を重視したグループに、オーストリア学派があります。この学派は、名前から分かるように、もともとオーストリアに起源があります。メンガーやその弟子のベーム・バヴェルクやヴィーザーなどが初期オーストリア学派を形成する訳ですが、一九二〇年代から三〇年代にかけて、主要な研究者が英語圏に移住してしまいます。ハイエク、シュンペーター、ミーゼスといった人達です。その背後には、ヒットラーの権力掌握からナチス・ドイツによるオーストリア併合にいたる一連の歴史がありますが、それは省略しておきます。第二次大戦後は、オーストリア学派といえば、おもにアメリカ合衆国を拠点として、ハイエクやミーゼスの影響を受けて初期オーストリア学派の考えを発展させた人達をさします。後期オーストリア学派ということもあります。その代表株はニューヨーク大学で教えていたイズラエル・カーズナーです。

カーズナーは、ひとびとの企業家精神（entrepreneurship）を強調しました。この点では、シュンペーターに似ているのですが、その内容にはだいぶ違いがあります。シュンペーターは、革新ないしイノヴェーションと呼ばれるような画期的な事業の転換を遂行するひとを企業家としました。企業家＝革新者です。カーズナーの考える企業家の役割はもっと日常的なものです。かれは企業家の主要な特性がアラートネス（alertness＝警戒を怠らず、必要な対応が速いこと、機敏さ）にあると考えました。カーズナーが代表的にイメージしていたのは、価格裁定の行動でしょう。価格差があるとき、それを機敏に見つけて、差益を収めることが裁定行動の基本です。つねに市場の観察を怠らず、機会があればいちはやく、それを利用する。こうしなければ、利益機会はたちまち他の人に利用されてしまいます。この意味で、アラートネス、機敏さは、むしろ商人的才能だというべきものかもしれません。

いずれにしても、このような機敏な企業家たちに満ちあふれた世界では、利用可能な価格差はどんどん利用され尽されてしまいます。その限りでは、商人たちが商才を発揮しているに過ぎませんが、そのおかげで市場は、競り人のような特別な調整者と調整過程をもつことなく、またそこそこ効率的な価格体系が出現することになります。

このような市場の効率性は、とうぜんひとびとの活動の機敏さに依存します。ただ、機敏さの水準は、たんにひとびとの反射の速さによってきまっているものではありません。制度的に自由な取引が可能かどうかが、その水準を左右するもっとも重要な条件となります。取引が自由でなければ、気づいた人が許可を得たり、ある機関がそれを利用するよう説得している間に時間がどんどん過ぎてしまいます。取引の自由のない市場経済は、たとえ市場を利用していても、効率的には成果の低いものとならざるをえません。

後期オーストリア学派は、市場のひじょうに重要な一面をただしく指摘していたのですが、残念ながら、かれらは価格裁定の行動をリカードやカントロヴィッチのようにきちんと定式化して説明することをしませんでした。そのため、かれらの理論には、価格の働きの説明はあっても、いわゆる価格理論にあたるような、相対価格を説明する枠組みをもち得ませんでした。そのため、需給均衡理論に異論を唱えながら、オーストリア学派はミクロ理論に対して強いインパクトをもちえませんでした。

市場価格の成立

相対取引では、近い過去の身近な取引を参照しながら、価格や取引数量を決めます。取引者たちが、市場全体を見渡して、決めているのではけっしてありません。部分的な情報と判断に基づいて、取引を繰り返している訳です。

初めのうちは、ひとつの商品に、さまざまな値段がつくことになるでしょう。だれも、どれが正しい値段か、適正な価格か、知らないのですから、これは当然です。ひとびとは思い思いに値段をつけ、思い思いに価値を評価します。高い価格でも取引が成立することがあれば、低い価格でも取引が成り立たない場合があります。しかし、一方に、低い値段で売りたいひとがいて、他方に高い値段でも買いたいひとがいれば、そこに裁定の機会が生じます。価格裁定の機会があると、機敏な商人が現れて、その機会を利用して値段を変化させます。このような状態は長くは続きません。次第に、ひとびとが「このくらいの値《あたい》」と考える価格の水準が知られるようになります。はじめは星雲状に散らばっていた取引価格が、あるひとつの値のまわりに収束してきます。こうして「市場価格」といえるようなものが成立してきます。

価格裁定があるていど進み、もはやあまり「さやとり」の機会がすくない状態になると、相対取引の市場にも、一物一価に近い状態が成立します。すべての商品にこのような市場価格が定まると、そこに「市場価格の体系」ができあがります。このようにして得られた相対価格の体系は、ワルラス型の市場が機能したのに劣らない高い「効率性」をもつことができます。

それは、個別の修正が次第に全体の効率を高めるような仕組みが、この自己組織系に組み込まれているからです。それが上で述べた価格裁定の原理です。価格裁定というメカニズムを通して、価格体系は、部分的な修正を受け、しだいにより効率的なものに変化していきます。このような裁定行動を行う機会が少なくなった状態、つまり市場価格の体系ができあがった状態は、現存する資源を再配分してみても、もはやそのことから全体の成果を高めることはできない状態です。リカードが貿易理論で指摘した「貿易の利益」も、工場間の評価価値に差異がある場合にカントロヴィッチが指摘した生産計画改善の可能性も、そのかぎりでは汲み尽くされています。市場価格は、だれが命令して作り上げるものではありませんが、市場は価格裁定という機構を通して、このように「効率的」な価格体系を自動的に発見、生成するのです。

市場経済は、そのつながりをたどっていけば、世界中につながる巨大なものです。参加する主体の数も、取引される商品の種類も、膨大なものです。このような大規模なシステムは、中央にいくら高性能のコンピュータを備えてもうまく動くものではありません。それは、政府や世界的な巨大企業にとっても、複雑で見通しの効かない存在です。この意味で、市場経済は典型的な複雑系です。しかし、裁定行動を行うのに、全体の知識は必要ありません。二財の二カ所の相対価格に不比例性があることを発見できればいいのです。一財を貨幣とすれば、ある財の価格差を識別するだけで、十分です。あまり大きな資金がなくても、回転さえ速くすれば、おおきな利得を得ることができます。このような部分的な視野と働きかけによって、価格体系は次第に修正され、より「効率的」なものに変化していきます。この意味で、市場経済という複雑系は、中心にたって全体を見回し、個々人に指令をだす組織を必要としないのです。

「効率性」の意味

さて、ここまで「効率的」という意味を、あまり説明しないできました。通常わたしたちが意味する「効率性」と大きく違うところがあるので、あえて避けてきたのです。ここで、この表現の意味を正確にしておく方がいいかもしれません。やや専門的になりますが、こういう意味です。

ある経済状態において、財・サービスの交換・再配分を行い、それによって経済のすべての主体の追求目標の実現水準を改善できるか、少なくとも悪くすることがない場合に、この経済には資源再配分による「パレート改善可能性」があると言います。このような「パレート改善可能性」が汲み尽くされてしまった状態、つまりある人の目標値を下げることなくしては、他のひとびとの目標水準を上げることができない状態を「パレート効率的」あるいは「パレート最適」といいます。これは、日常わたしたちが使っている「効率性」概念とはかなり掛け離れたものです。パレートというのは、このような効率概念を考えだした経済学者の名前です。「パレート効率的」、「パレート最適」といった表現は、この概念の発見者を記念・顕彰するとともに、この概念がふつうのものとは違うということを明示するために使われています。

価格体系が「効率的」であるというのは、もし資源再配分による改善可能性がある場合には、この価格による交換を通してパレート最適な状態が実現できることを言います。このような効率的な市場価格が成立し、それに基づく交換がうまくなされたときには、資源の再配分をさらに行うことによっては、もはや全体として状態の改善をすることはできません。一般には、だれかの実現水準が高くなっても、だれか別のひとの実現水準が低下してしまいます。

別の体系に価格を変えれば、そこで資源の再配分を行うことにより、別のパレート最適な状態が出現するかもしれません。しかし、ふたつのパレート最適な状態のどちらがよりよいかということについては、構成員の意見が別れてしまいますから、どちらが効率的であるかという議論は成立しません。したがって、「効率的」な価格といっても、二つ以上の価格体系を比較して、より効率的といっているのではありません。「効率的」な価格というのは、あくまでもその価格体系による交換により、パレート最適な状態を実現できる可能性を意味しています。効率的な市場価格が成立するというのは、このような特殊な意味で言われていることに注意してください。

価格裁定により発見される市場価格は、もしそれが一回かぎりの状態に関していうなら、このような最適性は保証されません。しかし、生産と交換と消費が繰り返し行われる定常的な経済では、裁定にもとづく価格修正の結果として、このような「効率的」な市場価格が出現してきます。

教科書などには、しばしば、つぎのような説明があります。それは、ワルラス型市場のパレート最適性をもって、市場経済の効率性が証明された、という説明です。しかし、ワルラスの一般均衡は、ほとんどなんの現実性もないものです。このような非現実なモデルで市場経済の効率性が証明できたというなら、計画経済も同じように効率的だと証明できます。説明しなければならないのは、「現実の市場経済において、なぜそこそこの効率性が実現しているのか」です。そのためには、それを可能にしているメカニズムはなんなのか、そのメカニズムは、どの程度、現実に働いているのか、こうした分析が必要なのです。この意味において、従来の新古典派経済学は、「なぜ市場経済が効率的なのか」ただしく説明してきたとはいえません。

なお、効率性をもっと普通の意味にとったとき、なぜ市場経済が効率的なのか、という問題が別にあります。これには、価格や再配分、技術選択だけでなく、顧客対応の速さや投資決定、商品開発や技術進歩など、もっと多様な観点から議論しなければなりません。複雑系経済学が技術や制度に関心をもつ以上、これも大切な議題となるはずですが、それはこれからの課題です。

数量連関の体系

経済で重要なのは、価格だけではありません。経済は、生産し、交換し、消費する場でもあり、それによってひとびとが生きて行く場でもあります。

このような経済は、ある微妙なバランスの上に乗っています。一台の乗用車を組み立てるには、一万点から二万点の部品を集めてこなければなりません。一台の乗用車に必要な各部品の点数はほぼ厳密に決まっていますから、乗用車の生産台数が変われば、各部品の生産点数も変わらなければなりません。このような関係は、完成車と自動車部品の間だけではありません。ラジエーターのような部品を生産するには、さらにそれに組みつける部品が多数あります。タイヤの生産には、合成ゴムなどの原材料が必要です。合成ゴムを作るには、スチレンやブタジエンなどの原料が必要です。このように、一台の乗用車を生産するにも、原材料の連関を通して、世界のあらゆる商品に関係の網目が広がっています。

世の中には、数千万・数億という違った商品があり、それぞれが必要に応じて生産され、交換され、消費されています。ところで、消費や投資、それに海外需要など、最終需要と呼ばれるものは、一定不変ではありません。年とともに少しずつ変化するものです。最終需要財のひとつひとつに、上のような関係の巨大な網目があるのですから、経済全体としては、極めて複雑な数量の調整がなされているはずです。中心に全体を見通す人がいて指令を出すというのでなくて、このような調整はどのようになされているのでしょうか。それは相対取引の繰り返しによって実現できることなのでしょうか。

ワルラスなどは、この調整が、すべて価格の上下の動きを通してなされると考えました。そのために、中央にすべての商品の需要と供給を集め、価格の上下により需給の調節を行う「競り人」を想定する必要がありました。手持ちの商品の処分のためには、それでもいいでしょう。しかし、生産が絡んだ場面では、このような価格変化による生産量調整はあまり効かない事情があります。第11章で詳しくのべますが、規模の経済がある場合には、価格の上下により、企業の生産量を調整するメカニズムはあまり効きません。企業にとって、現行価格が多少変化しても、売れさえすれば、売れるだけ売った方が得になるからです。そもそも、企業は、製品価格の高低によって、生産量を調節などしていないのです。もちろん、価格体系が大幅に変化して、生産しても原価を割り、倒産する企業がたくさん出る場合は話は別です。

もし価格変化だけで、必要な数量調整をしなければならないとすると、価格をかなり乱高下させなければなりません。しかし、企業にとって、それは従来の経済計算の基礎が崩れることを意味します。企業において意思決定を行っているのは、視野・合理性・働きかけの三つの能力に限界のある人間です。価格体系が変わったからといって、そのたびにもっとも有利な技術と投入比率と生産量を決めていたのでは、時間ばかりがかかってしまいます。生産企業にとって、価格はむしろ安定していた方がよいのです。

ワルラスやその後の新古典派の人達が考えてきたように、価格ですべてを調整しようとしても、調整できるものではないのです。じっさいの経済では、価格が変化して数量調整されるというよりも、安定した価格のもとに、数量自体の調節が行われています。

数量調節の総過程

安定した価格のもとでの数量調節といっても、難しいものではありません。ふつうにふだん行われていることです。

第7章では、多くの小売商人が随時定価販売という行動指針に基づいて販売にあたっていることに触れました。卸売商人も生産企業も、基本的には、これとおなじ戦略を取っています。つまり製品毎に建値を決め、この値段で買い注文があるかぎり、すべての注文に応えようという方針です。一挙にすべてを調節する取引市場のようなものがないとすれば、これは「希望価格」というものに意味を与えうるほとんど唯一の行動指針解です。このような行動指針が現実のものとなるためには、在庫が重要な役割を演じていることもすでに触れました。

このような行動を行っている商人や生産者が、仕入れ数量や生産数量を調節する仕方も簡単なものです。視野の限界・合理性の限界のもとにある人間にとって、将来の需要を正確には予測することは不可能です。しかし、そんなことをする必要はありません。自分のところで過去に売れた記録を利用すればいいのです。過去のデータを分析して、将来の需要を予測する。それで需要予測をいくらかでも精密にできれば、それに越したことはありません。しかし、そんな面倒なことをしなくてもいいのです。たとえば、毎週、仕入れにいく商人を考えてみましょう。過去の数週間にわたって、どの商品が平均どのくらい売れたか計算することは簡単にできます。そうしたら、この平均的売上が今週も来週も続くと仮定して、仕入れ数量を決定します。そのときの注意点は、あまり在庫数量を増やさないこと（金利がかかります）、在庫切れを起こしてお客様を逃がすことがないようにすること、の二点です。売れ行きのばらつきなど、いくらかの仮定をおけば、過去の平均と現在の在庫量から、必要な仕入れ数量を計算する公式を簡単に作ることができます。あとは、この公式にしたがって、掛け算・引き算を行えば、仕入れ数量が決まります。

需要の変化が小さいか、ゆっくりの場合には、こんな簡単な方針で、需要の変化に十分対応できます。これを数量調節といいます。この調節に価格は直接的には関係してきません。価格が一定のときに、この調節が有効なのは当然ですが、価格体系にちいさな変化があっても、一定の売上利益率が期待できるときには、とくに行動を変える必要はありません。厳密にいえば、価格体系が変われば、在庫費用が変わり、望ましい在庫数量が変化して、仕入れ数量もかわりますが、そのような影響は微々たるものです。

このような数量調節は、小売商人だけでなく、卸売商人や生産者・企業も、ふつうに取っている行動様式です。個別の商人や個別企業について、これで需要の変化に追随できることには、ほとんどなんの不思議もありません。ところで、これが経済全体の調節過程となったら、どうでしょうか。調節が行き過ぎたり、あっちの調節がこっちの調節に影響したりして、全体としてうまく働かない可能性もあります。しかし、ありがたいというか、うまくできているというか、上の調整行動を各企業が取るとき、経済全体として最終需要のゆっくりした変化にうまく追随できることが分かっています。数量調節過程に関する谷口和久・森岡真史などの研究の結果ですが、その紹介は省かせてもらいます。紹介にさらに多数のページを要するうえに、その証明が大きな次数をもつ行列（マトリックス）の絶対値最大固有値を評価するという、かなり技巧的な内容のものだからです。

構造化し構造化される構造

さて、これまで市場経済の中に、市場価格と称すべきものがどのようにして現れ、その価格のもとでどのような数量調節が行われるか、かなり駆け足で見て来ました。このあたりは腰を落ち着かせて説明しはじめればきりがありません。大ざっぱですが、だれが命令するわけでもなく、ひとびとが相対取引を繰り返していけば、経済に秩序というべきものがおのずから生まれてくることが理解できたとしましょう。

経済的な秩序は、つねに時間の中にあるものですから、それを時間の流れにそって眺めて見ると、基本的にはおなじような状態が再生産されていることが分かります。経済が基本的な定常過程にあること、有限の合理性しかもたない主体が経済の中でそこそこの活動を維持していけるためには、それが必要条件であることを第7章で注意しました。自己組織される経済は、同時に自己を再生産する経済でもあるのです。

これが経済の基本的定常性です。第8章では、新古典派の経済学によって、この状態がどの主体も変化へのインセンティヴをもたない「均衡」と誤認されたことを注意しました。一般均衡とこのような自己組織化の後に現れる定常過程とは、その見かけに関するかぎり、大きな差異はありません。両者の差異は、そのような状態が出現するメカニズムの違いにあります。均衡理論では、均衡が任意の与件のもとに成立することが強調されます。だから、この理論は、一般的・普遍的な、優れた理論だというのです。これに対し、定常過程論では、状態の基本的再生産を可能にするような状態が与件として前提されます。一回限りの再生産で見るかぎり、これは特殊な条件のもとで成立する特殊な理論である、ということになります。これは、定常過程の分析という問題設定の弱点なのでしょうか。そうではありません。経済はつねにすでに再生産される過程のなかにあり、そのような過程を経た経済は、もはや任意のものではありえないのです。新古典派の評価とは反対に、そのような時間パタンをも、事前に織り込んでいるからこそ、定常過程論の理論的射程は大きいのです。

定常過程は、この意味で、つねに構造化された過程であり、そうした構造の中で自己をいくらかの修正を伴いながら再生産していく構造なのです。フランスの社会学者ピエール・ブルデューは、「構造化する構造」、「構造化される構造」という表現をしばしば使います。明晰・判明を大切にするこの国の社会学者にしては、残念なことに、この言葉の意味は、ほとんどどこにも説明されていないのですが、定常過程のこの特別な構造をなんとか表現したかったのだと考えれば、いくらか納得がいきます。定常過程は、過去から現在をみれば、構造化される構造であり、現在から未来に向かってみれば、構造化する構造である、ということができます。

技術進歩と価格変化のダイナミクス

経済秩序は、このように再生産を基本とする生産・流通・消費の過程であり、循環です。この循環は、しかし、固定したものではありません。新古典派の均衡が内部に変化の要因を含まず、すべての変化が外部の条件変化からくるのに対し、再生産する経済循環には、その内部に変化の内生的なダイナミクスを含んでいます。

説明は円環的なものですから、どこから始めてもいいのですが、まず技術の進歩から始めましょう。なんらかの理由で、生産技術が改良され、よりすくない投入でおなじだけの産出が可能になったとしましょう。これは大いにありうる事態です。ボストン・コンサルティング・グループの研究によれば、生産性の向上は、累積生産量にほぼ比例するといいます。年生産量が一定でも、過去からの生産量の累計である累積生産量は年々増大していきますから、生産性は年々向上すると仮定してもよいことになります。これは学習の結果、生産方法の改善・改良がもたらされるためと考えられます。

生産方法の改善・改良による原価の低落は、一方では、企業利潤の増大や労働者所得の増大をもたらします。他方で、それは、製品価格引き下げの強い要因になります。まったくの独占企業ならいざしらず、他に類似の商品を生産している企業があり、その企業が技術進歩の成果を製品価格の引き下げという方向に振り向けたとき、対抗的な価格引き下げをしないですむ企業はまずありません。

世の中に比較的新しい商品の場合、このような技術進歩による製品価格の低下は、しばしば、目覚ましいものです。たとえば、メモリーなど、汎用的な半導体の記憶容量あたりの価格低下は、五年で一〇分の一になるといわれるほど、すさまじいものです。

このような大幅な価格変化が起こると、その製品の用途にまったく新しい可能性が開かれてきます。従来なら高くて使えなかったマイクロ・チップが、現在では、ふんだんに使われるようになりました。製品開発の与件が変わってしまったといってもよいでしょう。かつては大学に一台しかなかったような機能と計算速度と記憶容量をそなえたコンピュータを、現在ではパーソナル・コンピュータとして、文字通り個人個人が所有する時代になっています。

このような需要の増大は、生産方法そのものに大きな影響を及ぼさずにはいられません。まず、さまざまな形で、規模の経済が働きます。機械化の程度にも、質的な変化が生ずるといってよいでしょう。これについては、次の第11章で、もうすこし内部の論理に立ち入って紹介します。いま一つは、累積的生産量の加速度的な増大による学習の効果が生まれます。これらはすべて、原価の低減をもたらす要因になります。こうして目覚ましい価格低下が製品需要の爆発的な増大を引き起こし、それがまた生産性の急速な向上や技術進歩を引き起こすという循環が生まれてきます。技術は、経済の他の事情から独立して存在しているのではなく、相互に深い関係をもっているのです。

所得増大と需要構成の変化

生産方法の改善・改良の効果は、このような目を見張るようなものばかりではありません。もうすこし地味だけれど、長期的には、経済を大きく変化させるものに、一人当たり所得の増大があります。開発経済学の創始者のひとりで、ノーベル賞受賞者でもあるW・アーサー・ルイスによれば、一人当たりの所得の増大こそが経済発展の指標とすべきものです。

技術進歩が一人当たり所得の増大をもたらすルートは二つあります。一つは、原価低減の成果を企業内で配分する場合で、雇用労働者の賃金上昇などに反映されます。もう一つは、原価低減の成果を製品価格の引き下げという形で反映させる場合です。この場合、恩恵は企業外のすべての人に及ぼされます。製品価格の低下は、それがただひとつの商品についてのみ起こっている間は、所得の増大とはあまり感じられないものですが、多くの商品について、このような価格低下が起これば、賃金を引き上げたとおなじ効果をもつことはよく分かります。

ある技術進歩の成果がどのような形で社会に反映されるかは、経済だけでないさまざまな要因によって変わってきます。しかし、いずれのルートをたどるにせよ、技術進歩が所得の増大につながっていることは確かです。逆に技術進歩がなければ、財の配分状態を改善したり(パレート効率性)、企業利潤を賃金に振り替えたところで、あまり大きな改善は期待できません。長期的で持続的な所得増加と技術進歩とは、きってもきれない関係にあります。

さて、一人当たりの実質所得が増えたとしましょう。相対価格の変化がなくとも、これは需要構成に変化をもたらします。簡単のために、労働者の貨幣所得額が増えたとしましょう。増加分のすべてが貯蓄に振り向けられるのでないかぎり、すくなくともいくつかの商品の購入額が高まります。需要の増加でいちばん目覚ましいのは、これまで買われなかった新しい商品が買われるようになることです。これまで生産されなかったか、ほとんど生産されなかったところに、新しい需要が生まれるのですから、たとえ絶対額は小さなものでも、産業としては大きな変化となります。しかし、購入量が増える商品ばかりではありません。逆に減少する商品もでてきます。たとえば、戦後、肉や乳製品の購入量は増えましたが、米の一人当たり消費量は、高度成長の始まる一九六〇年代をピークにして単調に減少してきています。

これに相対価格の変化が折り込まれると、話はもっと難しくなります。どのような商品が需要を伸ばし、どのような商品が伸び悩むか。これは難しい分析です。しかし、産業構造の長期的変化を占うには、こうした推測がぜひとも必要です。

産業構造の長期変化

ある商品がどのくらいの需要の伸び（あるいは減退）を示すかは、所得の一般的伸び率、当該商品に関する需要の所得弾力性、技術進歩や生産性向上による当該商品の相対価格の低下率、当該商品に関する需要の価格弾力性などにより決まってきます。

弾力性というのは、関数関係にある二変数の一方が一パーセント増大したとき、他方の変数が何パーセント増えるかという倍率のことです。ある商品に関する需要の所得弾力性が一ならば、所得が五パーセント伸びれば、需要も五パーセント伸びることになります。需要の価格弾力性というのは、他の価格を固定して、ある商品の価格を一パーセント下げると、需要が何パーセント増加するかという倍率です（定義のままだと、負の値になりますが、正負が分かっている場合、普通、その絶対値をとります）。

これらの弾力性は、あるていど安定していて、予測可能なものです。たとえば、所得が一定水準を越えると、農産物、とくに食料の所得弾力性は一般に一より小さくなります。

工業製品は、単品ではさまざまですが、全体としては、所得弾力性が一より大きいか、それに近くなります。所得の増加に伴って、第一次産業の就業人口比率が減少していくという、ペティ・クラークの法則は、一部は、第一次産業・第二次産業製品にたいする、こうした需要の所得弾力性の差異を反映したものです。一部という留保がつくのは、このほかに農民一人当たり何人の人間を養えるかという、農業の一人当たり生産性の問題も関係しているからです。しかし、もうすこし細かい商品分類になると、需要構成の推測はだんだん困難になってきます。

産業構造を決めるものは、消費者の購入する最終消費需要のみではありません。原材料・中間生産物などの需要量を決めるものは、最終需要の構成とともに、原材料連関の係数です。簡単には、これは産業連関表の投入係数表で表されます。いま、それがN次の正方行列Aで表されるとすると、輸入のない場合には、各財の産出量ベクトル

$$x=(x_1, x_2, \cdots, x_N)^t$$

は、次のように求まります。まず、最終需要ベクトルを

$$d=(d_1, d_2, \cdots, d_N)^t$$

とすると、この最終需要を純産出する生産量は、方程式

$$(I-A)x=d$$

で与えられます。ただし、ここで、tは横ベクトルを縦ベクトルに変換する記号で、x、dはともにN次の縦ベクトルです。

これは、一般に解けて、

$$x=(I-A)^{-1}d$$

となります。最終需要dの構成が分かっても、将来、Aとして、どのような行列が現実となるのか推定できなければ、産業毎の生産量xの推定はできません。技術変化と価格変化の効果を折り込んで、投入係数の長期変化の予測をする理論は現在のところありません。産業構造の長期予測は大変難しいといわざるをえません。

産業構造の変化は、第7章の逸脱増幅的相互因果過程に類似した循環部分を含んでいます。価格低下が需要の伸びと技術進歩とを引き起こします。それがまた、価格変化の要因になるからです。しかし、この循環的因果連関は、単なる自己再強化過程ではありません。技術進歩にも、所得増加にともなう需要の変化にも、不確定な部分が多く、どのような過程が将来展開されるか、予測のつかないのが一般です。基本的に現在の技術知識で予測可能な自己再強化過程とちがって、将来の見通しはきわめて不確実なものとならざるをえません。しかし、変化する定常過程がこのような見通し困難なダイナミックスを内部に含んでいることは疑いのないことです。産業構造は、動きの派手なものではありませんが、その内的論理はきわめて複雑なものといわざるをえません。

第11章　収穫逓増の諸概念とその仕組み

収穫逓増《ていぞう》は、限定合理性とならぶ複雑系経済学の主要な柱のひとつです。第3部では、主として合理性の限界に関係する話題を追ってきました。第4部では、自己組織化、とりわけ収穫逓増のからむ過程について考察します。ところが、「収穫逓増」には概念的な混乱がいろいろ見られます。そこで、第11章では、「収穫逓増」概念に関係した話を一括してお話しします。

収穫逓増は、経済過程の背後に潜む非常に重要な機構です。いかなる経済現象も、この機構と無関係ではありません。第9章の企業組織や第10章の自己組織化においても、じつは背後に収穫逓増の機構がはたらいていたのです。いささか出し遅れの証文のようになってしまいましたが、これには理由があります。

新古典派の経済学は、収穫逓増とは反対の機構である「収穫逓減《ていげん》」を基本的な前提としています。供給関数を構成するには、この仮定が「理論的に」必要なのです。この「収穫逓減」概念に対し、いろいろな人が疑問を提出しました。異なる場面と機構を想定しながら、それぞれおなじ「収穫逓増」という用語を使って自説を説明しました。現在では、すくなくとも四つの異なる「収穫逓増」概念があり、それらが相互に整理されないまま使われています。まず、用語の整理をしないでは、不用意に収穫逓増について語っても、混乱と誤解を招いてしまいます。

現にこんなことが起こっています。複雑系経済学の旗手のひとりブライアン・アーサは、以下でいう「連結の効果」に着目して、デ・ファクト・スタンダードの成立機構を説明しました。この説明があまりに成功したため、現在では誤った理解が複雑系に興味をもつひとびとの間にも広がってしまいました。それは、収穫逓増はデ・ファクト・スタンダードが問題になるような情報ハイテク産業にのみ見られ、重厚長大産業では収穫逓減が成立するという誤解です。新古典派の「理論の必要」から置かれた収穫逓減という誤った仮定の上に、用語の混乱から生まれたこうした誤解が重なってしまい、話がきわめてややこしくなっています。

この章では、まず、収穫法則をめぐる経済学の思考の歴史を手短に紹介し、新古典派がなぜ、いまなお収穫逓減にこだわるのか、その理論的な背景を説明します。その上で、現在提案されている「収穫逓増」の諸概念を紹介し、それらの概念と用語の整理をします。それぞれの概念で示される仕組みについて、説明します。それらが経済にどのような効果をもたらしているかについては、次章第12章に譲ります。

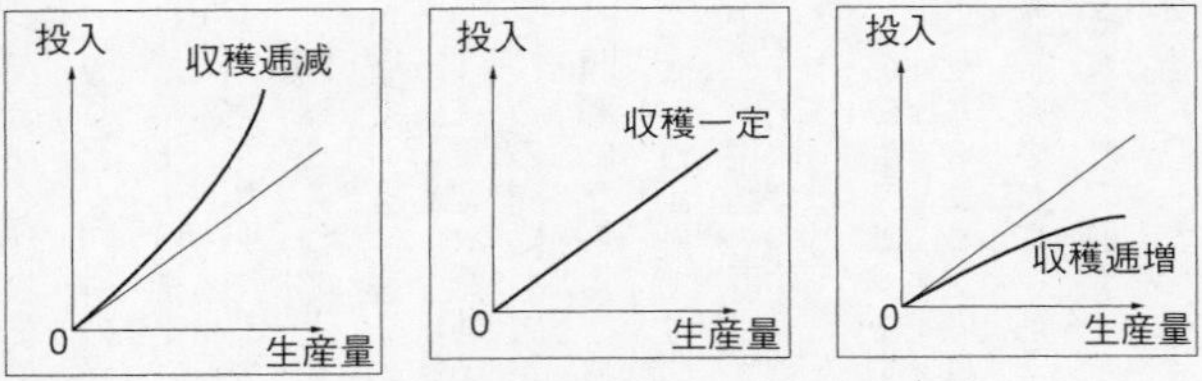

図 15　収穫法則（逓減・一定・逓増）

規模に関する収穫法則

収穫逓増の概念は、規模に関する収穫法則のひとつの場合として生まれました。そこでまず、規模に関する収穫法則について説明しましょう。

ある特定の製品の生産を考えます。この生産において、生産量を大きくしていくとき、財や労働の必要投入量も少しずつ変わってきます。収穫法則とは、この投入量が生産量とどのような量的関係にあるかをまとめて示すものです。

規模に関する収穫法則には、三つの場合が区別されます。まず、投入を比例以下に押さえることができる場合、収穫逓増といいます。これに対し、すべての投入が生産量に比例的な場合には、収穫一定といいます。この場合、線形の技術ということもあります。最後に、生産量を増やすには、比例以上の投入をしなければならない場合、収穫逓減といいます。

生産量を横軸に、労働や原材料などの代表的なものをひとつとって縦軸としたとき、それぞれの収穫法則は、図のようなグラフで表されます。

投入要素がただ一つの場合、たとえば労働だけで生産が行われる場合には、このように投入の物量と生産量との関係として収穫法則を語ることができます。しかし、投入要素が複数になると話は込み入ってきます。

なぜなら、生産量によって、投入の比率が変わってくることがあるからです。たとえば、機械などを用いる生産の場合、機械の生産容量一杯までは同一の機械で生産することができ、「投入量」に変化がないのに対し、原材料では生産量にほぼ比例的に投入量が増えます。短期の生産量変化の場合、固定設備一定、投入原材料と労働などは比例的とおけばすむので簡単ですが、長期の生産量変化の場合には、話はかなり難しくなります。このとき、予定される生産容量に合わせて資本設備の容量を調節することになります。一般に、設備の容量とそれに必要な資材との間には、不比例的な関係が成立しますが、その不比例性関係の現れ方自体に差異があり、投入資材相互の間に比例性があるとは、とうてい言えないからです。

費用の観点からみた収穫法則

こうした事情を考えると、収穫法則を一般的に考察するには、生産量に対して必要費用がどのくらいかかるか、という観点から定義し直す必要があります。このとき、投入要素の価格体系が問題になりますが、以下では、とくに断らないかぎり、価格は固定され、一定の場合を考えます。この仮定のもとに、生産量を決めると、短期であれ、長期であれ、それだけの生産を行うには、なにをどれだけ投入したらよいか、それぞれの最小必要量がきまります。それらを価格評価したものが、生産にかかわる必要費用です。一定の生産量を確保するのに生産要素の間に代替関係があり、適切な投入の組み合わせを選択する必要がある場合には、とうぜん総費用のもっとも低いものを選ぶことになります。この必要費用は生産量の関数とみることができます。なお、短期の場合には、総費用として、固定費用を算入せず、可変的な費用のみについてのみ考えることもあります。

費用概念には、上の総費用の他に、平均費用と限界費用とが区別されます。平均費用は、生産総費用を生産量で割ったものです。製品一単位あたりの費用といってもよいでしょう。限界費用とは、製品一単位増産するとき必要な費用の増加額のことです。厳密には異なるのですが、限界費用を総生産費用関数の導関数、つまり費用関数を微分したものと等しいと考えるのが一般です。以下では、この習慣にしたがって、簡単のために、限界費用＝費用関数の微係数と考えます。

さて、このように定義したとき、収穫法則はどう表されるでしょうか。比例以上・比例以下という表現はじつはあいまいです。このようなあいまいさは、この概念を最初に議論したマーシャルに起因するものです。しかし、「収穫」（return）という言葉を「平均的な収穫率」という意味にくみ取れば、平均費用を使ってつぎのように定義するのがよさそうです。

［定義］平均費用関数が一定のとき収穫一定の法則、平均費用関数が増大するとき収穫逓減の法則、平均費用関数が減少するとき収穫逓増の法則が、それぞれ成り立つという。

このとき、投入量のかわりに総費用をとって、費用曲線のグラフを描くと、おなじようなグラフになります。なお、経済学の本によっては、横軸と縦軸の変数を逆にとって、投入を独立変数のように見ているものもあるので注意してください。

ところで、限界費用と収穫法則の関係はどうなっているでしょうか。そのためには、一つだけ計算をしておくのが便利です。いま、生産総費用を$f(x)$、平均費用を$a(x)=f(x)/x$、限界費用を$m(x)=f'(x)$とおいてみましょう。このとき、平均費用関数$a(x)$の微分をとると、微分の簡単な性質から、等式

$$a'(x)=\{m(x)-a(x)\}/x$$

が得られます。

これから、収穫一定のとき、つまり$a'(x)\equiv 0$のとき、$m(x)=a(x)$で限界費用も平均費用と同じ一定の値をとります。収穫逓減のとき、$a'(x)>0$。よって、右辺も正で、限界費用は平均費用よりつねに大きくなります。反対に収穫逓増のときには、限界費用は平均費

用よりつねに小さくなります。

収穫逓増と逸脱増幅過程

収穫法則の三つの場合を区別したのは、アルフレッド・マーシャルです。右では、生産量と投入量の関係をどこで取るかを問題にしませんでしたが、同一製品を生産している産業全体で考えることも、ひとつの企業で考えることも可能です。マーシャルは規模に関する収穫逓増が経済の重要なメカニズムであることを見てとりましたが、ひとつの難問にぶつかりました。それは、もし規模に関する収穫逓増が企業単位で成立するなら、産業が一企業に独占されてしまうという問題でした。

それはこういう過程が成り立つからです。最初に、偶然、他よりすこし大きくなった企業があるとします。この企業は、低廉な平均原価を武器として、製品価格を引き下げることができます。そうすると、この企業は自社製品にたいしてより多くの需要を獲得し、さらに生産規模を拡大することができます。もしこの過程が無限に続くならば、特定の企業のみが生産を拡大し、他の企業は需要を奪われ、結局、産業全体が一企業に独占されてしまうことになります。

これは、現在から考えると、収穫逓増が逸脱増幅的相互因果過程を通して一種の自己組織化をおこなう典型的な論理です。しかし、マーシャルがこのような問題を考えたのは、十九世紀の後半のことです。経済は、まだ、ほとんどの生産が小企業・中企業によって担われており、独占はともかく、寡占的市場も珍しい時代でした。じつは、主著の『経済学原理』(初版)が出版される一八九〇年ごろには、ドイツ・イギリス・アメリカ合衆国などで企業合併・企業合同に基づく巨大企業化の大波が押し寄せていたのですが、マーシャルは予言者であるよりも、歴史の解明者であることを望んだようです。かれは、このような独占化の過程がなぜ進まないかの説明に力を注ぎました。

外部経済と内部経済

マーシャルの得た回答は、規模に関する収穫逓増は広範に存在するが、それは同一産業の水準で発現し、企業単位では発現しない、というものでした。もっと正確にいえば、こう仮定すれば、うまく説明できるという提案でした。

規模に関する収穫逓増とは、先にみたように、生産規模が増えれば、製品単位あたりの平均費用を少なくできるということです。このような節約が産業全体では働くが、個別企業の平均費用、したがって原価は生産量の多少の大小にかかわらず変わらないというのです。マーシャルが念頭においたのは、地場産業の例でした。ある地域に特定の産業が集積すれば、職人養成などの特殊のサービス活動が生まれ、鉄道の開通などにより原材料の調達ルートが整備される。このメリットは、その産業に従事するすべての企業に及ぶが、そのようなメカニズムは企業内部では働かない、というのでした。

規模に関する収穫逓増は、いいかえれば、規模が大きくなると、節約の機会が増えるということです。このため、規模に関する収穫逓増は、しばしば「規模の経済」とも呼ばれています。マーシャルは、企業の外部にあって産業の内部にはたらく規模の経済を「外部経済」、企業の内部ではたらく規模の経済を「内部経済」と呼んで区別しました。この用語を使えば、マーシャルの仮説は、外部経済は働くが、内部経済は働かない、ということができます。

これはうまい説明であり、その後の経済学の標準的な解説となりました。しかし、これは独占企業がなぜ生まれてこないのかというマーシャルの説明目的にとってうまい説明であって、事実として適切な説明ではありません。第13章でお話ししますが、一八九〇年代には企業合同・企業合併が引き続き、企業は巨大化しました。その最大の動因は、企業内部における規模の経済すなわち内部経済のメリットを享受することでした。世紀の変わり目ごろの大規模な企業合併運動は、この時代の産業資本家にとって、規模に関する収穫逓増がはっきりその作用を認識できる存在であったことを示しています。

スラッファの収穫法則批判

マーシャルは一九二〇年の第八版にいたるまで『経済学原理』の改訂を続けました。その間、イギリスにおいて起こった経済状況の変化は巨大なものでした。マーシャルはこの大変化を例外的な現象としてしか認めず、規模に関する収穫逓増や外部経済・内部経済に関する自己の説明を基本的には変えませんでした。そのため、かれの権威とともに、この「時代遅れ」の説明はマーシャルの死後にまで維持されつづけました。

一九二〇年代には、この事態に対して、いくつかの批判がでました。イギリスのクラッパムは、収穫の逓増・一定・逓減という収穫三法則は、中身のない帽子の箱だと批判しました。このころになっても、具体的にどの企業のどの生産で、どのような法則が成立するかの調査がなかったからです。

そのころ、イタリアでバローネなどを参考にしながらマーシャルを研究していたスラッファは、一九二五年「生産費用と生産量の関係について」（イタリア語）を、翌年には「競争的条件のもとでの収穫法則」を、ケインズの薦めによりかれが編集していた『エコノミック・ジャーナル』誌に発表しました。これらの論文は菱山泉訳編の『経済学における古典と近代』（有斐閣、一九五六年）に収録されています。二本の論文は、収穫法則に関係してマーシャル部分均衡理論の理論的矛盾を鋭くえぐり出した画期的な労作でした。じつは先の「外部経済と内部経済」の解説も、スラッファのこれら論文における批判に基づいています。

「なぜ、独占に至らないのか」というマーシャルの問題にスラッファが出した答えは、企業の生産規模の拡大を抑えているものは、費用の逓増などではなく、個別企業に表明される需要の限界にある、というものでした。ここには、需要の大きさが生産拡大の基本的な制約であるという命題が存在します。この命題を認めると、価格均衡という理論の枠組み自身を問い直さなければなりません。供給関数の構成のために収穫逓減が「理論的に必要」になるという批判は、この認識の系論です。スラッファが「需要供給の均衡のターム」で考えることを最終的に放棄して『商品による商品の生産』(一九六〇年)の理論体系構築に向かうのは、こうした判断に基づいてのこととおもわれます。ワルラスをも含む近代経済理論のパラダイム転換を必然とさせる契機が、マーシャル収穫法則の批判の中に隠されていたわけです。

その後の収穫法則

「収穫法則」論文を契機として、ケンブリッジ大学の経済学者の間に、「ケンブリッジ費用論争」が生まれました。ジョーン・ロビンソンが『不完全競争の理論』を書くに至ったのは、こうした議論の流れの中においてでした。スラッファの「収穫法則」論文は、ケインズの「有効需要の原理」にも影響があったものと思われます。有効需要の原理を個別企業というミクロの水準で考えれば、需要の大きさこそが生産量拡大の基本的な制約である、というスラッファの主張がでてきます。

一九三〇年代のオックスフォード経済調査、第3章で触れたアイトマンとガスリーの調査を含む合衆国での限界生産性論争などは、こうした理論的考察ないし論争を背景としてでてきたものです。しかし、本書では詳しく触れることができませんが、限界生産性論争の経緯が示すように、「理論の必要」という理由にならない理由は、主流の経済学の論説を維持するのに十分でした。

収穫逓増が支配的であるいくつもの証拠が示されても、理論的には収穫逓減が正しいとする、分裂病的症状が経済学を覆っています。均衡理論の枠組みで考えるかぎり、市場の競争状態と規模に関する収穫逓増とを両立させるには、マーシャル自身が身をもって示したように、外部経済と内部経済を区別して、後者は働かないと主張しつづける以外に言い逃れの道はないのです。このため、スラッファの批判から七〇年以上たった今も、マーシャルの古い説明が教えられ続けています。

このように主流の経済学の教えは変わりませんが、生産量拡大の基本的な制約が限界費用の増大ではなく、需要の大きさであるというスラッファの命題は、ますます広く確認されるようになっています。それは当然のことです。投入財やサービスの価格が当面考えている範囲で一定であるとしましょう。すぐ後で示すように、規模に関して収穫逓増とすれば、生産量が多くても限界費用はつねに平均費用以下になります。もし、製品が一定の価格で売れるならば、企業はなるべくたくさん生産して、なるべくたくさん販売するのが得になります。このことに制約が加わるとしたら、投入の一部が現在以上に調達不可能であるか、機械・設備の容量の壁にぶつかってしまい、生産量を増やせない場合にかぎります。

現代的な経済では、調達量に制限が生じることはまれにしかありません。ですから、かつての「たまごっち」やナイキの「エア・マックス」のように注文が殺到しているのに、メーカーがそれに応じられない事態は、ふつうは機械・設備の容量が壁になっている場合です。商品の突然の人気爆発に対し、メーカーの設備投資がまにあわないか、あるいは需要の不安定さから設備容量の拡大に経営者が踏み切れないとき、このようなことが生じます。しかし、このような状況は新聞で騒がれるようなまれな状態で、通常はどの企業も、「もっと売れればもっと儲かるのに、売れ行きが伸びずに苦労している」というのが実情です。これは新古典派の描く企業像では説明できないことです。

規模の経済の実際

収穫逓増の他の概念に行く前に、規模に関する収穫逓増つまり規模の経済がどのような仕組みで生まれるか、簡単に復習しておきましょう。生産量の変化に対して、投入がどう変わるかを考える訳ですが、これは変化の大きさと時間尺度とによって、じつは短期の問題と長期の問題に分かれます。短期というのは、一定の生産設備のもとで、一日あるいは一月あたりの生産量を調整・変化させるときの投入・産出関係です。長期というのは、予定生産量の変化に合わせて生産容量をも変化させてしまうときの、平均稼働状態における投入・産出関係をいいます。以下では、まず短期の問題を考え、長期の問題については、その後、事情の異なるところだけ補足的に説明します。

規模に関する収穫法則を考えるにあたって、まず、投入量と産出量の関係を考える必要があります。投入にはさまざまなものがあります。部品・原材料・燃料・動力・機械・設備・労働・その他。生産物の原価を構成するものはすべて投入です。空気が無償で利用できる場合などは、たとえ生産に必要であっても投入には数えませんが、物質的に製品に移転されようがされまいが、製品を製造するにあたって必要でかつ有償のものは、すべて投入です。

投入の中には、生産のつど消滅してしまうものもあれば、機械・設備のように、一定期間生産に使用しても、そのあとなお利用可能なものもあります。管理労働や研究開発費のように、生産に必要である(ないしは、あった)ことは分かっていても、生産量との直接的関係が不明確で、通常は原価に組み込まないものもあります。詳細に入りますと、いろいろめんどうな事情がありますが、その辺はすこしはしょらせてもらいます。

規模の経済―短期の問題

さて、代表例として、分かりやすい自動車の生産を考えてみましょう。より具体的には、組み立てラインを考えてください。ここでは、生産は流れ作業で、一タクト時間に一台の車が流れていきます。第8章では、タクト時間四五秒という例を挙げました。原材料・部品についていえば、どんな仕様の車を作るかにより、組みつける部品の種類と数量とは決まっています。乗用車なら各一台につき、エンジン、ラジエター、アクセル、ギアボックス、ステアリング・ホイール、など各一個、ヘッド・ランプ二個、タイヤ五本、等々です。たくさん使うネジや塗装用のペンキなどでは、熟練の程度や加工の精度によって使用量が多少違ってくるかもしれません。しかし、それらも生産台数に比例すると見てまず間違いないでしょう。光熱費や機械を動かすエネルギーなどは、ほぼ時間に比例し、したがって生産台数に比例します。労働については、生産量を上げるため、ラインにつく労働者数を増やしてタクト時間を短縮するなどのことがあるので、一概にはいえませんが、通常の生産体制ではタクトは一定で、必要労働量は、生産時間、いいかえれば生産台数に比例します。つまり、主要費用の項目となるような原材料・部品・エネルギー・労働量などは、生産量にほぼ比例する投入量になります。

これだけですと、収穫一定の法則が成り立つことになりますが、もうひとつ重要な費用項目があります。それは間接費とか、頭割り費用（overhead cost）と呼ばれるもので、機械・設備・工具・金型・治具・建物などと、一般事務費に算入されるさまざまの出費項目などです。これらは、生産量に比例する部分もあり、生産量にかかわらず固定している部分もあり、可能性としてはそれ以外の変動を示すものもあるはずです。原理的には、これらの変動様式を仕訳して、それぞれにつき適切な計算をしなければなりません。しかし、これらは生産量と直接的関係をもたないという意味において「間接的」なので、期間当たりの生産量の変化に応ずる必要投入量ないし費用支出額を正確に測定することは困難です。むしろ、これらの費用部分をどのように頭割りして、原価に算入すべきか、研究すべき問題になります。このような問題がありますが、実際問題としては、これらすべてを固定費と考えて、期間当たりの生産量で頭割りし、主要費用に加算することになります。一定の投入を生産量で割るとなると生産量が多い方が、単位当たりの平均投入量は小さくなり、規模に関する収穫逓増が結論されるということになります。これは、もちろん、生産設備の正常な容量の範囲内で生産を行っている場合です。容量を越える生産の場合にも、いろいろ議論は可能ですが、省略します。

細かい話が続きましたが、整理しますと、規模に関する収穫法則は、現実的には、ほぼつぎの二点にまとめることができます。

① 原材料・直接労働などについては、収穫一定。

② 設備・機械などについては、その容量限界にいたるまでは、収穫増大。

いいかえれば、主要費用部分については、生産規模に関して比例的な投入と支出。固定費用部分については、機械・設備の償却費を一定とすれば、頭割りでは収穫逓増ということです。二つの部分を合わせれば、平均的には収穫逓増、限界的には収穫一定ということになります。

以上が短期の問題における一般的な収穫法則です。例外はあるにしても、大部分の企業の大部分の製品は、このようなまとめができます。原価計算論が基礎に置いているのも、基本的にはこうした考察です。

規模の経済──長期の問題

長期の問題には、いろいろ複雑な要因が入ってきます。後で紹介する学習の効果を無視することはできないからです。しかし、ここには技術的知識の蓄積・進歩があるので、それを規模の経済に繰り込むことが適当かどうか、という問題が生じます。このような技術進歩や改良がなくても、年需要が増大し、より大きな容量をもつ設備を建設しても十分な稼働時間が確保できるようになりますと、さまざまな意味で規模の経済を発揮する機会が生まれます。

まず、分かりやすい例をあげましょう。いま、何か分かりませんが、年間一〇万個の生産ラインがあるとします。現在は年八万個売れています。しかし、急に製品に人気が出て、来年度は年三〇万個は売れそうです。このとき、どのような生産ラインを設計したらよいか。これが問題です。

現在とまったく同じ生産ラインをもつ工場を二つ建設するというのがひとつの方法です。これだと単位当たりの生産費用つまり原価は現在と変わりません。現在のラインに加えて、年産二〇万個というラインを建設するのも、ひとつの方法です。このとき、ラインの建設費用は現在のラインの二倍かかるでしょうか。より専門的な機械を導入して、費用は五割増しになるが、能力は二倍ということがあるでしょう。従来方式なら二台の機械がいったところを、一本のラインで済むため、一台で済むということもあります。また、ラインに張り付く労働者が二本分のときより少なくて済むということもあります。こうしたさまざまな可能性の中から、生産容量を二倍にしながら、費用は二倍かからない方式を選んでいけば、全体としてかなりの節約ができることになります。もしどうしてもそれが不可能だとしても、そのときは現在とおなじラインを二本建設すればいいのですから、頭割りでは費用は減ることはあっても、増えることはありません。

こうして、原則的には、年生産量が増大すれば、製品単位当たりの費用を低減させることができます。

これは一般的にいえば、こういうことです。生産容量が大きくなることは、それだけ選択の可能性が増えるということです。拡大された可能性のうち、対費用効果のよりよいものを選べばいいのです。この中には、すべてを比例的に拡大した生産の仕方も含まれています。この生産方法では、製品一単位当たりの費用は変わりません。しかし、普通はそれよりも費用効果のよいものを選べるのですから、製品一単位当たりでは、とうぜんより低い費用で生産できることになります。

ここには、ある投入を少し増加させても、他の投入を減少させて、総費用を低下させるという可能性も含まれています。このときには、生産要素の相対価格に依存してこのような修正が有利かどうか、きめることになります。

このような原価削減の可能性は、生産容量がかならずしも整数倍で拡大していなくても、存在します。たとえば、大きな球形のタンクが必要な化学プロセスを考えましょう。生産容量は、このタンクの内容積に比例するとしましょう。つまり生産容量は、どのくらいの溶液を収蔵して置けるかにのみ関係しているとします。また、構造上からも圧力の点からいっても、球面を形成する鋼板の厚みは同じでよいとします。このとき、球の半径をRとするとき、球の表面積は$4 \cdot \pi \cdot R^2$、球の内容積は$(4/3) \cdot \pi \cdot R^3$となります。簡単に分かるように、内容積一キロリットル当たり必要な鋼板の面積は、$3/R$となり、球形タンクの半径が大きいほど、したがってまた生産容量が大きいほど、タンク建設にかかる鋼板費用は節約できることになります。

規模の経済の限界

規模に関する収穫逓増あるいは簡単に規模の経済が発揮されるには、一定の限界があります。まず、一定期間の生産量がある数量以上でなければなりません。ある数量が確保されないと、大きな容量を持ちながら、少量しか生産されない、稼働しないことになり、たとえ原材料などの変動費用が同じか小さくても、固定費の頭割り費用が大きくて、他のより小さな容量の生産設備に対抗できません。

他方、生産量があまりにも大きな場合には、規模の経済が効かなくなる可能性があります。たとえば、技術的な限界から、溶鉱炉の容量をこれ以上上げられないのに、需要が多くて、一台の溶鉱炉では賄い切れないときなどです。このとき、すくなくとも一台を除いては、最高の効率をもつ溶鉱炉を設置することができますから、需要が多すぎるからといって、限界費用が増大することはありません。このような場合、一台分の生産を除いて、基本的には、収穫一定の法則が成立します。すくなくとも、長期にわたり安定な需要が表明される場合には、そうなるはずです。新古典派の経済学が仮定するような、生産規模の増大によって生産費用が高騰するようなことはありません。

どのくらい生産量があれば、一台の最適効率の生産容量を凌駕することになるか。これは、当該の産業の工程のあり方や技術などが影響していますから一概にはいえません。産業によっては、容量の上限が市場規模に比べてひじょうに小さい数量に押さえられてしまうこともあります。タオルの生産など地場産業の多くは、規模の利益が比較的小規模で出尽くしてしまい、多数の企業が乱立することにもつながっています。

固定要素のある場合の収穫逓減

規模に関する収穫法則と類似の概念に「固定要素のある場合の収穫逓減」という事情があります。この事情は、さまざまな言い方で呼ばれています。「技術代替の限界生産性逓減」といった長い表現で呼ばれることもあれば、たんに「収穫逓減」と呼ばれる場合もあります。正確に「一部の生産要素を固定した場合の、他の要素投入に関する収穫逓減」とでもいえば、誤解がないでしょうが、ここでは「規模に関する収穫逓減」との比較を明らかにする意味で「固定要素のある場合の収穫逓減」と呼んでおきます。

これには、じつは幾つかの変種があります。ひとつの生産要素に注目して、他の生産要素の投入量をすべて固定して、そのうえで当該生産要素の投入を増やすとき、投入一単位当たりの生産量の増分が、投入量の小さな最初の内は増大するのに、あるところからは反転して減少することをいう場合がひとつの場合です。いくつかの生産要素は固定しておくが、他のいくつかの生産要素の投入を適当な比率で増大させるとき、やはりあるところから投入増に対する生産の増分が減少することをいう場合もあります。いずれにしても、固定要素のある場合には、他の生産要素をどう増やそうと、生産の増分がしだいに逓減することを主張します。これは、要素投入が一定の限界を越えれば必ずなりたつ事情です。

経済学部の学生諸君には、この二つが区別できず、「収穫逓減」という言葉がおなじというので、「固定要素のある場合の収穫逓減」をしばしば「規模に関する収穫逓減」と混同するひとがいます。ひどい教科書の中には、著者自身が混同していたり、規模に関する収穫逓減を説明するためにあえて両者を混同したりすることがあるので、よけい混乱してしまいます。

まず、次のことを確認しておきます。両者はまったく異なる概念です。また、規模に関する収穫法則が逓減・一定・逓増のどの場合にも、固定要素のある場合の収穫逓減は成立します。逆にいえば、固定要素のある場合の収穫逓減から、規模に関する収穫逓減を導くことはできません。規模に関する収穫逓減は、基本的にはありえないことです。

固定要素のある場合の収穫逓減については、農業が分かりやすい例となります。

農業では、一定の面積にどのくらいの種子を撒き、肥料をどのくらいやり、中耕《ちゅうこう》や除草などをどのくらい頻繁におこなうか、すなわち労働をどのくらい投入するか、といったあたりにかなりの自由度があります。肥料のやり過ぎや密植《みっしょく》しすぎによる病気の発生など、適量といわれるものがあることはありますが、他方ではもっと投入すればもっと収穫が上がるといった現象も見られます。しかし、施肥《せひ》量や播種《はしゅ》量を一定にしておいて、いくら手入れをしても、しだいにその効果は薄れてきます。反対に播種量や労働投入を一定にしておいて施肥量を増やしていっても、肥料の投入が増えるのに比例するほどには収穫が上がりません。耕せる耕地が一定の場合に、多量の労働をつぎこんでも、努力に比例するだけの効果はえられません。

　このような固定要素のある場合の収穫の逓減は、ある限度を越えればかならずおこります。しかし、固定要素のある場合の収穫逓減が一般的であることと、規模に関する収穫逓減が生ずることとはまったく別のことです。上で注意したように、固定要素のある場合の収穫逓減から、規模に関する収穫逓減を導くことはできません。それは次の点に注意すれば、すぐ分かることです。規模に関する収穫逓減とは、すべての投入を同一比率で増大させていっても、産出がそれに比例するだけ得られないことをいいます。近代工業では、こんなことは、よほど特殊な事情の場合以外ありえないことです。農業でも、おなじ気候と地味《ちみ》をもった土地が十分あり、それを耕す農民が増えさえすれば、規模に関する収穫逓減はありません。ですから、定義どおりに規模に関する収穫逓減が起ることは説明できません。

　ところが、従来の経済学は、これを固定要素のある場合の収穫逓減に持ち込むため、ある種の投入は数量的にかならず制限があることを強調してきました。もし、そのような制限が実際に生ずるならば、それを一定にしておいて他の投入を増やしていっても、生産量を比例的に増やせないのは当然です。たとえば、エンジンの投入台数を一定にしておいて、ラジエターをたくさん投入しても、生産量を増やせないのは当然のことです。しかし、これは規模に関する収穫逓減ではありません。規模に関する収穫法則は、あくまでも投入に関して数量的制限のない場合に考察すべきものです。そして、このような条件のもとでは、収穫法則はほぼ例外なく一定か逓増となります。

原材料や設備機械について数量的制限をいうのはあまりにも現実性がありません。そこで、もうすこし賢明な説明では、企業の経営能力が一定であるなどという主張をもちだす手があります。経営能力が一定なのに生産規模を増やしていけば、管理の目が届かなくなり、生産性が落ちるというのです。これなどは、論理的には可能なことですが、現行の多くの企業の生産量を制約している理由としては、荒唐無稽な説明です。

固定要素のある場合の収穫逓減を強調するのに、価格の変化にともない投入比率を変えなければならない、という議論があります。これも、じつはまやかしの議論です。相対価格が変化しても、その価格体系における最適な投入比率を求めれば、その投入比率を守って生産するかぎり、そこで成立するのは収穫逓増です。

固定要素のある場合の収穫逓減と規模に関する収穫逓減とが重なりあう場面がひとつだけあります。それは先に規模に関する収穫逓増の短期の場合として考えた、固定設備を仮定した原材料・労働などの投入の場合です。設備が固定されていますから、生産量をその容量を越えて増やそうとすれば、生産量つまり産出があるところで頭打ちになるのは当然です。これは固定要素のある場合の収穫逓減の事態です。しかし、問題は、企業がこのような限度を越えたところで生産しているかどうかです。普通に観察されるのは、企業が容量の余裕をもちながら生産している状態です。ここでは、規模に関する収穫逓増が成り立っています。この場合には、もっと売れればもっと売りたい状況であり、この場合には、供給関数が構成できないというのが問題の要点です。

範囲の経済と多製品企業

規模に関する収穫法則は、上のように、事実と「理論の必要」とが乖離した結果、とんでもなく混乱した言説を生みだしてしまいました。この状況に輪をかけるように、規模に関するものとは異なる「収穫逓増」概念がいくつも出てきました。

最初に注目されたのは、「範囲の経済」という概念です。これは一九七〇年代にパンザーとウィリグが「規模の経済」の対概念として提案したものです。「範囲の経済」は、ひとつの企業が製品Aをx量と製品Bをy量とを生産するとき、その生産総費用は、製品Aだけをx量生産する費用と製品Bをy量だけ生産する費用を足したものより小さくなるとき存在すると言われます。製品Aをx量、製品Bをy量生産するときの総費用を$c(x, y)$と書くことにすれば、範囲の経済は次の不等式の成立するときに存在することになります。

$$c(x, y) < c(x, 0) + c(0, y).$$

このような費用節約の機会は、いろいろあります。製品Aと製品Bとが似た性格のもので、おなじ製造装置で生産できるとすれば、両方の生産量が大きくなって、稼働時間を分け合うことができなくなるまで、範囲の経済が働きます。これは、製品Aと製品Bとをおなじ生産物とみたとき、規模の経済が得られるのとおなじ論理です。異なる製品を作るのにおなじ技術知識でことが足りる場合にも、おなじように範囲の経済が得られます。

範囲の経済は、現代企業が多製品企業あるいは多品種生産企業であることを説明するのに、打ってつけです。しかし、範囲の経済は、チャンドラーが大著『規模と範囲』(*Scale and Scope*, 1994)で説得的にしめしたように、流通にも働いています。百貨店からコンビニエンス・ストアにいたるまで、業態の違いはありますが、多種・多様の商品を取り揃えて消費者を誘うという方式の基礎には、範囲の経済があります。

アーサの「収穫逓増」概念

「規模の経済」に対して「範囲の経済」は、概念上の差異がはっきりしていました。ところが八〇年代になると、ブライアン・アーサがマーシャル以来の「収穫逓増」概念とはまったく掛け離れたところに同じことばを使うようになりました。ことばの意味に共通性があり、誤った使い方とはいえませんが、それが現在の混乱のもととなっています。アーサが「収穫逓増」という用語を用いたのは、非常に一般的な意味においてでした。

かれはかれのいう「自己再強化的機構」一般の背後にある事情として、収穫逓増という概念を用いました。「自己再強化的機構」というのは、丸山孫郎《まごろう》のセカンド・サイバネティックスで強調された逸脱増幅的相互因果過程、つまりポジティヴ・フィードバックの働くあらゆる累積的変化過程につけたアーサの術語です。マーシャルと独占化の問題のところで説明したように、規模の経済がこのような「自己再強化的機構」のひとつを引き起こすことは確かです。しかし、ポジティヴ・フィードバックの働く場面は、生産以外にもたくさんあります。

アーサが例示して成功したのは、VTRの録画方式をめぐるβとVHSの戦いの説明です。それがどのように展開されたかについては、次章に回します。これはVHSの勝利に終わったのですが、アーサーはここに収穫逓増が働いていると指摘したのです。これは、生産の場面ではなく、製品の使用の場における「収穫逓増」という新しい概念の隠れた導入でした。

アーサは、サンタフェ研究所の経済学の旗手です。サンタフェの複雑系研究が注目されると同時に、かれの収穫逓増概念も流布されることになりました。ところで、合衆国の経済学の現状では、規模に関する収穫逓増には、いまだに強い抵抗があります。アーサが取ったのは、抵抗のすくない新現象で収穫逓増を認めさせ、その上で本丸に乗り込むという作戦だったのかもしれません。しかし、情報機器の利用面における「互換性」(compatibility, 相互接続の可能性）の効果のみが強調され、他の重厚長大産業では収穫逓増がないかのような誤解が生じてしまいました。

収穫逓増という言葉は、上にみたように経済学で長い歴史をもった言葉です。しかも、それは、スラッファのところで説明したように、経済学の理論枠組みに大きな転換をせまる、経済学の核心に関係する概念です。「収穫逓増」概念のアーサーのような使い方を禁止しようというのではありませんが、概念の異同と用語の整理を図る必要はどうしてもあります。

村上泰亮の「収穫逓増」概念

ところが日本では、もうひとつの「収穫逓増」概念が影響力のある経済学者によって提案されています。それは、村上泰亮《やすすけ》の『反古典の政治経済学』第七章「費用逓減の経済学」で提案されている「収穫逓増」概念です。

『反古典の政治経済学』は、ガンに侵されて、残された時間が少ないことを知った著者が文字どおり全身全霊をかけて書いた遺著であり、それだけの気迫に満ちた社会科学への遺言書です。上下二巻合わせて九二〇ページという大部な本にもかかわらず、比較的よく売れて、影響力をもちました。ところが、ここで提案されている「収穫逓増」は、時間の経過により、生産の平均費用が低下していくということを意味しています。

年間生産量が一定でも、平均生産費用は逓減していく。これが産業化の一番重要な現象である。こう村上は主張します。しかし、村上も知っているように、これが従来の「収穫逓増」=「規模の経済」とはまったく異なる概念なのです。これは普通のことばでいえば、しばしば「学習の効果」というべきものです。生産性の上昇、すなわち平均費用の減少は、しばしば累積生産量(つまり過去から現在までの生産量の総和)の関数として生ずるといわれます。この累積生産量を生産量の指標にとれば、たしかにこれは生産量が大きければ、平均費用が逓減する、という規模の経済の一種を表現しているとも考えられないことはありません。しかし、ここでは投入も産出も、従来のものとは異なる概念において捉えられていることを断らざるを得ません。その意味で、この概念も別の適切な名称を与えることを考えなければなりません。

四つの「収穫逓増」概念

以上を合わせると、全部で四つの「収穫逓増」概念が提案され、使われていることが分かります。これらの概念を区別し、混乱を収めるためには、各概念に使いやすくて混同の恐れのない新しい術語を与えることが必要になります。それには、つぎのような解決があることを提案しておきます。

まず、四つの概念のうち、「収穫逓増」とは異なる同義語をもつ場合には、それらを用

発現機構	おもな提唱者	整理された用語	関連の話題
生産規模に関する	マーシャル	規模の経済	巨大化、独占化
結合範囲に関する	チャンドラー	範囲の経済	設備・技術の共用
時間経過に関する	村上泰亮	学習の効果	技術進歩・産業化
使用連結に関する	B. アーサ	連結の効果	デファクト標準

表6　4つの「収穫逓増」概念

いることにします。まず、規模に関する収穫逓増には「規模の経済」、範囲の経済はそのまま「範囲の経済」とおいてよいでしょう。難しいのはアーサと村上の「収穫逓増」概念ですが、アーサの概念については「連結の効果」、村上の概念については「学習の効果」でどうでしょうか。「経済」でなく「効果」なのは、これらの場合、かならずしも「節約」(＝「経済」)の観念が含まれないのではないか、という考えからです。

表6に、ここに触れていない事柄も含めて、わたしの整理を掲げておきます。

第12章　市場変化のダイナミクス

経済が基本的な過程の繰り返しであることに注目しますと、企業の対応も、その繰り返しに同調して、購買・貯蔵・生産・加工・販売などを組織して、いかに安い費用で市場の需要に応えるかが課題になります。同じような状況が繰り返し起こることが、個々の動作や行動・判断をより適切なものに変えていく基礎を与えます。しかし、企業の環境は、ただ繰り返しばかりではありません。

内的にも、外的にも、大きく変化するときもあります。変化は、かならずしも目にみえるような劇的なもの、大きなものだけが重要とはかぎりません。ゆっくりした変化が累積して、長い間には、大きな変化を引き起こすこともあります。ゆっくりした変化には気がつきにくく、認識の遅れが大きくなりやすいということにも留意しておく必要があります。変化は、外的な環境の変化とはかぎりません。たとえば、情報機器の発達により、事務処理の仕方や流れが変わる、それにあわせて、組織の組み替えを行わなければならない、といったことがあります。これは、企業の内的環境の変化です。しかし、企業にとって、つねに注意しておかねばならないのは、企業にとっては外的な変化、とくに需要の変化です。

ふたつの失敗

市場の変化の読みが適切でないと、二つの種類の失敗が起こります。第一は、あると思っていた需要がなくなっていて、せっかく生産した製品・開発した商品が売れないという失敗です。第二は、新しい需要が生まれているのに、気がつかず、気づいたときには他社に先を越されていたという失敗です。この二つの失敗を起こさないためには、市場の変化につねに注目している以外にないわけですが、ただ漫然と変化と不変を観察していても、なかなか先が読めるものではありません。市場変化のダイナミクスがいくらかでも分かるといいのですが、これは大変難しい問題です。

これまでの経済学は、需要を二本柱のひとつに据えておきながら、その変化のダイナミクスについては、ほとんど考察してきませんでした。価格と需要の関係に注意を奪われて、その他の関係には目をつぶってきたというのが現状です。市場経済を研究する経済学と需要の動向を対象とするマーケティング論とがほとんど共通部分をもたなかったのもこのためです。しかし、最近では、すこし状況が変わってきました。需給均衡の枠組みから解放されて、経済学の研究テーマにもひろがりができてきたからです。このような変化に、複雑系の経済学もおおいに貢献しています。以下に紹介するのは、主として、商品の使用の

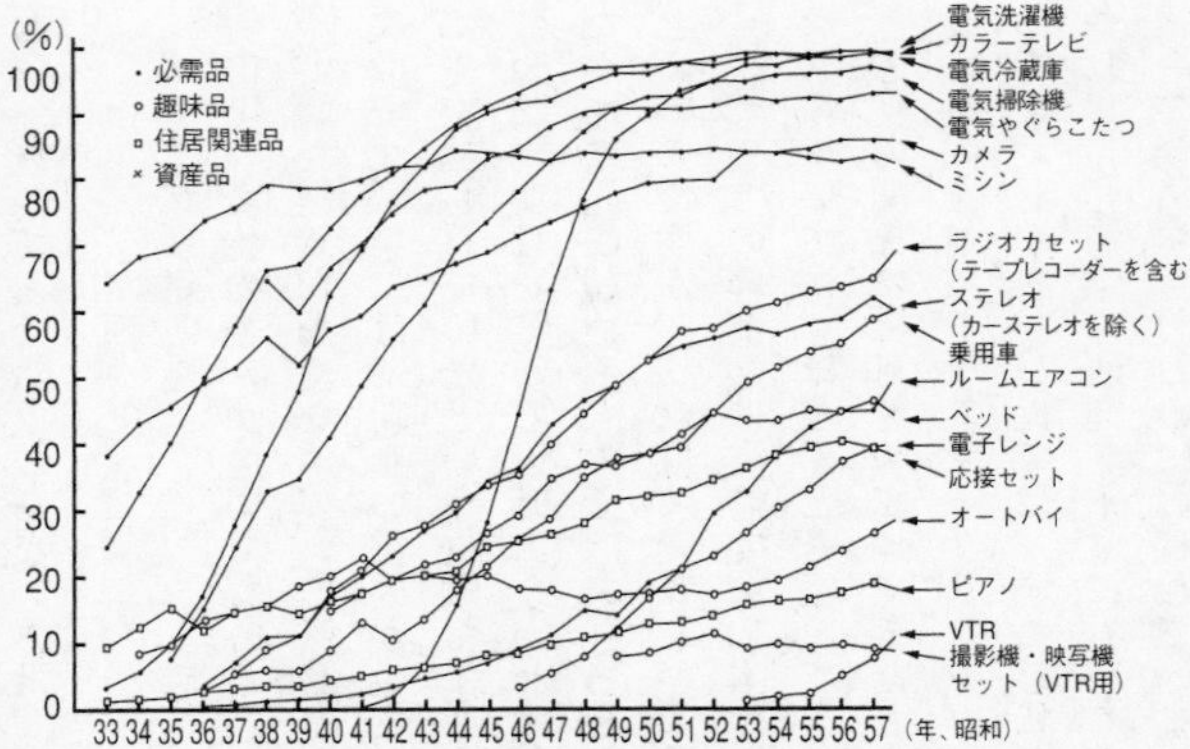

図 16　耐久消費財の普及率（全世帯）（経済企画庁，1986）

場での相互作用が引き起こす諸現象であり、伝統的な経済学のあまり立ち入らなかった話題です。

耐久消費財の普及

テレビ・冷蔵庫・クーラー・乗用車・ビデオなどの家庭用耐久消費財の普及率の変化には、顕著な特徴があります。はじめの立ち上がりがゆっくりである程度の普及率までいくと急速に普及して、最後にまた上昇がゆるやかになります。

普及率は、一般家計のうち、ある財を所有している家計が何パーセントあるか調べるものですから、定義によって、〇パーセントから一〇〇パーセントの間を動きます。一〇〇パーセント近くになると、一家で二台・三台を所有するという家庭もでてきますから、そ

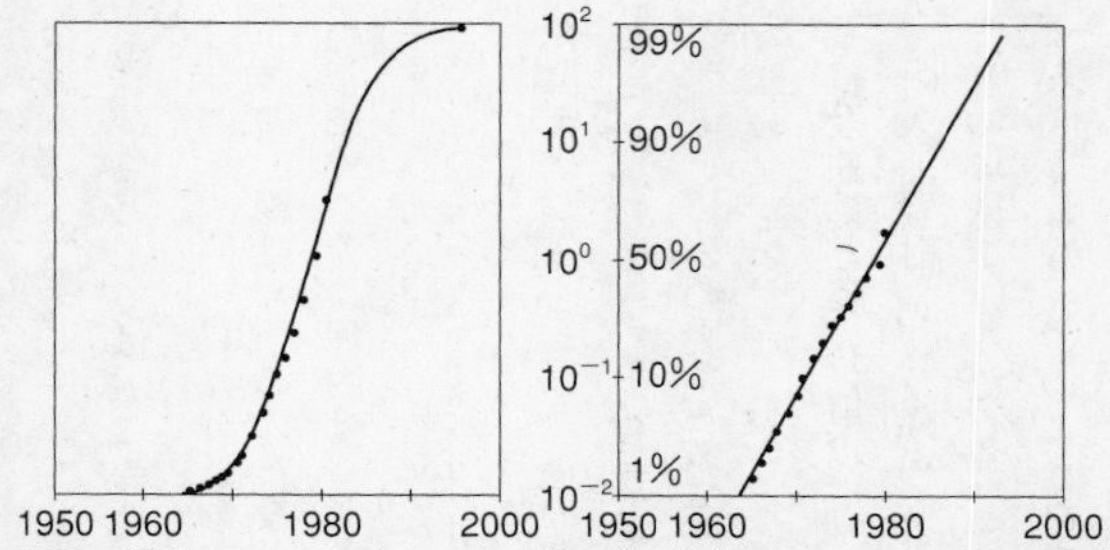

図17　日本でのコンピュータ台数の伸び（J. L. キャスティ，1996）

の点も考慮して統計をとれば、一〇〇パーセントを越える可能性もある訳ですが、そのころになると普及率を調査する意義がなくなり、統計も取られなくなります。ですから、普及率は〇から一〇〇パーセントの間を動くとして、まず問題ありません。

さて、〇から一〇〇パーセント、あるいは実数比に直して0と1のように、上下に限界のある値をとる関数はいろいろあります。たとえば、Arctan（アークタンジェント）という関数は、$-\pi/2$から$\pi/2$までの値をとります。これはおなじみのtan（タンジェント）カーヴ（日本語では正接関数）の逆関数ですが、$1/(1+x^2)$の不定積分としてよく顔を出すものです。これを平行移動して、0と1の間にもって来ることは難しくありません。実際、$x=(1/\pi)\cdot\mathrm{Arctan}\ t+1/2$とすれば、任意の$t$に対し、$x$の値は[0, 1]区画に入ります。普及率は、実数比では0から1までの値を取るのですから、こんな曲線であってもいい訳ですが、もっと当てはまりのいい曲線があります。それはロジスティック曲線あるいは兵站《へいたん》曲線と呼ばれている曲線です。一番簡単な形では、$x=e^{at}/(1+e^{at})$ と書けます。ただし、aはある定数です。呼び名としては、この他にも、「S字曲線」、「シグモイド曲線」などという言い方もあります。

この曲線は、いろいろなところに顔をだします。生物種の個体数の増加などによく顔を出します。その理由は、この曲線が次の微分方程式の解だからです。

$$dx/dt=a\cdot x\cdot(1-x). \qquad (1)$$

たとえば、xを、ある種の個体群のなかで、あるウイルスに感染している個体の率とするとき、(1)のような方程式が書けます。この方程式は、離散化して、差分《さぶん》方程式（漸化式《ぜんかしき》）とすると、aの大きさによってはカオスが生ずることでも有名なものです。

普及曲線と隣人効果

耐久消費財の普及率のグラフがロジスティック曲線にどのくらい当てはまるか。それは皆さんに見ていただくことにして、普及率が方程式(1)を満たすことの意味を考えてみましょう。それは、このような式がなぜ普及率の変化を近似的にも記述しているのか、考えることです。

まず、左辺は普及率の増加分ですが、方程式(1)は、それが$a \cdot x \cdot (1-x)$に等しい、あるいは$x \cdot (1-x)$に比例していることを主張しています。このうち、$(1-x)$に比例している部分の意味は明らかです。これは耐久消費財をもたない家庭の存在比率を表しています。たとえば、それがテレビの普及率としますと、$(1-x)$はテレビをもっていない家庭の比率です。テレビをもたない家庭では、一定期間に一定の比率の家庭が新たにテレビを買うとすれば、普及率の増加、すなわち左辺は$a \cdot (1-x)$に等しいはずです。これを方程式として書けば、

$$dx/dt = a \cdot (1-x) \qquad (2)$$

となります。この方程式の解は、簡単に求まり$x=1-e^{-a(t-h)}$となります。ただし、hは任意の定数です。この式は、普及の最終局面ではいいのですが、普及の始めの局面で実態にあいません。早い時期ほど、急速に普及するという結果になってしまいます。

実際の普及では、立ち上がりもゆっくりしているのは、方程式(1)のxの部分が利いています。これは既にテレビをもっている家庭の比率です。テレビの普及になぜこんな数量が関係するのでしょうか。耐久消費財の購入は、単に価格や収入によってのみ決まってくるのではありません。隣の人がそれらをもっているかどうかにも依存しているのです。方程式(1)は、耐久消費財の購入にあたって、隣の人が保有する率に正比例する効果が働いてい

ることを示しています。

なぜ、このような効果が現れるか。その説明は、いろいろ可能です。ひとつは、展示・広告効果です。たとえば、テレビというものの存在を知らなかった人にたいし、近くの人がそれを購入することにより、こんな便利なものがあると教える効果があります。第二には、見せびらかし効果とでもいうべきものです。高価で便利な品物を買ったとき、ひとはしばしば隣人にそのことを吹聴して回ります。そうすると、メーカーが直接広告宣伝するよりも、強い影響がありうる訳です。第三は、横並び意識とでもいうべき感情の働きです。うちもそろそろテレビを買わなければいけない、と思うようになる現象です。テレビなんて要らないと考えていたのに、隣の人も、その隣の人もそれを買ったとなると、

これらは、厳密に検討しますと、普及率 x に比例的に働くものばかりではありませんが、このような効果が複合されて、結果として普及率 x に比例する効果の成分が現れると考えられます。ここでは、作用の仕方に立ち入らずに、一般的に「隣人効果」と呼んでおきましょう。正式に定義しておきますと、隣人効果とは、消費財の普及にあたって、未購入家庭の一定期間内の購入率が、近隣家庭への普及率に正比例する影響を受けることをいいます。

普及学と流行現象

このような隣人効果に関する考察は、じつは新しいものではありません。旧制度派のヴェブレンが「衒示的《げんじ》消費」(conspicuous consumption)という言葉で示そうとした消費態度は、隣人効果そのものではありませんが、それと密接な関係をもっています。

ヴェブレンのいう衒示的消費とは、有閑階級が自己の富や地位をひとびとに見せびらかすため、高価で、ときに非実用的な品物を購入して、それを身に着けたり、家に置いたりすることをいいます。この行動自身は、普及の初期に現れるものですが、このような衒示的消費が始まると、それを見る人達にとっては隣人効果が働くことになります。衒示的消費が、見せびらかしをする主体の行動論理とすれば、隣人効果は、見せびらかしを受ける人の行動論理ということができます。

消費者の行動の論理は、ヴェブレン以降、さまざまな人によって分析されてきました。ボードリヤールの消費社会論は、そのもっとも成功したもののひとつでしょう。さまざまなキー・ワードがあって、いろいろ発想するには便利ですが、数量的な動向の分析にはあまり繋がりません。それよりも、社会学的な考察ですが、ロジャーズや宇野善康《よしやす》の「普及学」がわたしにはおもしろいものに思われます(四三八頁「読書案内」参照)。世の中には、耐久消費財のように単調に普及していくものばかりではありません。流行のように、急にはやって、そのあと廃れてしまうものもあります。その背後には、先に考察した隣人効果とは反対に、ひとが持っているから、着ているから、もう使わない・着ないという、負の隣人効果が働いています。

いずれにしても、ある消費財がどのような広がりをもって購入されるかを推測するためには、これまでの経済学のように財の効用と価格の関係を調べているだけではすみません。もっとも簡単な普及曲線にも隣人効果が働いていたように、財の保有がその回りの人達に及ぼす効果を考慮にいれる必要があります。

＊旧制度派　二〇世紀の第4四半世紀に新制度派経済学（New Institutional Economics）が生まれ、その推進者たちは、従来からの制度派を旧制度派経済学（Old Institutional Economics）と呼んだ。これに対し、従来からの制度派の考えを尊重する人たちは、自らを正統制度派（Orthodox Instutional Economics）と自称して対立した。

録画方式を巡るβ対ＶＨＳの戦い

見せびらかしや横ならびは、ある消費財を所有する人と所有しない人との間に生ずる心理的な効果です。

ところが、最近、消費者の手にする商品相互の関係が新たな形で脚光を浴びることになりました。それは、製品の生産者においてではなく、その使用の場面で、連結の効果という現象が見られるようになり、それが生産者の競争条件を根本から変えてしまうという状況が見られるからです。

分かりやすい例は、ビデオの録画方式をめぐる戦いです。VTRには、その録画方式にVHSとβの二方式がありました。VTRは、ヴィデオ・テープ・レコーダーの略ですが、名前の付け方から分かるように、最初は、自分で録画して再生するものでした。そのときには、方式の違いはあまり問題になりませんでした。自分で録画したテープを再生していたからです。ところが、ご承知のように、現在では、VHS方式のVTRしか生産されておりません。

このような結果はなぜ生じたのでしょうか。VHS方式の方が、技術的に優れていたという訳ではありません。反対に、録画の原理としてはβの方が優れているといった話が初期にあったくらいです。しかし、このVTRが普及するようになると、両者の優劣は、全然違うところではっきりついてしまいました。映画などのヴィデオ・テープが販売されたり、貸し出されることになったからです。そうなると、どの方式で録画されているテープかが問題になります。β方式の機械でVHS方式の録画を再生することはできず、VHS方式の機械でβ方式の録画を再生することはできません。いわゆる互換性が問題になりました。そのころ、VHSでは片道二時間録画可能なテープがありました。これがスポーツ放送の録画に便利というので、北米ではVHSがやや優勢でした。ヴィデオ・パッケージが作られるようになると、より売れる方式というので、VHSのソフトが増えました。これは売る側の事情です。ところが、これが今度は、ソフトが豊富だというので使う側にVH

S方式の機械を買わせることになりました。こうして、VHSとβの差がどんどん広がって、ついに数年まえ、β方式を開発したソニーもβ方式の機械の製造を停止して、β対VHSの戦いはVHS方式の完全な勝利に終わりました。

この話で特異なのは、VTRが市販のヴィデオ・テープと関係をもっていたことです。ヴィデオ・デッキとヴィデオ・カセットとは、おなじ方式によるものでなければ使うことができません。このようなことは、これまでの伝統的な商品では、あまりありませんでした。たとえば、冷蔵庫は、それがひとつの完成した機能をもち、冷蔵方式の差が冷やせる食品の銘柄を決めるようなことはありません。しかし、VTRの場合、市販のビデオ・カセットが使えなければ、VTRとしての機能が半減してしまいます。これが、二方式の一方を完全勝利に導いた大きな原因です。

連結の効果とデ・ファクト・スタンダード

互換性はもともと小銃などに部品交換の可能性を与えるために生まれた概念です。ところが、情報機器の一般化によって、完成品同士の互換性が問題にされるようになってきました。このような互換性が必要な商品では、どの方式が一般に採用されているかが商品の利用可能性を大きく左右することになります。このようなことは、VTRに限りません。パーソナル・コンピュータの場合でも、同じです。

現在パソコンの世界では、マイクロソフト社のウィンドウズがOS（操作システム・ソフト）の七割を占めているといいます。それは、ウィンドウズが世界的に普及していて、ウィンドウズを使えば、全世界のいろいろなアプリケーションソフトが利用可能になるからです。CPU（中央演算処理装置）の八割はインテル社が占めており、マイクロソフト社とインテル社の連合はウィンテルと略称されて、パソコン業界の覇者となっています。パソコン業界の開拓者であったアップル社は、こうした市場の激変に対応できずに、企業業績の悪化に苦しみました（現在では再建されGAFAの一翼を占めています）。

利用・使用の側面で、このような連結の効果が出てくると、上のように、相互に助け合って、ある一方式が圧倒的に有利になることがあります。これをデ・ファクト・スタンダードといいます。協定などで決めた標準でないのに、このような連結の効果により、他の方式の参入がきわめて難しくなっていて、事実上の標準化が成立しているからです。このようなことは、商品がそれぞれ独立に使用され、その有用さが商品固有の性質によっている間は起こらなかったことです。連結の効果が消費者ないし使用者の手において発生するようになったため、従来の商品需要とまったく異なる動きをするようになりました。

ブライアン・アーサは、この利用の側面における連結の効果をも収穫逓増と呼んで、デ・ファクト・スタンダードの説明をしています。これもたしかに一種の収穫逓増には違いがありませんが、規模に関する収穫逓増からかなり掛け離れた現象であることに留意す

いかと考えています。

相互作用と分岐

隣人効果は、ひとつの商品に関する消費者同士の相互作用の問題でしたが、連結の経済は、使用者の手にあるものが別のものと相互作用を起こす現象でした。この点について、もう一度、補足しておきましょう。

最近になって、なぜデ・ファクト・スタンダードという現象が目立つようになってきたかといいますと、すでに説明しましたように、消費者あるいは使用者の手にある商品の間につよい相互関係が生じているからです。それらは、すべていわゆる互換性が求められる商品です。もう一度、復習をかねて思い出してみましょう。ヴィデオ・デッキがなぜVHSに統一されたのか。それはVHS方式がβ方式より優れていたからではありません。両者の間に、それほど決定的な差はなかったというのが、一般的な評価です。それにもかかわらず、一時はかなりのシェアを占めていたβ方式のVTRがどんどん劣勢になり、ついにその生産が止まってしまったのは、互換性の要求される商品では、優勢の方が有利になるという関係があるからです。

これを数学モデルで説明しようとすれば、前の(1)式を修正して、

$$dx/dt = a \cdot x \cdot (1-x) \cdot (x-1/2) \qquad (3)$$

といった方程式を考えてみればいいでしょう。ただし、xは、ここでは単なる普及率ではなく、全VTRに占める一方式のシェアです。この式は、他の方式のシェアyについても、同様にかけることに注意しておきます。もちろん、これはあくまでも二方式が競合している場合の話で、もし三つ・四つの方式が競合するときには、別の方程式を立てなければなりません。

微分方程式(3)は、最初のxが$\frac{1}{2}$より大きいか小さいかで、その後の軌跡がまるで異なります。もし、$\frac{1}{2}$よりすこしでも大きいならば、xは順調に増大して1に近づきます。反対に、最初にxが$\frac{1}{2}$よりわずかでも小さいならば、こんどはxは単調に減少して0に近づきます。このように、この方程式では、初期値のわずかな違いにより、解はまったく違った結末に大きく別れてしまいます。このような現象を「分岐」といいます。

二方式の競合関係がじっさいに方程式(3)に従うかどうか、疑問の余地があります。しかし、経済にこのような分岐という事態が存在することは注目すべきことです。分岐は、ふたつの可能な状態があって、その一方に入り込んでしまうと、そこから抜け出せなくなる現象です。この意味で、分岐現象は、しばしば「複数均衡の状態」と呼ばれていますが、

これは正しくない呼び方とわたしは考えています。といいますのは、分岐が起きて、ある一方の状態が実現すると、均衡理論が示唆するように、その状態が持続するのではなくて、一方の状態の中で状況がどんどん進んでいき、他の可能な状態から大きく離れてしまうのが通常だからです。この意味では、分岐は、「のめり込み」という現象とつねにセットになっていると考えてもらった方がよいかもしれません。

のめり込みと非線形現象

「のめり込み」というのは、むずかしい現象ではありません。簡単な例は、都市の形成です。都市がどこにできるかは、かなり恣意的なものです。これは、無限の分岐の可能性があるということです。しかし、どこかに小さな都市ができると、そこが都市であるというそのことから、人口や産業を引きつけ、都市としてますます発展することになります。この過程を表すもっとも簡単な方程式は、

$$\partial z(x,t)/\partial t = -a\cdot\partial^2 z(x,t)/\partial x^2 \qquad (4)$$

です。ただし、zは地点x、時刻tにおける人口密度、aはある正の定数です。

偏微分記号∂（ラウンド・ディー）などというものが出てきていやらしいと思われるかもしれませんが、難しいものではありません。これは数学の慣習で、二つ以上の変数に関

する微分を使う場合に、dz/dt などと書く代わりに $\partial z/\partial t$ などと書くだけで、意味は変わりません。

ところで、方程式(4)ですが、これは有名な熱方程式の時間軸を反対にしたものです。熱の場合には、温度差があれば、温度の高い方から低い方に熱が流れて、温度が平準化します。(4)式は、時間の流れが反対ですから、人口密度の差があれば、どんどんその差が拡大される様子を表しています。これは、差異をより強化するよう、ポジティヴ・フィードバックが働いている状態と言い換えることもできます。

方程式(4)の解は、したがって、どこかに人口密度のゆらぎができると、その密度差がどんどん拡大されていきます。そのまま進行しますと、ついにはある時刻までにある地点の人口密度が無限大に爆発してしまいます。もちろん、実際にはこんなことは起こりません。そのひとつの理由は、都市といえども人口密度に限界があって、その限界に近づくと、(4)の右辺以外の効果が働いて人口増加を抑えるからです。このように、のめり込み機構が働く場合には、変化が大きくなったときに、これまで働いていたとは異なる別の効果を考慮しないと、方程式の解は意味をもちません。のめり込みがある場には(4)のような方程式では実は解の振舞いを正しく記述できません。方程式(4)は特別な性質をもっています。関数 z_1、z_2 が(4)の解であるとき、$c \cdot z_1$ も $z_1 + z_2$ も(4)の解になります。この性質を線形といいます。平衡ないし均衡の近くでは、現象を線形の方程式でうまく記述することができます。

しかし、のめり込みがある場合には、平衡から遠く離れていく現象が中心になります。そこで線形でない、つまり非線形の方程式とそれによって記述される現象を分析することになります。のめり込みや平衡から遠く離れた現象に興味をもつ複雑系の科学が、しばしば、非線形現象の科学だとよばれるのはこのためです。

セカンド・サイバネティックス

のめり込みあるいはポジティヴ・フィードバックという現象は、大変重要です。経済や社会の定向《ていこう》的な変化を考察するには、かならずこのようなメカニズムが働いている場面があります。丸山孫郎は、これにセカンド・サイバネティックスという名前をつけました。ノーバート・ウィーナーのサイバネティックスは、生体や自動機械の制御を考察するときに重要なものですが、その主要なメカニズムは、ネガティヴ・フィードバックにありました。室温が低くなり過ぎると、サーモスタットが働いて暖房が入る。暑くなり過ぎると、暖房が切れる。こういうように、制御対象である変数の変化を抑えるように働くのがネガティヴ・フィードバックです。これに対し、丸山は、反対に変化が増幅されるポジティヴ・フィードバックの働く現象の重要性を指摘し、そのような現象に注目する分析をセカンド・サイバネティックスと呼びました。また、このようなメカニズムを逸脱増幅的相互因果過程と名付けました。これはブライアン・アーサーが自己再強化過程と呼んだ機構と同じものです。

しかし、ポジティヴ・フィードバックが働くこのような過程は、数学としてはひとつの方程式を立てて綺麗に解くという訳にはなかなかいきません。方程式(4)でもそうであったように、どこかで局面の転換を考えなければなりません。その場合には非線形の方程式を考えることになりますが、その解析はひじょうに難しくなるのがふつうです。また、このような過程では、極限の均衡あるいは平衡状態を求めようとしても求まりません。そもそものような極限は存在しないか、そこに至るまでの過程に意義があるのです。このような過程は、しかし、厳密に数学解を求めなくても、だいたいの推測がつきます。そうでない場合には、むしろコンピュータ上で解をもとめる方が実用的だということも多々あります。こうした理由で、のめり込み過程は、これまであまり研究されて来なかったのですが、市場のダイナミックスを捉えるには、むしろこうした過程こそが重要なのです。

近接作用か遠隔作用か

人口密度の動態方程式(4)が偏微分で書かれていたということには、もうひとつ重大な欠陥があります。それは、この方程式が近接作用しか表していないということです。つまり、この方程式で表される現象は、その変化が、時間的にも地理的にも、すぐ隣接したところの状態の関数でしかなく、すこし離れたところでなにが起こっているかには短時間には一切関係しないことになっています。

しかし、都市化の現象を考えてみれば明らかなように、都市の人口吸収力は、別の都市がどのくらい離れたところに存在するかに大きく左右されます。近くに大都市があれば、小さな都市の人口増大は抑えられるか、場合によれば、減少に追いやられます。ベッド・タウン化など、まったく別の人口動向も生まれます。

偏微分方程式によっては、このような遠隔作用の効果を取り入れるのはかなり難しいことになります。密度関数 $z(x, t)$ 自身を変数に取り込んだ作用素 $f(x, t, z)$ といった項を方程式(4)の右辺に加えなければならなくなります。このことは、偏微分方程式で状況の変化を記述しようと試みるときに、かならず頭の中に入れておかなければならない、重大な単純化の仮定です。

近接作用か、遠隔作用かというのは、じつは古い物理学での論争です。ニュートンの万有引力の法則は、遠隔作用の代表ですが、デカルトは作用はすべて近接的であると考えていました。物理学の歴史からいうと、近接作用説が勝利したといってもよいのです。たとえば、アインシュタインの重力理論（一般相対性理論）は近接作用で記述されています。しかし、経済や社会、市場といった対象を相手にするとき、近接作用のみを取り入れるというのは大きな制約と考えなければなりません。

遠隔作用を考えよといったところで、無限に遠いところからの作用、無限に遠い過去からの作用などを考えよ、というのではありません。すでに明らかにしたように、人間は視野・合理性・働きかけの三つの側面で能力の限界に条件づけられています。多くの取引は、ある範囲の競争の中でなされていると考えるほうが、地球の裏側の取引価格をも考慮に入れて行動するというよりも、通常ははるかに現実的です。

このような点も、これからの経済分析で、第三モードの研究法と称されるシミュレーションの手法がもっと使われるようになってよい理由です。過程の分析をするといいながらも、微分方程式や偏微分方程式に捕らわれていると、解析がめんどうな割におもしろい結果も出ず、また重要な相互作用を排除することになります。

収穫逓増とのめり込み

ポジティヴ・フィードバックの働くのめり込み過程には、多くの場合、広い意味の収穫逓増が絡んでいます。たとえば、生産に関する規模の経済が働く産業を考えてみましょう。ある企業、A社が他の企業より大きな需要を獲得し、最大の生産規模を実現しているとしましょう。各社の技術知識が同一とすれば、A社は、規模の経済の存在によって、原価面で他社より有利な立場にたっています。そこで、製品価格を引き下げて、より多くの需要を自社に獲得することが可能になります。この過程がこのままどんどん進めば、ついにはA社が市場を独占することになります。

なぜ、完全独占があまり多くみられないか。これは、マーシャルやスラッファの問題でした(第11章参照)。ここでは、この独占化の進行が上に説明した分岐とのめり込みの典型的な過程であることに注意してください。他社より、大きな生産規模を確保し、それにより規模の利益を享受して、市場での競争条件を有利にする。それによりさらにより大きな需要を獲得して、生産規模を拡大し、さらに大きな規模の利益を得る。こういう循環的な因果関係が成立します。

ヴィデオディスクの売り込みは、このような過程のいい例になっています。ヴィデオディスクは、パイオニアのレーザーディスクとビクターのVHDとがありました。機能的にはVHDの方が簡単で、技術評論家の森谷正規さんは、VHDの方が価格面でも有利ではないかと考えたといいます。しかし、ビクターは主力のVTRに影響が出ることを嫌って、大量生産による低価格製品を売り出すという戦略を取りませんでした。これに対し、パイオニアは、自社製品にVTRをもたなかったこともあって、レーザーディスクに注力しました。この初期の躊躇がたたって、やがてビクターは家庭用ヴィデオディスクが撤退を余儀なくされました(森谷正規『情報力をつける』日本経済新聞社、一九九六年、一七四~五頁)。

閾値の存在と最小努力限界

分岐とのめり込みがあるところでは、初期投資をどのくらい行うかが、その後の市場を変えてしまいます。複数方式が提案されていて、どの方式がデ・ファクト・スタンダードになるかといった競争においては、最初にある程度まで製品使用者数を増やした方が、がぜん有利になります。

このように分岐とのめり込みのある現象においては、初期においてどのくらいの投資をしたか、あるいはいくら以上の投資をしたかが、後の市場状況を決める決定的な要因になります。

非線形の方程式では、初期値がある値より大きければ、Aという状態に行き着くが、その値より小さければ、全然異なるBという状態にいってしまうことがよく起こります。微分方程式(3)の1／2は、ちょうどそのような例でした。これを数学の方では、閾値《いきち》といます。聞いて分かりやすいために「しきいち」と読む場合もあります。非線形のダイナミックスを考えるときには、この閾値がどこにあるか知ることは重要なことです。

企業の経営においても、この閾値に十分注意する必要があります。新製品を市場に出す。競合的な製品が他社から出されている。あるいは出しそうだ。しかし、両者は両立しない。こういうとき、競争に勝つためには、一定以上の努力をつぎ込まなければなりません。その一定の値が閾値です。もちろん、この場合、相手がどのくらいの努力をつぎ込んで来るかによって、こちらの必要な最小努力限界も変わってきます。これはゲーム的状況ですが、それについては多くの解説があるので、ここでは触れません。

経営の話から外れるのですが、未開発国が経済成長を始めるにも、それに必要な最小努力限界というものがあるのではないか、と議論されたことがあります。

ロック・イン

上では、ある状態に入り込むために、一定以上の努力が必要だという話でした。この必要最小努力を払おうとしないために、ある状態に閉じ込められて、別の（場合によれば、より望ましい）状態に移れないということも起こります。その事態を「閉じ込め」あるいは「ロック・イン」といいます。

ロック・インは、社会・経済のさまざまな場面で観察されます。時計の針が右回りなのは社会の慣習ですが、左回りの時計を売り出したとしても売れそうもないのはなぜでしょうか。それはひとびとが右回りの時計に慣れてしまって、あえて左回りの時計に慣れる努力を払おうとしないからです（もっとも、変わり者用に、少数、こうした変な時計を作れば売れるかもしれません）。

タイプライターは左上からQWERTYと並んでいるキー・ボードが一般的です。しかし、これは指の運動を考えると最適のものからほど遠いようです。すくなくとも、もっと能率の上がる配列が複数提案されているのですが、レミントン社製のタイプライターが実用化されて以来、もう一〇〇年以上も変わっていません。初期のタイプライターは、あまり早く打つと、先に打ったバーが戻れずに絡み合うため、打つ速度が遅い配列をわざと採用したのですが、いったん社会的な慣用になってしまうと、それを変化させることは簡単ではありません。速度を上げるために、ある個人が特注のキー・ボードで練習し、腕を上げたとしても、そのタイプライターを持ち運ぶ以外には、その能率を生かすことができません。ここにも、パーソナル・コンピュータでみた互換性とおなじ問題が顔を出しています。

ロック・インは、ひとりの人間の内部でも、起こります。ワードプロセッサーの入力には、ローマ字入力と仮名入力の二方式があります。ところが、英語入力が主体のコンピュータに慣れたひとは、日本語の入力にあたっても、ローマ字入力を使うことが多いようです。

わたしも最初はローマ字入力（つまり英文入力）を習いましたが、ワープロ用には、仮名入力を使っています。キーを打つ回数がほぼ半分で済みますから、ローマ字入力に比べれば、だいぶ楽なはずです。切り替えの努力、つまり仮名配列に慣れる練習時間は、一日もかかりませんでした。切り替えに要する最小努力限界が案外に小さいのに、いったん一方式に慣れてしまうと、別の方式に転換する努力がなされないことは多いようです。

企業経営の立場からいえば、このようなわずかの転換努力を惜しむ顧客を数多く捕まえれば、自社製品に忠実な利用者・需要家を養成することができます。

学習と経路依存

以上では、学習とか技術進歩を考えませんでした。累積的技術進歩ないし学習による費用低減を考えると、循環的因果によるのめり込み過程はさらに強いものになります。第10章に触れたように、原価低減の経験的曲線は、現在の生産量の関数というよりも、累積生産量の関数と見ることができます。最初になんらかの努力により生産量を上げることができれば、学習の機会が増え、他社より有利な技術知識を獲得することができるからです。

学習に注目しますと、上に考察してきたとは異なる、もうすこし別のダイナミックスにも注目する必要があります。それは「経路依存」という現象です。学習は、過去の積み重ねの上に起こります。過去の生産において、どんな技術を使ったか。生産において、どんなトラブルが起こったか。どんな原料・材料を使い、どんな結果が得られたか。どんな製品を作り、どんな顧客層に売ったか。それに対して顧客から、どんな反応があったか。どんな苦情がでたか。経験を積んで、人間も組織もしだいに学習します。

過去の経験が現在の学習内容を決定するとすれば、技術であれ、商品であれ、また組織形態であれ、過去にどんな選択をしたかによって、得られた経験が異なり、歴史が重要になります。これは過去にたどった経路に現在が依存し、未来の経路も部分的にそれに依存するという現象です。

第7章で、複雑系経済学は歴史性を積極的に承認するといいました。対象としているシステムが複雑で、それに直面している人間がまた複雑な認識過程を行う以上、ほとんど同じような条件を与えたからといって、そのシステムの歴史がおなじような経路をたどるとはかぎりません。

現在、どんな技術群をもちいてどんな製品群を展開するか。これは、研究開発要員の技術形成を条件づけるとともに、生産現場の生産技術、管理技術、原材料識別に影響し、また市場をも条件づけることになります。この意味で、現在の決定が将来の変更不可能な与件を形づくることになります。経済が複雑系である以上、経路依存は当然のことですが、これまで経済学が経済を単純な系と見なしてきたため、このような現象には注意が向かなかったのです。

第13章　二十一世紀の企業と経済

第12章では、市場がどのように変化するか、いくつかのメカニズムをやや抽象的に眺めてみました。しかし、いくらこのような一般論をやっていても、現実の市場や経済がどう動いていくか、考えることはできません。そのためには、それに必要なだけの現状に関する知識や歴史的な分析が必要です。そこで、ここでは、やや長期の経済の変化を振り返ってみましょう。

現在は、二十一世紀もすでに二〇年代に入っています。二十世紀も歴史として回顧される時代になりました。経済史的には、すでに一九九〇年から二十一世紀が始まったといってよいかもしれません。時代の区分は、ただ暦年による区切りの良さによるのでなく、歴史的な事件や変化に沿ったものでなければなりません。そうしますと、二十世紀の終わりは、一九九〇年前後と取るほうが良さそうです。ご存じのように、この年の前年、東ヨーロッパの政治的な大転換がありました。一九九一年にはソビエト連邦が崩壊し、共産党による一党独裁も終わりを遂げました。

一九九〇年から一〇〇年遡った一八九〇年は、政治的にはあまり注目すべき年でありませんが、経済的にはアメリカ合衆国が一人当たりの国民総所得でイギリスを追い越したと推定されている年です。ですから、一八九〇年から一九九〇年の一〇〇年を経済史的な二十世紀と定義することは、それほどおかしなことではありません。

さて、経済的な観点から二十世紀を振り返るとき、何が言えるでしょうか。

巨大企業の成立

二十世紀の終わりの今日、わたしたちは巨大企業の存在に慣れ切ってしまって、それがわずか一世紀か一世紀半あまりの存在であることを忘れてしまっています。たとえば、日本には現在、従業員一万人を越える企業が一〇〇を越えるほどもあります。しかし、十九世紀の日本には、そのような企業はほとんどありませんでした。これは日本だけの事情ではありません。アメリカ合衆国でも、十九世紀の前半では、もっとも工業化のすすんでいた北東部一〇州の調査で、資本金一〇万ドル以上の製造会社一〇五社の内、従業員が二五〇人以上の工場は三二社しかありませんでした。

資本のある大会社でも、当時は、大部分が二五〇人未満の、いまでいえば中小企業でした。ところが、十九世紀の半ばを越しますと、企業の規模が急速に大きくなります。その直接の原因は、吸収・合併や企業合同にあります。いまの言葉でいえば、M&A（Merger

and Aquisition）が進んだのです。

第二次大戦後のM&Aに何波かのブームがあったように、十九世紀後半の吸収・合併にも、いくつかの波がありました。先導したのは、鉄道でした。一八四〇年代から建設ブームが始まった鉄道は、線路の延進にともない、次第に組織が複雑になっていきます。合衆国では、ご存じのように、大陸横断鉄道の敷設が十九世紀半ばの「国民的」課題となりました。ちょうど一八五〇年にアパラチア山脈を越えた鉄道は、どんどん西に伸びて、一八六九年、ようやく太平洋岸に到達します。一八四四年に発明された電信は、鉄道より速く、一八六一年には太平洋にたどりついています。鉄道の敷設には、大変な資本がかかります。したがって、政府の手によらない鉄道会社はおおくは株式会社として設立されたのですが、最初のうちは線路はつながっても、会社は多数に別れていました。他社の線路に車両を走らせるための協定などが試みられましたが、つよい統合圧力となったのは一八七三年と一八九三年の二回の恐慌でした。とくに一八九三年の恐慌では、九三年に七四社、九四年に一九四社もの倒産がでました。そのなかには伝統あるエリー鉄道や最初の大陸横断鉄道ユニオン・パシフィックも含まれていました。その結果、合衆国の鉄道は統合が進み、一九〇六年までには、総路線の2／3が七つのグループに統合されてしまいました。

こうした過程の中で、鉄道会社はかつてない規模にまで組織が拡大します。経営史家のアルフルッド・チャンドラー・Jr.の推定によると、ペンシルバニア鉄道システムは、一八七七年に五万五千人、一八八九年には一〇万人以上、より確かな数字のある一九一〇年には二一万五千人の従業員を抱えていました(A・D・チャンドラー・Jr.、一九七九、上、三〇二〜三頁および三二五頁注24)。

組織管理の出現

鉄道会社の場合、このような組織の拡大は、比較的分かり易いものというべきでしょう。どの駅にも、最低必要な従業員数があり、路線の保守や関係施設の建設のためにも、別の要員が必要です。路線が伸び、網目状に拡大すればするだけ、多数の従業員が必要なことは分かります。しかし、このようないわば水平的・外延的な拡大も、従来の企業組織をそのまま統合したのではありません。このような巨大な企業がうまく機能するためには、さまざまな障害があり、それらを克服しなければなりませんでした。

各駅で毎日現金を受領し、万を越える従業員に給料を払い、広大な地域に散らばった諸組織に必要な資金を配分するためには、それに適した出納管理や会計報告、監査や予算などの諸制度が必要でした。多数の顧客から寄せられるさまざまな要求に応じて、多くの列車を走らせ、特定の車両を特定の駅から特定の駅に安全に運ぶには、緻密な運行計画と綿密な連絡や調整が必要です。運行計画にそって列車を実際に動かして行くためには、列車の安全な運転や操車のための技術を開発し維持していかねばなりません。車両や路線の保守点検や修理の体制も必要です。

チャンドラーによれば、こうして鉄道業は、「最初の現代的な事業会社」となりました。それは、多数の有給管理職を擁し、階層化され内部組織をもつ最初の事業会社でした。そこでは、マネジャーたちは詳細に定義された権限と責任と報告義務をもっていました。会計制度を整備して、マネジャーたちの仕事を評価・監督することも始められました。

もちろん、このようなシステムは、一夕にしてできあがったわけではありません。合衆国で鉄道業が発達しはじめる一八四〇年代から徐々に工夫され、整備されてきたものです。一八七〇年代、九〇年代の大統合が、このような管理システムを作りあげたのではありません。それがほぼできあがったことが、大統合を可能にしたというべきでしょう。

いずれにしても、このような現代的な事業会社の出現は、ひとびとを強く印象づけることになりました。鉄道業以外でも、事業の統合と組織の巨大化が進展するようになります。ロックフェラーの石油トラストは、一八六〇年代から拡大を始めています。一八八〇年代には、砂糖・ウイスキー・綿実油《めんじつゆ》・亜麻仁油《あまにゆ》・鉛加工などのトラストが発展し、いくつかのものはひとつの企業にまで統合されていきました。二十世紀への転換点、一八九八年から一九〇二年にかけて、合衆国では大合併運動がおきました。五年間に二一二の企業合同があり、二六四七の会社がこの合併により消滅したと、チャンドラーは述べています。

このような合同運動は、アメリカ合衆国で観察されただけではありません。さまざまな違いはありますが、イギリスやドイツなどでも、ほぼ同時期におなじような動きがあり、従業員一万人を越す巨大企業を生み出す契機になりました。

規模の経済の効果

企業の大合併・大合同は、企業組織の巨大化・階層化・部門化を生んだだけではありません。かつては多数あった同一産業内の諸企業が、このように少数の企業に統合されることは、一社の扱う需要量・生産量が数倍、数十倍に拡大することを意味します。これは、各社に、より巨大化された生産設備で生産することを可能にしました。そこに、規模の経済を生かす可能性が生まれます。

むしろ、逆に説明した方がよいかもしれません。企業の大合併運動は、企業の市場支配力を強め、寡占的な地位を利用して価格を引き上げ、独占の利益を享受するためだけになされたのではありません。そのような狙いと振る舞いがなかったとはいえませんが、大合併・大合同の目的は、各社に小さく分割されていた需要を一本化することにより、生産部門で規模の経済を大いに引き出すためでもありました。

もっとも印象的な事例は、石油精製業に見られます。一八八二年に形成されたスタンダード石油トラストは、それまで存在していた緩い企業連携に代わるものでした。四〇社からなるこの連携は、すでにほぼ独占を達成していました。株式持ち合いなどを通してロックフェラーに支配されたこのグループは、当時の合衆国の灯油生産の九〇パーセントを占めていたからです。したがって、独占的地位の利用のためだけなら、新しい会社形態は不要でした。チャンドラーによれば、この新しい形態は、二つのことを可能にするためでした。ひとつは、多くの精油所を閉鎖し、幾つかに手を加え、新しい精油所を建設することを可能にすること。もうひとつは、油田から精油所、精油所から消費者の手にいたるまでの物資の流れを調整することを可能にすること、でした。

再編によって可能になった合理化の成果は大変なものでした。それは世界の灯油生産の四分の一近くをたった三つの精油所に集中させ、製品の三分の二を海外市場に送りだすことになりました。実現された規模の経済も、驚くべきものでした。一八八〇年ごろ、当時の平均的な石油精製プラントは、日産一、五〇〇から二、〇〇〇バレルという生産規模のものでした。その規模のプラントの平均原価は一ガロン約二・五セントでした。一八八五年までに、日産六、五〇〇バレル級のプラントに統合されたスタンダード石油トラストでは、ガロン当たりの平均原価は、一八八五年までには、わずか〇・四五二セントにまで下がっていました。市場の競争的な価格で販売しても、ガロンあたり一・〇〇三セントという大幅な利潤マージンが得られました（A. D. Chandler, Jr. 1994, *Scale and Scope* pp. 24-5）。

大規模生産の前提条件

規模に関する収穫逓増の効果は、このように偉大なものでした。このような可能性があるかぎり、他の産業も、それを見逃すことはできません。一九〇〇年前後までの二～三〇年間に、北アメリカや西ヨーロッパで、大規模な合併運動・合同運動がほぼ同時的に起きたのも、この目を見張るべき利益の源泉に経営者たちが気がついたからに他なりません。合同あるいは合併に反対であっても、もしそれに乗り遅れれば、統合された企業の、合理化され、大規模化された生産工場の低廉な原価に、小さな企業の経営者が対抗しようもありません。価格競争に負けて、ゆっくり市場から排除されることを避けるには、資産価値を正当に評価される内に思い切って合同に参加するしか、かれらには取りうる方法がなかったといってもよいでしょう。

生産に関する規模の経済を追求しうるためには、もちろん、いくつかの前提条件があります。消費財を例にとれば、ひろくうすく散布された需要を一か所の生産拠点で賄うためには、低廉な運搬費用とそれを可能にする流通組織とが必要です。その基礎条件を作ったものは、鉄道と電信でした。とくに鉄道網の発展が大量の物資を遠隔地にまで低廉な費用で運ぶことを可能にしました。十九世紀の鉄道、二十世紀の自動車がなくては、ほとんどの商品は輸送費用を節約するために、消費地に近く分散して立地する以外になかったでしょう。

流通組織の革新も、重要な前提条件となります。大量生産に先立って、大量流通が誕生したのは、偶然ではありません。一八四〇年代まで、合衆国ではそれ以前の数百年とあまり変わらない伝統的な商業がなされていました。しかし、一八五〇年代・六〇年代には、農産物の流通に変化が生まれ、一般の消費財でも、一連の品目を取り揃えた卸売商業が発達し始めました。一八七〇年代・八〇年代には、百貨店、チェーン・ストア、通信販売などの近代的な小売商業が誕生してきます。こうした一連の変化が、流通費用を減少させ、低廉な費用で広範囲の需要を集めることを可能にしました。これら変化が、生産における規模の経済を利用可能にしたのです。

工場制大工業の成立

規模の経済を発揮させるためには、いくつもの生産拠点をひとつの企業に統一するだけでは実現できません。まさにロックフェラーがやったように、生産拠点を統廃合し、設備・装置の大型化を実行しなければなりません。もちろん、こうした方策は、どんな産業でも採用可能という訳ではありません。靴の生産のように、ただ横に並んで仕事する以外に効果のでない産業では、規模を大きくしても、あまり大きな利益は期待できません。しかし、十九世紀の後半には、生産規模の巨大化により、規模の利益を引き出しうる多くの産業がありました。その理由のひとつは、動力の在り方にあります。

この時代に利用可能なおもな動力は、水力と蒸気機関でした。しかし、水力には地理的な制約があります。十九世紀の終わりごろになって、内燃機関や蒸気タービン、電動機（モーター）などが実用化されるようになりますが、十九世紀の主要な動力は、一貫して、石炭を燃料とする蒸気機関でした。

ところがこの蒸気機関は、大型のものの方がエネルギー効率が高いという特徴をもっています。小さな機関では、ボイラーやピストン内部の熱が逃げやすく、熱効率が悪いのです。ピストンなどの加工精度が当時まだそれほど高くなく、小さなものでは蒸気が逃げやすい、という問題もありました。そこで、十九世紀の工場は、おしなべて大型の蒸気機関を少数設置し、シャフトを通して、動力を工場内の必要箇所に分配するという構成を取っていました。このような技術的な事情も、工場を大規模化させ、多数の工員をひとつの工場に集中して働かせるひとつの要因となりました。

ただ、工場の大規模化を推し進めた主要な原因は、やはり、交通革命による流通費用の低廉化と思われます。規模の経済を働かせる機会は、生産のあらゆる側面にわたって存在しており、動力だけが生産規模の巨大化を招いた要因ではないからです。生産部門で規模の経済を実現する可能性はすでに広範に開かれていたにもかかわらず、大量低廉な流通が可能になるまでは、それを発揮する機会が与えられなかったと考えてもらうのが正しいかと思われます。

テイラーと科学的管理法

数百人・数千人がひとつの工場に働くということは、十九世紀の中頃までは、いくつかの例外を除いて、ほとんどなかったことです。大工場の出現は、かつてはなかったさまざまな課題を提起しました。あるいは、そのようないろいろな課題を解決することなしには、工場制大工業は出現しえなかった、といってもよいかもしれません。労働の管理という問題もそのひとつでした。

資本家が親方として労働者を直接指揮するというかつての管理スタイルは、当然ながら、ごく小さな企業にのみ可能なものです。有給のマネジャー層の出現そのものが十九世紀の新しい事態でしたが、生産の現場では、仕事のペースや作業の方法を巡って、管理者側と労働者側との間に主導権の争いが生まれました。作業の仕方やペースは、かつては労働者自身あるいはかれらの「請け負い親方」が決めるものでした。しかし、多くの作業が一つの工場内で集中的に行われるようになると、各種の仕事を調整し、計画的な生産が要請されることになります。あるいは、ここでも、そのような必要が生産現場の集中と作業の管理とを招いたといった方がよいかもしれません。そうなると、労働者各自の判断で仕事が進められるのでは、さまざまな支障がでてきます。そこで、中間管理職である各種のマネジャーと労働者の関係が再定義されることになりました。

テイラーの科学的管理法は、十九世紀の後半、とくに最後の四半世紀になされた能率改善運動のさまざまの試みの中からでてきました。それは仕事を組織的に研究し、簡単な作業に分解して、それらをより合理的に再編成することで、仕事の方法を改善しようとする試みです。現在では、かれの科学的管理法のみが有名になっていますが、他にも多くの類似の試みがあったことを忘れてはいけません。テイラーが始めた時間研究や作業研究は、かれの後継者たちによって発展されて、だいたい一九三〇年代までにその標準的な形ができあがります。それは、今日、ＩＥ（Industrial Engineering）と呼ばれている生産管理の基礎をなすものですが、科学的管理法はそのような作業の管理や技術指導に止まるものではなく、賃金体系や教育計画を含むより広い視野に立つものでした。

テイラーの体系は、計画と実行の分離（あるいは構想と実行の分離）をもたらした、といわれています。管理職が構想し計画して、それを指示どおりに実行するのが労働者だというのです。これがテイラーの意図であったかどうかは別にして、生産が集中的になるにつれて、労働の内容や仕方、密度にまで管理者が口を挟むようになっていったことは事実です。ベルト・コンベアに象徴されるように、生産装置の大型化と半自動化が、仕事のやり方とリズムを決める力を労働者ひとりひとりの手から奪いとり、結果としてそれらを管理者が握ることになった、ということもあります。

一〇〇年間の思想転換

十九世紀から二十世紀への転換点にもう一度、視点をおいてみましょう。この時代の経済思想は、ほとんど例外なく、巨大化の信念に支配されていた、ということができます。十九世紀末から起こった大規模な合併・合同運動は、この時代の経営者たちの思想と展望を表すものです。すでに見たように、その判断には正当な理由がありました。大企業は、二十世紀の先進経済の中枢部分を抑える存在になりました。

巨大化の信念に支配されていたのは、資本主義企業の経営者たちだけではありません。資本主義を乗り越える新しい経済体制を求めた多くの思想家たちも、また、おなじ思想に眩暈されていました。規模の経済の追求が大きな可能性を開いてくれる。生産力が飛躍的に上昇する。そう考えて、分配の問題が近い将来解決するだろうと夢想していました。「一国一工場」というたとえが意味をもったのは、このような極限においてこそ、規模の経済が十全に発揮できると考えられたからです。

二十世紀末の現在、巨大化の信念は、すでに疑わしいものになっています。企業では、さかんに大企業病が指摘されています。一国の経済全体を計画し、組織化しようとした計画経済の限界は、だれの目にも明らかになりました。企業における分社化の推進と、計画経済における市場経済化の動きとは、軌を一にするものです。

現在では、セーブルとピオリのように、企業はふたたび十九世紀の初めのような小規模なものが中心になると大胆に予言するひとたちまで現れています（「読書案内」参照）。二十一世紀には一体どのような変化が訪れるのでしょうか。

分権化・分散化の要因

企業はもういちど小規模のものが優勢になるという考えは、単にそのような新しい傾向が生まれているという観察に基づいているだけではありません。技術の長期的な変化の方向を考えるとき、企業の規模が大きいことから得られるであろう利点と、その各部分を独立させて自律的・分散的に運営する利点とを比べるとき、もはや前者が後者よりつねに大きいと言えなくなっているという事情があるのです。

一〇〇年間になにが起こったのでしょうか。企業が十分大規模化して規模の経済を汲みつくしたということも可能です。しかし、それだけでは、大きくなった企業がもういちど小型化するという説明にはなりません。経済の技術的環境が変化して、規模の経済が発揮しにくくなった、あるいはより小さな規模でかつての大企業と同様の効率を発揮することができるようになった。これがひとつの要因です。もうひとつは、大きい組織には大きいなりのデメリット（つまり損失）があるということです。働く人の自発性に待つ仕事が多くなればなるほど、大きな組織で運営することの欠点が目立つようになります。大組織では決定に対する責任があいまいで、成果に対する報酬も平均的なものになりかねません。

それでは、働く意欲を十分発揮させることができません。こうした事情が複合して、小規模な企業の有利さがだんだん注目されるようになってきているのです。

分散化を助ける技術的動向1

このような逆転現象には、十九世紀末とは明確に異なる二十世紀末の技術の特徴が関係しています。

第一は、原動機の小型化です。電動モーターの普及は、ベルト掛けにより、中央の蒸気機関から動力を取る必要をなくしました。第二次大戦後の工作機械は、すべて一台毎に原動機のついたものになっています。現在では、一台の機械の中に、いくつもの小型モーター・超小型モーターを内蔵して、それぞれの出力を独立に出せるような設計が主流になってきています。正確な位置決めや回転速度を出すためには、これは必要なことです。

このような原動機の小型化は、一挙に実現されたものではありません。長い時間をかけた改良と改善の結果、小型で安価でかつ大出力という三拍子そろった原動機が生まれてきたのでした。その結果、機械の設計は自由度を増し、安定性と正確さと兼ね備えるようになりました。

二十世紀の初めにも、原動機を小型化することの必要と利点を理解していた人たちはいました。かれの名を冠した内燃機関の発明者ディーゼルはその一人でした。ディーゼル機関は、蒸気機関に代わる小型で効率的な原動機を開発する目的で研究されたものです（この点は、同僚の山岡茂樹氏の教示によります）。現在では、人手で運べるような小型のディーゼルが開発されていますが、ディーゼルの生存中にはかれの夢は果たせませんでした。

現在では、ほとんどの工作機械は、独立して一人の人間が効率良く稼動させることができるものになっています。昔のように、大規模な工場に入って、多数が並んで同じ仕事をする必要は少なくなってしまいました。

分散化を助ける技術動向2

企業の小型化を推進する第二の要因は、情報処理装置の小型化です。パーソナル・コンピュータやマイクロ・コンピュータをその代表に上げることができます。かつては、大企業にただ一台と考えられていた情報処理機能が個人や個別の機械のために使うことが可能になりました。

これは一チップのマイクロプロセッサーがLSI（大規模集積回路）として実現したからです。マイクロプロセッサーを直接・間接に組み込んだ、種々の制御装置が安価につかえるようになり、自動制御の範囲がぐっと広がりました。代表的な存在は、数値制御旋盤（いわゆるNC旋盤）です。これは切削対象の性質によって、種々の切削条件を与えることができ、材料をセットしさえすれば、与えられた条件にしたがって、自動的に加工してくれます。旋盤加工ほど使用条件の変わらないものでは、マイクロプロセッサーに制御条件を記憶させれば、自動車エンジンの燃料噴出制御やブレーキ制御、家庭電化製品の使用条件制御などに用いることもできます。

安価なコンピュータの出現は、機械・装置の操作に必要な人員を大幅に減少させることになりました。火力発電所では、かつては発電機の回りに十数名という人が働いていましたが、現在では数名の保守要員がコンピュータ制御室にいて異常がないか監視しているだけです。大型の機械・大容量の装置・機械といえども、かならずしも多数の人間により保守されなくて良くなりました。これは生産の現場で、同じ量の生産を行いながら、その機械・装置の周辺で働く人の数を何分の一かに縮小することを可能にしました。このような縮小は、あらゆる生産の現場で可能なことです。この結果、生産の現場に必要な人員の総数が減少し、企業が人員の上でより小さな生産現場をもつことが可能になりました。これは一企業がかかえる労働者数を減少させる強い要因になっています。

分散化を助ける技術動向3

光ファイバーに代表される通信回線の大容量化と費用の低廉化、パソコンの普及は、個人が会社から離れた地点で独立して働くことを部分的に可能にしつつあります。いわゆるテレワークの出現です。

もちろん、テレワークでほとんどすべての仕事を済ますことができる職種は、限られています。翻訳家、図案家、作曲家、著述業、コピー・ライター、イラストレーター、校正編集者、など主として自由業に限られます。しかし、週の中頃には出社し、一定の打ち合わせをしたあと、週の残りを自宅での仕事で済ますことができる人は、もっとたくさんいるはずです。

テレワークが仕事の大部分をしめるような場合には、その仕事を会社の仕事として組織の内部に取り込んでおく必要は小さくなります。自由業の場合とおなじように、ひとつひとつの仕事の出来高に応じて報酬をはらうことにすれば、そのような個人は会社からむしろ独立して仕事をする方が、責任も報酬もはっきりして能率も上がるに違いありません。通信の発達と情報処理装置の低廉化・小型化は、このように独立した仕事の範囲を押し広げ、現在の自由業がそうであるような、小規模の事務所を構えた企業形態の比率をより高めていくことになるでしょう。

多様性の維持

そうはいっても、すべての仕事が一挙に小規模企業で行えるようになる訳ではありません。規模の経済が働く場面は、生産以外にも、いくらもあります。仕事の平準化などの理由から、ある程度の顧客数を必要とするところでは、何人かの同業者がチームを組んで事務所を運営することは今後も続くでしょう。仕事を相互に配分して、仕事量を平準化することは、仕事の遂行上規模の経済の一切ない場合でも必要なことです。

重厚長大の時代は去ったといわれながら、装置産業では、一国の需要の何分の一かを一基で供給するような巨大装置の優位さは、なお続くと考えられます。したがって、上に考察したように、装置一台あたりの労働者数は従来に比べれば格段に減りながらも、全体としてはなお大企業として運営される産業は残るに違いありません。

二十一世紀を考えるにあたって重要なことは、企業規模の大きさは、もはや儲けの多さを保証するものではないということです。小さくとも高い利潤率・付加価値率をもつ企業が今後もっと出てくるものと考えられます。

情報化社会の限界

二十一世紀には、情報化がますます進展します。その影響は、驚くほど広くまた深いものになるでしょう。しかし、コンピュータとテレコミュニケーションがいくら発達しても、それが得手とする領域の性質は当分大きく変わることはないでしょう。それは、従来人間が行ってきた定型的な処理を機械的な処理に移すところにあります。

たとえばEC（電子取引）は、毎日大量におこなう取引の「あと処理」には大変有効なものになります。人間が行うよりはるかに正確に所有権の移転と決済とをおこなうことになるでしょう。しかし、取引そのものは、依然として人間の指令に基づいて行われるものであり続けるに違いありません。そうでなければ、人間の尊厳が保てないとか、人間の最終決定権が侵害されるというのではありません。コンピュータ取引のように、コンピュータ自身がみずから考えて取引を自動的に行うようにしても、そのことによるメリットはあまりないからです。

新古典派経済学は、消費者が予算制約内でその効用を最大化するよう行動すると考えました。しかし、近い将来実現するのは、そのような効用最大化計算に基づいて商品を発注するコンピュータではなく、毎週・毎月、ほぼ定量的に発注される部分について自動的に発注するシステムでしょう。

それでも、そのような自動発注システムが無駄なく機能するためには、特別なチェック装置とセットになったものでなければなりません。発注され納入された消費財が、家庭内で実際どのように消費され、どれだけ残されているか、チェックし、消費量の多寡によって、次回の発注を増減するようなものでないかぎり、何か月も自動発注システムに任せる訳にはいきません。

お米については、このようなチェックは可能です。なぜなら、適当な日時に配達されると、それは普通、特定の容器に収められるからです。この容器に計量装置をつけ、自動発注システムのコンピュータと通信させれば、毎月の発注日に残量をチェックして注文量を増減させることができます。予定外の使用があって底をつきそうな場合に、早めに発注させることも可能です。

ただ、このような管理のできるものは、生活用品の中ではそう多くはありません。たとえば、ポケット用のティッシュ・ペーパーについて同じような管理をするには、それがどこか一定の場所に置かれるのでなければ難しいでしょう。定期的に家の中を動き回って、ものを整理整頓し、残量を報告するロボットが開発されれば話は別でしょうが、主婦の夢のようなロボットが実用化されるのはまだまだ先のことと思われます。

実物域の改善が鍵

上の例は、コンピュータによる自動化システムがうまく機能するためには、情報域の進歩だけでは限界があることを意味しています。情報域をうまく生かすためには、生活面でそれに対応した工夫と習慣が必要になるからです。今後は、情報域の進歩の方が速く、そちらの方面での制約は比較的簡単に解決されるようになります。そうなると、問題になるのは、情報域の進歩ではなく、むしろわれわれの生活習慣をも含めた実物域の方です。

家が広くなり、うまい収納システムが備えられるようになれば、ティッシュ・ペーパーは必要なだけ一定の場所から取り出し、つねに在庫が確認されるようになるでしょう。しかし、家庭内にある千差万別の商品のほとんどをうまく収納してしまうような棚を設計することは至難の技です。また、そのような棚が設計されたとしても、それに合わせてわれわれがつねに行動するようになるには、まだまだ時間がかかりそうです。

当分の間は、そんな窮屈な生活をするよりは、毎月電卓をたたくように、商品を自分で発注するほうが良い、という状況が続くことでしょう。

情報機器の発達は、われわれの生活の仕方に新しい可能性を切り開くものですが、その可能性を十分に利用するためには、われわれの方も変わらなければなりません。情報機器の進歩は、われわれの行動の進化と独立にあるものではありません。両者はインターフェースを通してつよく結びついている訳ですから、そちらの一方のみが進化を続けることはありえません。共進化が必要なのです。

生産と流通の領域

情報域の進歩が進めば進むほど、ネックになるのは実物域です。一見逆説的に見えるかもしれませんが、情報域のみが独立して機能するのでない以上、これは当然のことです。この関係は、生産や流通の領域でも同様です。生活の領域に比べれば、この領域で実物の処理方法を変えていくのは比較的やさしいことといえます。なぜなら、それは人々の仕事の領域であり、習慣形成もより意識的になされているからです。とはいえ、情報機器が発達すればするほど、その機能を発揮させるために実物域の再設計とその実施可能性とが重要になってくることは変わりありません。

情報化が急速に進展するとき、得てして人々の陥りやすい落し穴は、生産性向上の鍵を情報機器の方に求めることです。繰り返しになりますが、情報機器の導入それ自体で、生産性が大幅に改善されることはありません。それらをうまく利用する仕事のやり方の工夫や制度的な側面の整備があって、はじめて大きな成果が得られます。

ＥＣ（電子取引）などを効率よく行うには、商品の仕様の特定が容易にできるコード化システムの開発が必要になります。それはコンピュータ内部のことではなく、むしろ社会制度の問題です。社会工学的な設計問題といってもよいかもしれません。

実物域の改善で今後の参考になるのは、コンテナ輸送の実用化でしょう。コンテナと呼ばれる大型の箱に貨物を積んで輸送することは、十九世紀末の北アメリカで考案されました。一九二〇年頃から欧米の鉄道輸送に利用されるようになり、一九六〇年以降、輸送と荷役を近代化する中核的な発明となりました。現在では、国内輸送はもとより、国際海運においても、雑貨輸送に欠くことのできない方式として定着しています。

コンテナ輸送で特徴的なことは、コンテナだけでは十分な効果を発揮できないことです。コンテナ自身の規格化とそれに対応するコンテナ・トラック、コンテナ船、さらにはコンテナの積み降ろしに使われるガントリー・クレーンなどが整備されてはじめて、ドアからドアへのコンテナ輸送が効率的なものになります。このように横のつながりの整備がコンテナ輸送の実用化・効率向上に重要な役割を果たしました。

情報化の進展を実物域で効率よく利用するためには、コンテナ輸送の場合と同様に、横のつながりの整備が必要になります。違いはといえば、その整備の中心が、資本設備よりも、規格化・標準化など、むしろ社会制度面の開発に置かれることになることでしょう。残念ながら、日本は、この方面があまり得意とはいえません。技術の主力が単品の商品開発に偏っていて、システム工学的な開発、あるいは社会工学的な開発の経験が少ないからです。技術評論家の森谷正規氏は、かねてより「技術を社会に向ける」ことを提唱されていますが、耳を傾けるべき提案といわなければなりません。

複雑系経済学の将来

最後に、このような二十一世紀において、複雑系の経済学は、どのような課題をもち、どのような役割をはたせるでしょうか。

第12章で、収穫逓増にさまざまな現れ方があることを説明しました。規模の経済・範囲の経済・連結の効果・学習の効果などです。これらが今後どのような現れ方をするか。とくに情報化の進展に伴って、どのような効果が強く現れてくるか。それを観察し、商品開発の方向や自社の企業形態の改編方向を占うことは、今後も必要なことです。

他方で、計算量の限界に着目して、情報処理装置の適切な利用・応用を考えることも、依然として有効でしょう。二十世紀の経験は、人間がこれまで習慣的にやってきたことを情報域に移管することの有効性を証明しています。しかし、コンピュータに内蔵されたプログラムないし人工知能に、創造性をもとめること、重大な判断を任せることには、まだまだ警戒が必要です。

生産工程や配送などは、ますます自動化されていくに違いありません。しかし、制御過程を下手にコンピュータに内蔵すると、それがブラックボックスとなり、周囲で働く人達の創意・工夫が生かせなくなります。コンピュータは、基本的には所与の条件のもとで、計算できることを計算するにすぎません。与件を変え、機能を高めていくのは、依然として人間であることを忘れてはならないでしょう。そのためには、トヨタ生産方式で追求されたように、自動化そのものも、目に見えるものでなければなりません。

複雑系経済学は、未来予測の科学ではありません。二十一世紀の経済・経営・社会がどうなっていくかは、つねに変化する動向のなかで、見極める以外にありません。もし、社会のある部分でポジティヴ・フィードバックが働いていることが発見できれば、一定の限界内で、その傾向を外挿《がいそう》して、いくらかの予言は可能でしょう。しかし、複雑系経済学の本領は、そのような予見にあるのではなく、経済の働きや経済制度の進化の方向についてやや長期にわたる考察を可能にすることにあります。それは絶対的なものではありませんが、これまで信じられてきた単純な仮定に基づく経済学よりは、ことの内実に立ち入った考察を可能にしてくれるものと思われます。これは予想であるとともに、複雑系経済学によせるわたしの期待でもあります。

読書案内

ここに載せるのは、本書を読んだのち、複雑系経済学についてさらに考えてみたい読者のための、リストです。なるべく少数の本を選んでのせました。長いリストでは、まずどれを読んだらいいか、分からなくなるからです。

「序文」でも断っているように、複雑系経済学は、既成の体系がある訳ではありません。構想はあっても、基本的にはこれから作っていかなければならない学問です。ですから、この本は入門書ですが、「この章は、この本の内容に依拠して書いた」というような典拠は、二・三の章をのぞいてありません。各章の読書案内に挙げたのは、その章を読んで、もっと知りたい・考えたいというとき、さらに考えていく手掛かりになりそうなものを選びました。その章と「問題意識」に共通するところがあるものといってもよいでしょう。各部・各章の表題とかならずしも一致しない見出しは、そんな問題意識へのひとつの手掛かりにしてください。

採用は、原則として、日本語で出版されているものにかぎりました。ただし、雑誌でも、一号全部が「複雑系」特集の場合には、紹介してあります。数学や物理学などの専門書は、省きました。

本文の中で引用ないし参照されているものが、掲出されているとはかぎりません。ひとつの主題を越えて引用する場合には、②―1などと表記します。

本書全般

①複雑系経済学への思索

1 塩沢由典『市場の秩序学――反均衡から複雑系へ』ちくま学芸文庫、一九九八年

2 塩沢由典『複雑さの帰結――複雑系経済学試論』NTT出版、一九九七年

3 西山賢一『免疫ネットワークの時代――複雑系でよむ現代』NHKブックス、一九九五年

4 西山賢一『複雑系としての経済――豊かなモノ離れ社会へ』NHKブックス、一九九七年

5 週刊ダイヤモンド編集部・ダイヤモンド・ハーバード・ビジネス編集部共編『複雑系の経済学』ダイヤモンド社、一九九七年

複雑系の話題を紹介したものは他にもいくつか本がでていますが、「複雑系」、「複雑さ」をキー・ワードに経済学を考えようとした本は限られています。1、2は、わたし自身が

どう考えて、複雑系という主題にぶつかり、そのあとどう考えてきたか知ってもらうことができます。第3部の内容をより先まで考えたい人には、読んでもらいたい本です。3、4は、化学、生態学、文化理論をわたり歩いてきた著者が、この方面の新しい知見を生かして、経営学・経済学に切り込んだもの。認知科学方面の話題が豊富です。5は、『週刊ダイヤモンド』一九九六年一一月二日号（特集「複雑系」の衝撃）の再編集本。この特集は、ビジネス・経済方面に複雑系を売り込む「衝撃」になりました。5の続編として『複雑系の経済学［入門と実践］』も出ています。この本には、カオスと自己組織化の視点はあるものの、複雑系経済学の二本の柱である「限定合理性」と「収穫逓増」の内、前者を方法として否定し、後者の理論上の新しさを認めようとしない立場に立っています。

②複雑系関係ビジネス書

1　田坂広志『複雑系の経営』東洋経済新報社、一九九七年

2　北浜流一郎『株は「複雑系」でわかる』ダイヤモンド社、一九九七年

田坂は、早くからプリゴジン系統の複雑系の考えと言葉で経営を考えようとしてきました。しかし、田坂によれば、1は、現代科学の最先端の理論を「経営」に応用しようとしたものではありません。時代の先端を走っているのは「経営」であり、現代科学はその歩

みを追いかけているに過ぎない、といいます。2は、いかにも便乗本のような表題ですが、読んでみると意外にしっかりした「投資哲学」が展開されています。この本で中心になるのは、自己組織化と自己組織臨界の概念です。とくに、後者は、株式投資に確実性がありえないことをよく説明しています（「複雑系」を掲げるビジネス書のなかには、複雑系研究となんの関係もない内容のものもあります。この種の便乗本にひっかからないよう気をつけて下さい）。

第1部

③現代経済学の方法的批判

1 B・J・コールドウェル『実証主義を超えて――20世紀経済科学方法論』堀田一善・渡辺直樹監訳、中央経済社、一九八九年

2 D・N・マクロスキー『レトリカル・エコノミクス――経済学のポストモダン』長尾史郎訳、ハーベスト社、一九九二年

3 S・アンドレスキー『社会科学の神話』（原題 *Social Sciences as Sorcery*）矢沢修次郎・熊谷苑子訳、日本経済新聞社、一九八三年

経済学の科学方法論は、長い間、ポッパーとラカトシュの影響を受けてきました。それ

をひとことでいえば「実証主義」でした。しかし、仮説・理論形成とその検証ないし反証によるチェックという形で経済学が進歩してきたという主張には、事実として疑問があります。1は、経済学方法論を支配してきた実証主義にかんする詳細な再評価で、方法論的多元主義を唱えています。2は、経済学の学説の受容を支配しているのはレトリカルな説得力であり、そのことを自覚して、「モダニズム」(近代主義)を超えるべきだと示唆しています。著者の専門は経済史ですが、「経済学方法論におけるファイヤアーベント」のような存在です。科学哲学者ファイヤアーベントは「知のアナキズム」を唱えました。3は、社会進化論を唱えたスペンサーを高く評価する社会学者の本。社会に関する深い認識は、社会を変えようとする改革派とそれに反対する保守派との間の熾烈な討論の結果として生まれてきたことを指摘しています。

第1章

④経済政策と経済学の今日

1　A・L・マラブル、Jr.『エコノミストはつねに間違う』(原題 *Lost Prophets*) 仁平和夫訳、日経BP出版センター、一九九四年

2　P・クルーグマン『経済政策を売り歩く人々――エコノミストのセンスとナンセンス』(原題 *Peddling Prosperity: Economic Sense and Nonsense in the Age of Diminished Expecta-*

tions）伊藤隆敏監訳／北村行伸・妹尾美起訳、ちくま学芸文庫、二〇〇九年

3 P・オルメロッド『経済学は死んだ――いま、エコノミストは何を問われているか』斎藤精一郎訳、ダイヤモンド社、一九九五年

1、2、ともに本文中で言及しています。第1章を書くにも参考にさせてもらいました。日本で1のような本がでないのは、対象となる政策形成過程自体が貧弱だからでしょうか、それとも科学ジャーナリズムとおなじく、このような知的現象を同時代的に考察するジャーナリズムのセンスがかけているからでしょうか。3はイギリスから見た「経済学のいま」の批判。第二部には非線形力学系と複雑系への関心も示されています。

第2章

⑤社会主義計画経済の歴史と理論

1 F・A・ハイエク『科学による反革命――理性の濫用』佐藤茂行訳、木鐸社、一九七九年

2 岩田昌征《まさゆき》『現代社会主義の新地平』日本評論社、一九八三年

3 藤田整《せい》『社会主義経済と価値法則』日本評論社、一九六七年

4 西部忠《まこと》『市場像の系譜学――「経済計算論争」をめぐるヴィジョン』東洋経済新報社、

一九九六年

社会主義計画経済の歴史については、膨大な文献があります。それにもかかわらず、（あるいは、だからこそ）現在の地点に立って、計画経済の歴史に学びなおすための一冊の本となると、なかなか適当なものがありません。計画経済の思想の起源、実現の努力の実際、計画の経済理論、現在の理論的反省の四点を総合する著作の出現がのぞまれます。

1は社会主義計画思想の起源にまで遡り、批判的に考察したものです。「理性の濫用」を戒めるという姿勢は、「合理性の限界」を自覚したうえで、研究を進めようとする本書の立場と通ずるものがあります。2は「現存した社会主義経済」の研究家による経済学的省察。自主管理社会主義の実態と困難にまで分析が行きとどいています。3は、六〇年代までのソ連における価値と価格を巡るソ連の理論と経験を比較的正確にまとめています。このあたりまで遡って、当時の理論に何が欠けていたか、議論しなおす必要があるでしょう。4は、社会主義経済計算論争の現時点にたったまとめです。

第3章

⑥買物行動の実際

1 J・レイヴ『日常生活の認知行動――ひとは日常生活でどう計算し、実践するか』無

藤隆・山下清美・中野茂・中村美代子訳、新曜社、一九九五年

家庭経済学の多くの研究者がいながら、買物行動の思考過程にまで踏み込んだ研究はあまりありません。1は、認知科学の状況派のリーダーによる日常の買物行動の研究です。

⑦経済学批判の経済学説史

1 塩沢由典『近代経済学の反省』日本経済新聞社、一九八三年

2 宮崎義一《よしかず》『近代経済学の史的展開――「ケインズ革命」以後の現代資本主義像』有斐閣、一九六七年（軽装版一九八五年）

3 松嶋敦茂《あつしげ》『現代経済学史一八七〇～一九七〇――競合的パラダイムの展開』名古屋大学出版会、一九九六年

4 大田一廣・鈴木信雄・高哲男・八木紀一郎編『経済思想史――社会認識の諸類型』名古屋大学出版会、一九九五年、新版二〇〇六年

5 吉田雅明『ケインズ――歴史的時間から複雑系へ』日本経済評論社、一九九七年

新古典派経済学の印象的批判は多いのですが、それを理論的・体系的に行ったものは、そう多いとはいえません。1は絶版ですが、一般均衡理論の内部構造にまで立ち入って分

析したものです。2は、一九二〇年代から五〇年代までの「ケインズ革命」を中心とする経済的思考を紹介しています。理論紹介にも学説史にも偏らない絶妙なバランスに立っています。ケインズの『一般理論』そのものを含めて、この当時の経済学に「もうひとつの道」がありえたのではないかと予感させてくれます。3は、2より前後にやや長い視野をもっていますが、2と同じように、新古典派の時代といわれる限界革命以後にも、「いくつもの経済学」の可能性があったことを教えてくれます。

4は、古典から現代にいたる二一人の経済学者の著作・理論・時代背景と影響について、それぞれコンパクトにまとめられています。分担共著の本ですが、序章・終章を併せて読むと、骨格もなかなかしっかりしていて、新古典派経済学に代替しうる経済学の根強い流れがあり、それが現代にまで続いていることを示しています。

わたし自身は、この本の流れでいうと、ケネー、リカード、マルクス、スラッファと続く経済を「再生産」の観点から考察しようという立場から出発しました。しかし、その後、複雑さの問題にぶつかることによって、ヒューム、スミス、メンガー、ハイエクという流れからも多くを学んでいます。複雑系経済学は、学説史の流れに位置付けると、新古典派経済学によって忘れ去られた古典派経済学への「復帰」という側面をもっています。たんなる目新しさの追求ではないことに注意してください。

5は、ケインズの『貨幣論』を掘り下げていくと、複雑系の構想にぶつかるという「最もラジカル」なケインズ解釈です。第2部では、コンピュータ・シミュレーションによる「複雑系としての経済」の研究手法が提案されています。

第2部

⑧複雑系科学と科学革命

1 吉永良正『「複雑系」とは何か』講談社現代新書、一九九六年

2 M・ミッチェル・ワールドロップ『複雑系』田中三彦・遠山峻征《たかゆき》訳、新潮文庫、二〇〇〇年

3 I・プリゴジンとI・スタンジェール『混沌からの秩序』伏見康治・伏見譲・松枝秀明訳、みすず書房、一九八七年

4 ギタ・ペシス－パステルナーク『デカルトなんかいらない？——カオスから人工知能まで、現代科学をめぐる20の対話』（原題 *Faut-il brûler Descartes?*）松浦俊輔訳、産業図書、一九九三年

5 松岡正剛ほか『複雑性の海へ』NTT出版、一九九四年

6 『大航海』（特集「複雑系」批判的入門）第一六号、一九九七年六月

7 T・クーン『科学革命の構造』中山茂訳、みすず書房、一九七一年

複雑系の科学全般にわたる解説書は多くありません。1は、短い中に全体的な動きをよく捉えています。日本の研究にも、目が届いています。吉永のような科学ジャーナリストがもっと出てくることが、日本の科学を大きな意味で独創的なものにする必要条件であることに専門科学者は気付いてほしいと思います。2は、サンタフェ研究所の成り立ちと、そこに集まった人達の「思想的冒険」の物語です。日本の複雑系ブームは、この翻訳が作りました。

3は、複雑系の科学（直訳では「複雑性の科学」）の必然性と可能性とを科学の歴史の中で説得的に示しています。各国でベストセラーとなり、複雑系科学への関心を育てた意味で、大きな貢献をしました。

4は、フランスの科学ジャーナリストによるインタヴュー集。3の刺激を受けて八〇年代のフランスでどのような思索がなされたか、雰囲気が分かります。評価が決まる以前の最先端の話をジャーナリストが読者とともに考えようとしているところにフランスの知的世界の深さをのぞき見る気がします。

5は、日本において「複雑系科学」を正面に掲げて編まれた最初の本。計算機科学などの話題が多いのが特徴です。6は、「複雑系ブーム」後の雑誌の特集ですが、表題のごとく複雑系の科学にたいし批判的な考察を特集しています。松原隆一郎論文の指摘はおおむね正しく、複雑系経済学はその批判に答える必要があります。このようなきちんとした批判が出ることは、複雑系の研究の将来にとって重要なことです。7は、いわゆる「科学革命」の提唱者による古典。一度、自分で読んでみる必要があります。

⑨複雑系科学への構想

1 G・ニコリスとI・プリゴジン『複雑性の探究』安孫子誠也・北原和夫訳、みすず書房、一九九三年

2 H・ハーケン『自然の造形と社会の秩序』高木隆司《りゅうじ》訳、東海大学出版会、一九八五年

3 K・マインツァー『複雑系思考』中村量空《りょうくう》訳、シュプリンガー・フェアラーク東京、一九九七年

4 M・ゲルマン『クォークとジャガー――たゆみなく進化する複雑系』野本陽代《はるよ》訳、草思社、一九九七年

1は、プリゴジンの考える複雑性科学とはどんなものであるか、ニコリスとの共同作業で、その構想を展開したものです。⑧―3に比べて、専門的ですが、複雑性の科学について本格的に勉強するには、本書を消化することは欠かせません。

2は、シナージェティクスを唱えた著者による社会をも含む「協同現象」の科学の一般向け解説。3は、アイゲン、ハーケンなどの伝統をもつドイツからみた複雑系研究の思想

史。自然科学と社会科学の境界がないのがドイツの複雑系研究者の特徴です。それには良いところも、悪いところもあります。4はクォーク理論の提唱者でサンタフェ研究所の守護聖人が「複雑適応系」をどう見、どう考えてきたか興味あるところです。

第4章

⑩複雑系研究の古典

1 N・ウィーナー『サイバネティックス――動物と機械における制御と通信』[第2版] 池原止戈夫《しかお》・彌永昌吉《いやながしょうきち》・室賀《むろが》三郎・戸田巌《いわお》訳、岩波文庫、二〇一一年

2 H・A・サイモン『システムの科学』[新版] 稲葉元吉・吉原英樹訳、パーソナルメディア、一九八七年

3 E・モラン『意識ある科学』村上光彦訳、法政大学出版局、一九八八年

4 N・ルーマン『信頼――社会的な複雑性の縮減メカニズム』大庭健・正村俊之訳、勁草書房、一九九〇年

数学者の辻下徹も、物理学者の米沢富美子《ふみこ》も、現代の複雑系の研究は、1から始まったと考えています。現に、情報・フィードバック・自己組織化・学習・引き込みなどのキー・ワードがすでにこの本にみえ、脳の複雑さにかんする関心も表明されています。2は、

モンペリエ・シンポジウムでプローマンによって、複雑系科学の三人のキー・パーソンの一人として上げられたサイモンの著書。論文集ですが、複雑系研究としてもっともまとまったものです。⑨―1も、この項目に挙げられるべきでしょう。

3は、著者の社会学方法論『方法1. 自然の自然』ほかの三部作への解題ともいうべき性格をもっています。ただし、この本のキー・ワードである"complexité"は、「複雑性」ではなく「複合性」と訳されています。4は、副題がその問題意識をよく表しています。

第5章

⑪計算量の理論

1 伊理政夫・野崎昭弘・野下浩平編著『計算の効率化とその限界』(数学セミナー増刊、入門・現代の数学〔13〕)、日本評論社、一九八〇年

2 J・L・キャスティ『複雑性とパラドックス』(原題 *Complexification: Explaining a Paradoxical World Through the Science of Surprise*) 佐々木光俊訳、白揚社、一九九六年

計算量の理論は、その哲学的・認識論的重要さにもかかわらず、数学の専門家でない人にも分かるような適切な解説書・入門書がないのは困ったことです。1は、雑誌の「増刊号」として出たもので、いまでは手に入れにくいのですが、おおくの話題が簡潔に紹介さ

れています。効用最大化の計算の手間の問題についてわたしに気付かせてくれたのも、この「増刊号」です。2は、複雑さは「驚き」をもたらすという著者の哲学に基づいて、数理科学の諸方面を紹介しており、数列の「複雑さ」の定義にかんするチェイティンの仕事なども含まれています。しかし、どうもまだ（無限合理性を仮定する）「神の立場の数学」に立っているようで、合理性の限界への興味はあまりなさそうです。キャスティには、他にもいくつか翻訳があります。『複雑系による科学革命』（原題 *Would-Be Worlds*）という表題の本もありますが、2と大差ないもので、日本語版表題にはやや過大広告のきらいがあります。

第6章

⑫カオス、フラクタルと新しい自然観

1 井上政義『やさしくわかるカオスと複雑系の科学』日本実業出版社、一九九六年

2 R・L・デバニー『カオス力学系の基礎』（原題 *A First Course in Chaotic Dynamical Systems: Theory and Experiment*）上江洌《うえず》達也・重本和泰・久保博嗣・田崎秀一訳、アジソン・ウェスレイ・パブリッシャーズ・ジャパン（発売星雲社）、一九九七年

3 武者利光『ゆらぎの世界』講談社ブルーバックス、一九八〇年

4 M・シュレーダー『フラクタル・カオス・パワー則——はてなし世界からの覚え書』

竹迫一雄訳、森北出版、一九九七年

5 津田一郎『カオス的脳観──脳の新しいモデルをめざして』サイエンス社、一九九〇年

6 金子邦彦・津田一郎『複雑系のカオス的シナリオ』朝倉書店、一九九六年

7 R・M・グッドウィン『カオス経済動学』有賀裕二訳、多賀出版、一九九二年

8 斎藤清『非線形経済現象の実証的アプローチ』晃洋書房、一九九〇年

カオスについては、九〇年代前半にたくさんの本がでたので、挙げきれません。多くは、数学者・物理学者が理系の学生・研究者相手に書いたもので、数学の素養のないひとには近寄れません。1は、「やさしくわかる」の惹句のある通りの雰囲気を演出していますが、中身はかなり盛り沢山です。しかし、社会科学の方面ではこの本を消化すれば、カオス関係はひとまず十分です。カオス理論が数学でもあることを確認したい人、カオス力学系をきちんと勉強してみたい人は、まず2を読んでみてください。

3は、ゆらぎの世界の広さとゆたかさを教えてくれます。4は、フラクタルやベキ法則の普遍性を自己相似という観点から多様に論じたもの。厚さを恐れなければ、やさしい本です。最近の数理科学に基づく新しい自然観に統一のあることを感じさせてくれます。5は、複雑系研究のもっとも大胆な数学者による「脳」への接近の試み。数学者だけに計算

論的な視点もきちんと入っています。6は、日本のカオス研究・複雑系研究をリードしてきた二人による複雑系物理学の成立宣言。日本での物理系統の複雑系を語るには、避けて通れません。

カオスの経済動学への応用については、カオス理論の初期から多くのひとがねらってきました。問題は、ただカオスが出ればいいというのではなく、経済をカオス力学系と捉えるとき、それが経済の動きを従来以上に明らかにしてくれるかどうかにあります。7は、長い間、経済学における非線形動学を研究してきた著者による「カオス動学」の紹介。訳者による多数のグラフもはいっています。8は、徹底した現象論に基づいた、経済変数の相関分析。下手に背後の方程式を求めようとしないところが前衛的です。

第3部第7章

⑬複雑な環境における経済行動

①の1、②の2、①の4、④の1を参照してください。

⑭経済制度と歴史

1　D・C・ノース『制度・制度変化・経済成果』竹下公視《こうし》訳、晃洋書房、一九九四年

2　青木昌彦『経済システムの進化と多元性——比較制度分析序説』東洋経済新報社、一

九九五年、『比較制度分析序説――経済システムの進化と多元性』講談社学術文庫、二〇〇八年

3 宮沢健一『制度と情報の経済学』有斐閣、一九八八年

4 G・M・ホジソン『現代制度派経済学宣言』（原題 *Economics and Institutions: A Manifesto for a Modern Institutional Economics*）八木紀一郎・橋本昭一・家本博一《ひろいち》・中矢俊博訳、名古屋大学出版会、一九九七年

D・C・ノースは、経済史を理論の枠組みで考えようとしてきた数少ない経済学者。一九九三年にノーベル経済学賞を受賞しています。1は、そのノースによる「制度の経済学」の教科書ともいえる存在。2も、比較経済分析で世界の学界をリードする著者による比較制度分析（CIA）への入門書。これで助走をつけたら、次は青木昌彦『日本経済の制度分析――情報・インセンティブ・交渉ゲーム』（永易浩一《ながやすこういち》訳、筑摩書房、一九九二年）に挑戦して下さい。3は、審議会などを通して日本の新しい制度設計の問題に取り組んできた著者による制度経済学への招待。知的財産権・製造物責任など、「法と経済学」への経済学側からの日本の到達点を示しています。4はヨーロッパにおける進化経済学の旗手による「制度」を巡る経済学説の歴史。

⑮技術の進歩と進化

1 中岡哲郎『工場の哲学』平凡社、一九七一年
2 N. Rosenberg, *Inside the Black Box: Technology and Economics*, Cambridge, England: Cambridge University Press, 1982.
3 R. Nelson and S. Winter, *An Evolutionary Theory of Economic Change*, Cambridge, Massachusetts: The Belknap Press of Harvard University Press, 1982.

日本は、「技術論論争」に象徴されるように、かつては技術にかんする論考の活発な国でした。しかし、最近では、技術立国と言われながら、技術予測の方面をのぞいて、本格的研究が少なくなっていないでしょうか。1は、技術をそれが適用される現場である工程における人間行動にまで立ち戻って考察した古典的作品です。2は、かならずしも著者の創案ではありませんが、「小さな技術進歩」や「使うことによる学習」など複雑系経済学として注目すべき論点が扱われています。3は、技術を体現する諸ルーティンを経済システムにおける「遺伝子」と見て、進化論的な過程として技術進歩を考えようという構想に立つものです。進化経済学のひとつの立場を代表しています。

第8章

⑯複雑さとシステム理論

1　北原貞輔『システム科学入門』有斐閣ブックス、一九八六年
2　L・フォン・ベルタランフィ『一般システム理論』長野敬・太田邦昌《くによし》訳、みすず書房、一九七三年
3　P・チェックランド『新しいシステムアプローチ――システム思考とシステム実践』高原康彦、中野文平監訳、オーム社、一九八五年
4　吉田民人『自己組織性の情報科学』新曜社、一九九〇年

1は、社会科学のためのシステム理論入門。著者もいうように、多くの用語や概念もきちんと説明されていて、「辞書」としても使えます。2は、一般システム理論の提唱者によるもの。システム理論を語る場合には、いちどは読んでみなければなりません。3は、長年のコンサルタント業務の成果をまとめたもの。ゆるやかな結合系の哲学を提示しています。4は、ウィーナーに深い影響をうけた社会学者による記号と行動の理論化の試み。本書で紹介したCD変換も、より広い枠組みのなかで位置付けられています。吉田は、従来の「法則定立科学」という科学のパラダイムに代わる「プログラム解明科学」という大構想をもっています。

第9章

⑰企業という複雑系

1 J・G・マーチとH・A・サイモン『オーガニゼーションズ』土屋守章訳、ダイヤモンド社、一九七七年、第2版二〇一四年

2 R・M・サイアートとJ・G・マーチ『企業の行動理論』松田武彦・井上恒夫訳、ダイヤモンド社、一九六七年

3 H・ミンツバーグ『人間感覚のマネジメント——行き過ぎた合理主義への抗議』(原題 *Mintzberg on Management*) 北野利信訳、ダイヤモンド社、一九九一年

1は、番号のつけられた命題たちから構成されていて、スピノザの『エチカ』を彷彿させます。第6章「合理性の認知限界」は原著出版の一九五八年としては、驚くべき先見性に満ちた洞察です。「状況の定義」といった重要な主題が語られています。2の第5章「組織による選択」では、この本の立場を「企業を全的合理性 (omnisciently rational) のシステムとしてではなく、適応的合理性 (adaptively rational) のシステムとして、特徴づける」と宣言されています。3副題の「行き過ぎた合理主義への抗議」が、この本の雰囲気をよく表しています。その抗議の一部はサイモンに向けられています。この翻訳の成功に

よって、ミンツバーグの主著『マネジャーの仕事』(奥村哲史・須貝栄訳、白桃書房、一九九三年)も翻訳されました。

⑱組織における学習

1 野中郁次郎・竹内弘高『知識創造企業』(原題 *The Knowledge Creating Company*)梅本勝博訳、東洋経済新報社、一九九六年
2 小池和男『日本企業の人材形成』中公新書、一九九七年
3 J・レイヴとE・ウェンガー『状況に埋め込まれた学習——正統的周辺参加』佐伯胖《ゆたか》訳、福島正人解説、産業図書、一九九三年

1知識の古典的な理解に対し、著者らの新しい知識観を提示し、組織における知識創造とそのための経営方策が、豊富な事例とともに語られています。第2章は、経済学・経営学が「知識」についてどう考えてきたかの学説小史にもなっています。2は、企業における知的熟練の在り方を考察してきた著者がOJT(On-the-Job-Training)の重要性を明らかにした本。3は、認知科学における計算主義にたいし、状況派の立場から徒弟見習いの意義を明らかにしたもの。2、3を合わせ読むと、認知科学からの接近と労働研究からの接近の二つが相互に近づいてきているのが分かります。

第4部第10章

⑲自己組織化

1 北川敏男・伊藤重行編『システム思考の源流と発展』九州大学出版会、一九八七年

2 H・R・マトゥラーナとF・J・ヴァレラ『オートポイエーシス――生命システムとはなにか』(原題 *Autopoesis and Cognition: The Realizaton of the Living*) 河本英夫訳、国文社、一九九一年

3 J・ジェイコブズ『発展する地域 衰退する地域――地域が自立するための経済学』(原題 *Cities and the Wealth of Nations: Principles of Economic Life*) 中村達也訳、ちくま学芸文庫、二〇一二年

⑥―1の『サイバネティックス』以来のシステム理論のトーンを変えてしまった丸山孫郎の画期的な論文「セカンド・サイバネティックス」が1の第4章に入っています。2の表題の「オートポイエーシス」(自己製作)が一時、文科系の一部のひとの間に大変はやりました。自己組織理論の一種ですが、ことばとして知っておく必要はあります。3は、経済発展における「即興」の役割を生き生きと描いています。経済の自己組織化は、このような即興を通じて展開します。

⑳相対取引の経済学

1　三土《みつち》修平『初歩からのミクロ経済学』日本評論社、一九九五年、第2版一九九九年

2　J・コルナイ『反均衡の経済学』岩城博司・岩城淳子訳、日本経済新聞社、一九七五年

市場経済の基礎過程である割には、相対取引にかんするしっかりした解説がありません。需給均衡の枠組みが経済学のなかにいかに深く広く浸透しているかの傍証にもなるでしょう。1は、教科書的な入門書でありながら、第1章に比較生産費説をおき、それを基礎に価格理論を展開しようという大胆な構想のもとに書かれています。第2章以下の展開には同意できないところも多いのですが、ひとつの可能性を示しています。2は、システム分析の立場から経済学の再構築を目指した意欲作。私も深い影響を受けています。個別契約過程、習慣的決定過程などの分析枠組みが示されています。

第11章

㉑収穫逓増

1　W. Brian Arthur, *Increasing Returns and Path Dependence in the Economy*, Ann Arbor: The University of Michigan Press, 1994.

2　P・クルーグマン『自己組織化の経済学』北村行伸・妹尾美起訳、ちくま学芸文庫、二〇〇九年

収穫法則についてのよい解説は見当たりません。わたし自身は①―1および⑦―1の第9節1項などで触れていますが、本書の説明を出るものではありません。1は、日本語という原則を破っていますが、この方面の基本書ですので我慢してください。かなり技術的な論文も含まれています。①―5の第Ⅰ部に、さわり部分の紹介があります。2は、国際貿易理論で収穫逓増の効果を考察した論客が、収穫逓増と自己組織化を経済地理の事例を主として語ったもの。公開講座を書物化したものですが、古くて新しい研究領域を一般の人が興味をもてるよう仕上げたところに、この著者の面目が現れています。

第12章

㉒需要の経済学

1　並木信義『幸福の経済学』東洋経済新報社、一九九四年
2　川勝平太『日本文明と近代西洋――「鎖国」再考』NHKブックス、一九九一年
3　宇野善康『《普及学》講義』有斐閣選書、一九九〇年

ジョーン・ロビンソンは、「経済学の第2の危機」を唱えて、これからは需要の内容に立ち入る経済学でなければならないといいました。1は、そのときロビンソンが頭の中に描いていた経済学はこんなものだったかもしれないと思わせる提案です。2は「使用価値の体系」から人間社会と経済史を捉えなおした力作。経済が文化と、文化が物と不可分であることを「文化・物産複合」の視点から説得的に展開しています。

普及学は、新しい商品、行動様式などの「イノベーション」を「普及」という観点から分析します。3は商品の普及と流行を例として、普及学の全体像を解説したもの。当面の需要動向を占うには、効用関数をひねりまわすより、よほど参考になりそうです。

第13章

㉓企業形態の歴史的変化

1 A・D・チャンドラー、Jr.『経営者の時代』(上)(下)(原題 *The Visible Hand/The Managerial revolution in American Buisiness*) 鳥羽欽一郎・小林袈裟治訳、東洋経済新報社、一九七九年

2 A・D・チャンドラー、Jr.『スケール・アンド・スコープ――経営力発展の国際比較』安部悦生・川辺信雄・工藤章・西牟田祐二・日高千景・山口一臣訳、有斐閣、一九九三年

3　M・J・ピオリとC・F・セーブル『第二の産業分水嶺』山之内靖・永易浩一・菅山あつみ訳、ちくま学芸文庫、二〇一六年
4　奥村宏『21世紀の企業像』同時代ライブラリー、一九九七年

1は十九世紀から二十世紀にいたる巨大企業と経営者資本主義の成立を雄渾な筆致で描きだしたもの。2は二十世紀の企業と経営の合衆国・イギリス・ドイツの三カ国にわたる比較史的研究。いずれも他の追随をゆるしません。3は、巨大企業化のみの目立つ二十世紀において、クラフト的な小企業が存続してきたことを指摘し、二十一世紀にはむしろこのような小企業のネットワークが主力になると説いています。4は、日本の法人資本主義の批判の上に、その後にくるべき企業形態への提言をまとめたものです。「どうなるか」とともに「どうあるべきか」が考えられています。

引用図版出典一覧

図7　カスプ・カタストロフィと平面への投射

出典：J.L. キャスティ『複雑性とパラドックス』佐々木光俊訳、白揚社、1996. p. 83 図 2-6。

図8　フラクタル様の分岐

出典：R.Thom, *Stabilité Structuelle et Morphogénèse,* W.A.Benjamin：Reading, Mass., 1972. p. 115. Fig. 6-1

図9　ストレンジ・アトラクターのフラクタル構造

出典：J.D.Farmer, Dimension, fractal measure and chaotic dynamics, in H.Haken（ed.）, *Evolution of Order and Chaos,* Springer；Berlin/New York, 1982　マンフレッド・シュレーダー『フラクタル・カオス・パワー則』竹迫一雄訳、森北出版、1997. p. 270 図 11 を転載。

図10　ジップの法則

出典：G. K. Zipf, *Human Behavior and the Principle of Least Effort,* 1949　J. キャスティ『複雑系による科学革命』中村和幸訳、講談社、1997. p. 199 図 3-14 を転載。

図11　中国（1957 年）の都市人口

出典：寺本英「ジップの法則に関連して」、寺本英・広田良吾・武者利光・山口昌哉共著『無限・カオス・ゆらぎ』第V章培風館 1985. p. 94 図 2(b)を修正。

表3　古代の農法の構造

出典：中岡哲郎「人間と技術の文明論」（NHK 市民大学テキスト）日本放送出版協会、1990. p. 18

図16　耐久消費財の普及率

出典：経済企画庁『経済白書』（1986 年版）p. 223, 第 2-33 図を改編。

図17　日本でのコンピュータ台数の伸び

出典：J. L. キャスティ『複雑性とパラドックス』佐々木光俊訳、白揚社、1996. p. 58 図 1-19 を転載。

補章　『複雑系経済学入門』以後の二〇年

『複雑系経済学入門』が一九九七年に刊行されてから、はや二〇年以上たった。この本が古びることなく、ちくま学芸文庫に収録されることは、著者として大きな喜びである。しかし、最先端の学問にとって、二〇年はきわめて長い。一九九七年以降の複雑系科学の発展は、もはや一個人の展望をゆるさない程度のものであるが、補章では複雑系経済学のその後の発展と到達点、さらには将来への展望について、簡単に紹介しておきたい。『複雑系経済学入門』以来、わたし自身の研究もおもわぬ発展を果たした。その概要を紹介する機会ともさせてもらいたい。複雑系全般についての解説についてはサンタフェ研究所の創設三五周年記念出版『まるみえの中の隠れた世界』(Krakauer ed. 2019) 一冊のみを挙げておこう。[1] ただし、サンタフェ研究所は、いまや複雑系研究の多くのセンターのひとつに過ぎないことは断っておきたい。

1　サンタ・フェ研究所（ＳＦＩ）の三五年間の活動を主として短い回顧でまとめたもの。全体に占める経済学の重みがわかる。

本章は、とうぜん『複雑系経済学入門』の読者向けのものであるが、ことの性質上、いささか引用文献数の多いものになってしまっていることはお許しねがいたい。外国語の著者および文献への参照は、参照の便利を考えて原語のままとした。本章では『複雑系経済学入門』と一九九〇年の『市場の秩序学――反均衡から複雑系へ』(ちくま学芸文庫、一九九八)をそれぞれ『入門』と『秩序学』と省略して言及する。海外における複雑系経済学の動向のみに関心のある方は、第3節まで読まれたあと、第7節に飛ばれてもかまわない。しかし、複雑系経済学は、日本において独自の展開を遂げている。その点に興味のある方は、やや話が専門的と思われても、ぜひ第4節から第6節をもお読みいただきたい。本書『入門』で説明された「構想」(第7章以下)がどのように実現されているかを知っていただくためには、欠かせない部分である。

1．二〇年の歩み

一九九七年以降、経済学における複雑系をめぐる状況は大きく変化した。その事情を端的に示すには、ホルト、ロッサ、コランダによる次の引用を示せば十分であろう。

「経済学における新古典派の時代は終り、まだ名前をもたない新しい時代に置き換えられた。この新しい時代を特徴付けるものは、経済が複雑なものであることを経済学が受け入れたことである。したがって、この時代は複雑系の時代（Complexity Era）と呼ぶことができよう。」（Holt, Rosser & Colander 2011, p. 357）

著者たち三人には、北米やヨーロッパの先端をリードする経済学者たちのインタビューをまとめた本（Colander et al. 2005; Rosser et al. 2010）がある。経済学の最前線の観察者たちである。コランダは異端派にも配慮した経済思想史の教科書（Landreth & Colander 2001）の共著者であるが、経済学の社会学とも言うべき分野の創設者でもある。かれにはさらにクーパースとの共著（Colander & Kupers 2014）もある。この本を書評したアラン・カーマンの書評は、より強く「経済を複雑適応系とみる見方は経済政策を策定する仕方の変革を迫っており、それには（経済学の）パラダイム・シフトを必要とする」（Kirman 2016）と主張している。現在の経済学が複雑系の時代と呼べるかどうかには、異論があろうが、こういう主張が生まれるほどに複雑系の考え方は経済学に浸透してきている。

もう少し最近の挿話としては、『ボストン・レビュー』誌[2]の「論壇」における応酬がある。二〇一九年二月一五日付けで「新自由主義後の経済学」という論文（Naidu, Rodrik & Zucman 2019）が載ると、翌月、それに反論して「経済学は超学的なアプローチを取り入れるべし」という表題の論文が「複雑系経済学者」という署名で掲載された（Complexity

Economists 2019）。編集者注によるとこれはバインホッカ、アーサ、コランダ、カーマンなど一三名の共著で[3]、超学的アプローチを主張するにふさわしく、著者たちは自分たちを経済学、政治学、心理学、人類学、物理学、コンピュータ科学、進化理論、複雑系理論を専門とすると紹介している。

2　アメリカ・ボストンに拠点を置く政治・文芸誌。ウェブ上でも公開されている。

3　ここに名前を出した人物にはそれぞれ後に触れている。

コランダたちが「複雑系の時代」がきたと主張したことには、一〇年以上の前史がある。著者のひとりコランダは、二〇世紀の終りの年に「新古典派経済学の死」（Colander 2000a）という論文と編著の『複雑系と経済思想の歴史』（Colander 2000c）を出版している。後者は、経済史学会（History of Economics Society）の一九九八年大会にベースを置くものだが、コランダが主題を仕掛けたものらしい。ロッサには、複雑系の一〇年間のサーベイ論文（Rosser 1999）がある。直後には『カタストロフィからカオスへ――経済不連続性の一般理論』（Rosser 2000）を出版している。「新古典派経済学の死」の「結論」においてコランダは、過去に起こったことではなく、近未来に期待される変化として次の二つを挙げていた。(1)（実験経済学に補完された）進化ゲーム理論を基礎とする一般均衡理論と(2)複雑さの理論家たちの仕事。しかし、一〇年後の「経済学における複雑さの時代」（Holt, Rosser & Colander 2011）においては、⑴は落とされ、⑵が注目されるとしている。⑴が予想から落とされた理由としては、それがすでに実現したからとも、⑵に吸収されるとも考えられるが、より深く考えれば、その変化の内容と深さにおいて⑴と⑵とは同列のものとは扱えない。そこでかれらは「複雑さの時代」というキャッチーな表現を考えたのであろう。この時代としてホルトやコランダたちが考えるのは、二〇〇〇年ないし二〇一〇年から二〇五〇年までの四〇年ないし五〇年である。未来の学説史を考えようというのであるから感服するしかないが、複雑さの時代の経済学については、もちろん著者たちにもそう明確ではない。方向を占うものとして三人が引くのは、サンタフェ研究所のアーサ他編の研究報告の「序論」である（Arthur, Durlauf and Lane 1997、Arthur 2015 Chapter 5として再録されている）。ここでアーサたちは、以下の複雑系アプローチとして以下の六つの特徴をあげている。

⑴異質な主体間の分散的相互作用
⑵経済全体の管理者の不在
⑶絡み合う交差的ヒエラルキー
⑷進化する主体による継続的適応と学習
⑸不断の新規性

(6)最適性とはことなる均衡外動学

このようなキーワードを並べても、それで内容が想像できるわけではない。そこでホルトたちが例示するのが、先端の研究動向である。著者たちはそれを七つ挙げている。

・進化ゲーム理論は分析に制度をいかに組み込むか再定義している。
・環境経済学は超学的な定式によって自然と経済の見方を再定義している。
・行動経済学は合理性をいかに扱うか再定義している。
・古典的統計学を扱う計量的研究は、経験的証明をどう考えるか再定義してある。
・複雑さの理論は一般均衡とより広い経済動学をいかに認識するかについて再定義する方法を提供している。
・エージェント・ベース[4]の計算経済分析は解析的モデルに対し代替案を提示している。
・実験経済学は経済学者が実証的研究とはなにかの考えを変えつつ、それがいまや行動経済学が研究される主要な方法となりつつある。

4　エージェントとは、ある役割をになった経済主体のことであるが、コンピュータ内に経済主体類似のプログラムを作り、擬似経済の中で相互作用させる研究をエージェント・ベース・シミュレーションという。この主体代わりのプログラムをエージェントと呼ぶ。人間エージェントと区別して機械エージェントと呼ぶこともある。

「再定義」ということばが目立つ。ホルトたちが注目しているのは、マクロ経済学をのぞく、進化ゲームや行動経済学など現在主流の経済学の諸分野の問題意識が変りつつあるという事実である。果たしてそれらは「複雑さ」の再認識として一括できるものであろうか。もしそうとしても、その「複雑さ」の認識は、経済学をいかに変化させるものであろうか。この点については、第5節と第6節で再説する。

主流の経済学者たちは経済学の形式的部分が適用できる限界を喜んでみとめる、とホルトたちはいう[5]。経済学の教科書に書かれている内容と先端経済学者たちの興味とが大きく乖離している。教科書は、経済学は最近五〇年間あまり変わっていない印象を与えるとかれらは指摘する。たとえば、効用最大化モデル（Max-U model）が良い例である。教科書は効用最大化モデルで展開されているが、先端の見方ではそれはすでに死んでおり興味の対象ではない。合理的で個人主義的な主体の均衡が一義的に決まるといった考え（新古典派経済学の中核にある経済像）は、先端の意識ではすでに乗り越えられているという。その例証としてホルトたちは、次の三つを挙げている。(1)先端の研究では合理性の観念を現実の行為を含みうる範囲にまで拡張している。(2)先端の研究者は利己主義の狭い見方から離れつつある。(3)先端の研究者は唯一均衡の仮定から離れつつある[6]。

5　Holt et al.（2011）は、冒頭の注1において、論文は Colander et al.（2005）および Rosser et al.（2010）に基づいていると断っている。論文に書かれているのは、かれらの判断というより、先端の経済学者たちの自己認識であるというのであろう。

6　同様の傾向への言及が Arthur（1994）の回顧にもある。

離れつつある（are moving away）という表現が示唆的である。かれらはこれまでの中心概念から離れつつある。しかし、どこに向ってか。これがホルトたちの論文では不明確である。計算機によるシミュレーションなどの採用によって研究方法が変りつつある、ブルバキ流数学の「定理、証明」の連鎖からより応用数学に近づきつつあるというが、その目標ははっきりしない。「複雑さ」の観点は、かれらにとって本質的なものであろうか。それとも、便宜的なものであろうか。ホルトやコランダたちの解説からは、便宜的で漠然とした方向性しか見えないが、個人主義・合理性・均衡の聖三位一体から脱却しようとしていることは、たしかであろう。大きな眼でみれば「複雑さの時代」の一端なのであろう。その意味では主流・先端の経済学者の意識は変りつつある。

以上は、主流派経済学の動向であるが、それとは対立する異端派ではどうであろうか。こちらの方がより明確に複雑さに取り組んでいるように見える。たとえば、『現実世界経済学雑誌』（Real-World Economics Review）というウェブ上の雑誌とブログを活動の中心とする経済学者の集団がある。これはフランスの学生たちが二〇〇〇年に経済学教育の一元化に反対しておこした運動（Post-autistic economics movement）に経済学者たちが賛同したことに起原がある。経済学が現実世界を分析するよりも既存理論の枠内に閉じこもった「自閉症的な」（autistic）な学問になっているという認識にたって、経済学の革新を求める運動であったが、自閉症的（autistic）という用語の使い方の反省にたち、現在では雑誌は『現実世界経済学雑誌』と改称されている。団体名は、世界経済学連合（World Economics Association）である。その問題意識は新古典派の自己閉鎖的・自己満足的な経済学から脱却しようという点で、コランダたちがいう主流・先端の意識と類似しているが、そこに参加しているのはほとんどが異端派を自認する経済学者である。この運動の一部に、複雑さ・複雑系に関する根強い関心がある。たとえば、二〇一七年一二月に「経済哲学／経済学における複雑さ」というウェブ上会議が開催され、その成果はデーヴィスとハンズ編の同名の単行本（Davis & Hands 2020）として出版されている。

複雑系・複雑さは、このように主流派にも異端派にもあるいみ注目されている概念であるが、この主題による研究が現にどのくらいなされているかとなると、はなはだこころもとない。コランダ編の二著（Colander 2000a, 2000b）やアーサの論文集（Arthur 2014）、ウィルソンとカーマンの編著（Wilson and Kirman 2016）などいくつかの単行書があるほか、専門雑誌に散在している多くの論文がある。しかし、下世話な譬えになるが、ノーベル賞を受賞するようなある分野を切り拓く画期的な研究は、複雑系経済学から現れていない。[7]

ホルトたちが指摘するように、現在の経済学を先導する経済学者たちも、複雑系・複雑さの示唆に関心をもってはいても、その観念を中核として経済学を革新するだけの構想は、まだ出ていないというのが正確であろう。その理由およびどうしたら現状を打破できるかの構想については後に考察したい。

7 複雑系経済学の代表者としてアーサ（W. Brian Arthur）を取り上げると、かれは一九四五年七月三一日生まれである。ノーベル経済学賞の受賞者でそれ以降に生まれた人を数えると、すでに一四人もの人が別の分野・業績で受賞している。

2．ブライアン・アーサとサンタフェ研究所の貢献

世界全体の動きを追いかけてみても、議論は深まらない。経済学の分野で複雑さ・複雑系志向を追求してきたのはなんといってもサンタフェ研究所（Santa Fe Institute, 以下SFIと略称）である。

SFIはシティバンクのジョン・リードの肝いりで、ノーベル物理学賞のマレ・ゲルマン（Murray Gell-Mann, 一九六九年受賞）とフィリップ・アンダーソン（Ph. W. Anderson, 一九七七年受賞）の二人を含む（多くはロスアラモスで研究していた）物理学者たちを中心に一九八四年から準備された。経済学部門の主導的人物となったのは、ブライアン・アーサ（W. Brian Arthur）だった。アーサに声を掛けたのは、物理学者たちとともにこの企画に

参画していたケネス・アローだった。一九七二年にノーベル経済学賞を受け、サンタフェからそう遠くないスタンフォード大学にいたことが理由だったのかもしれない。あるいは、ジョン・リードの人選だったのだろうか。アーサは、スタンフォードの寄附講座教授の最年少記録を塗り替えた人物だが、かれを有名にした論文（Arthur 1989）をイギリスの『エコノミック・ジャーナル』（Economic Journal）に載せるまでは苦労している。収穫逓増という概念が、当時の経済学界に受け入れられなかったからだ。[8] 最初の論文は一九八三年に書かれたが、最有力雑誌四誌から断られ、イギリスで最高峰とされる『エコノミック・ジャーナル』に載るまで六年間かかったという。[9] ただ、アローがアーサに声を掛けたのは一九八七年だから、アローは『エコノミック・ジャーナル』ではなく、出版前の予稿（Working paper）などを読んでいたか、同じスタンフォードの若い同僚として研究会かなにかで話を聞いていたのかもしれない。

8 一九八〇年代に収穫逓増を掲げて登場した経済学者には、アーサのほかにポール・クルーグマン（Paul Krugman, 産業内貿易理論）とポール・ローマ（Paul Romer, 内生的成長理論）がいる。程度はちがうが、ふたりとも論文が最初に採用されるまで苦労したのは同じだった。この事情は、ウォーシュ『知識と諸国民の富』（Warsh 2006）に詳しい。クルーグマンは二〇〇八年、ローマは二〇一八年にノーベル経済学賞を受けた。そのためか、二〇二〇年の日訳では、ポール・ローマが表題になっているが、本の主題は収穫逓増にある。それが長い間「地下水脈」としてのみ流れてきたという事情は、複雑系経済学の背景を考えるひとつのヒントとなる。もしアーサが二〇二八年にノーベル賞を受けると、受賞年は一〇年ごととなって覚えやすい。

9 SFIのウェブサイト：W. Brian Arthur/Increasing Returns による。http://tuvalu.santafe.edu/~wbarthur/increasingreturns.htm（採集 2020.3.10）

アーサが最初にSFIを訪ねたのは一九八七年の八月だった。同時期にジョン・ヘンリ・ホランド（John Henry Holland, 心理学者で計算機科学者、遺伝的アルゴリズムの創始者）もSFIを訪ねている。かれら二人がSFIの最初の「訪問研究者」（visiting fellow）だった。かれらはサンタフェに長期滞在し、一〇日間にわたり集中した議論を交わした。集まったのはジョン・リードから直接依頼を受けた錚々たる人たちだった。ケネス・アローと物理学者のフィリップ・パイン（Philip Pine）が組織者で、経済学者として集まったのは、トマス・J・サージェント（Thomas J. Sargent, 二〇一一年ノーベル経済学賞）、ラリー・サマーズ（Larry Summers, World Bank 主席エコノミスト、クリントン政権の財務長官などを歴任）、バズ・ブロック（William A.〈Buz〉Brock, カオス理論を経済学・計量経済学に応用した）、ジョズ・シャインクマン（José Sheinkman, 金融経済学の専門家、かれのリスク管理理論は広く使われている）ら一〇人の理論経済学者とあわせて同数の物理学者・生物学者・

計算機科学者たちだった。異分野の研究者達が二〇人集まって何を考えるべきか議論したというのだから贅沢である。結局、このときは、「進化する複雑系としての経済」(The Economy as Evolving Complex System)という研究プログラムを発足させることが決まっただけだったが、これがSFIの最初の公式の研究プログラムとなった。[10]

10 記事内容は Arthur (2010) による。以下の二段落も同様。Arthur (2015) Preface にもほぼ同様の記事がある。

実際のプログラムは翌一九八八年から始まった。アーサが主査となり、アローとアンダーソンの助言を得て、メンバーを募った。最初の協力者たちには、デイヴィド・レイン(David Lane, 統計学)、リチャード・パーマ(Richard Palmer, 物理学)、スチュアート・カウフマン(Stuart Kauffman, 理論生物学者、『自己組織化と進化の論理――宇宙を貫く複雑系の法則』〈ちくま学芸文庫〉ほか多くの著書がある)、それに上記ジョン・ホランドが含まれていた。研究の主題は決まっていた。複雑さの視点から経済現象の理解を深めることだった。しかし、具体的になにをすべきか明確でなかった。アーサは、アローとアンダーソンに二人がなにを期待しているのか聞いた。答えは「経済学の基礎に注視してなにをなすべきかみること」だった。ジョン・リードにもなにをしてほしいか聞いた。答えは「なんでもよい、それが当たり前のものでないかぎり」だった。

数週間、数カ月議論を続けて、ようやく望むべきものが見えてきた。伝統的な経済学の諸仮定は、現実性よりも均衡や解析的解を保証するために選ばれていた。[11] 必要なのは、これら標準的な仮定を必要なかぎりより現実的なものに置き換えることだった。伝統的諸仮定とは、①完全合理性、②同一の代表的個人、③凸性、④均衡だった。①②④はよくある仮定だから説明する必要はあるまい。①④については本書『入門』でも説明している。②は『入門』には出てないが、消費者なら一人の消費者を想定することで、経済全体における消費者の行動を代表させることだ。モデルを簡単にするために良く使われる仮定である。③の「凸性」は、効用関数についても言われることがあるが、ここは生産可能集合についてのものと考えておけばよいだろう。与えられた条件のもとで（たとえば、生産技術と生産要素とが与えられたとき）生産可能集合が定義されると仮定される。この生産可能集合が凸であるとき、代替と規模に関する収穫逓減が成立する。凸性の仮定とは、簡単にいえば収穫逓減を仮定することである。後に出てくる非凸性とは、収穫逓増の仮定であると考えてよい。④について、最初に明確な異議を提示したのは自然科学者たちだった。アーサの回顧によると、会議に集まった経済学者たちの報告にカウフマンは「君らはなぜすべてを均衡でやりたがるのか」と揶揄したという（Arthur 2010 p. 151）。

11　この点は、本書第3章でも強調されている。

「均衡」は経済学の用語で、物理学では「平衡」というが、英語では同一の equilibrium である。この概念は、経済学にも古くから存在したが、それを「一般均衡」という形に定式化したのは、フランスのレオン・ワルラス（Léon Walras）である。その典型例をワルラスはパリの証券取引所としているが、定式化に当たってはルイ・ポアンソ（Louis Poinsot 1777-1859, 数学者・物理学者、教科書として『静力学要綱』を書いた）の静力学などに学んでいる。このため、経済学に批判的な人たちからは、均衡は経済学の物理学主義的発想によるものとしてしばしば非難されるが、静力学はその現代的定式はともかく、すでにアルキメデス時代からほぼ分かっていたことである。近代物理学の一部ではあっても、すくなくとも典型とはいえない。[12] カウフマンらの抗議・疑問は当然であった。

12　近代物理学は、ガリレオの落体の法則などとケプラーの惑星運動の三法則とから始まっており、動学的（動力学的）なものである。

アーサを中心とする複雑系経済学は、こうして伝統的諸仮定①②③④から脱却することを中心課題として進行する。[13] その考えは、二〇一五年のアーサの個人論文集（Arthur 2015）の序文においても変っていない。二〇〇八年の金融危機のあと、経済学は激動の時代を迎えたが、経済学を考えなおそうという動きは、次第に熱が冷めてきたと指摘したあとで、経済学はながく完全合理性、均衡、収穫逓減、独立した個人を基本的な仮定としてきたが、この三〇年間あるいはもっと長い時間を掛けて、それらは信頼に値せず、あまりにも制約的で、あるいみ強制されてきたものという理解が広まってきた、いま宙に漂ってるのは行動論的合理性、非均衡（非平衡）、収穫逓増の観念と、意思決定問題における根本的不確実性に直面する相互に関係する（相互作用する）個人という観念であると述べている（Arthur 2015, p. ix）。順番は変わっているが、項目自体は変わっていない。

13　ただし、アーサが「複雑系経済学」（complexity economics, economics of complexity）ということばを使い出すのは一九九九年であり、このときにはまだ複雑系経済学という用語はなかった（Arthur 2015 p. 182 第12章解題）。本書の『複雑系経済学入門』という表題は、これより2年早いが、その内容については後に触れるようにかなりの差異がある。

①～④の四項目は、きわめて的確な伝統的経済学＝新古典派経済学の批判である。アーサたちが優れた学者であるのは、多くの新古典派経済学批判者たちとちがって、批判だけに終わらず、この四項目を脱却した新しい経済学を構築しようとした点にある。それらの成果は、SFIの『進化する複雑系としての経済』シリーズⅠ、Ⅱ、Ⅲとして報告されている（Anderson et al. 1987, Arthur et al. 1997, Blume et al. 2005）。アーサの最初の挑戦は、ホランドの遺伝的アルゴリズムを経済現象に生かすことだった（Arthur 2015 Preface xiixiv)。これはコンピュータの中で投資者を体現するプログラム(エージェント)が取引をしながら次第に学習するというものだった。このエージェント・ベース・シミュレーション(ABS)による人工市場の研究は、当時としては斬新なものだった。アーサは、当時はまだ「エージェント」ということばがなかったと回顧している。その影響はカーネギー・メロン大学のテスファシオン・グループ(Tesfatsion 2006)や日本のU-Mart研究(塩沢・松井他二〇〇六、喜多・森他二〇〇九)、和泉潔の人工市場研究(和泉二〇〇三)に繋がっている。市場研究とはことなるが、SFI近くのバー「エル・ファロール」(El Farol)に行くには何時がよいのかという問題は、一義的な定常均衡解がなく、つねに変動する時系列を作る例として有名になった(Arthur 2015 Chapter 2)。人工市場研究については第4節で再説する。

これらの研究から非凸経済学、エージェント・ベース・モデリング、計算経済学の三つが生まれてきたとアーサは回顧し、これらは主流経済学の一部になったか、すくなくとも是か否かの議論の対象ではなくなったとしている(Arthur 2010)。ただし、後の二つは、コンピュータを用いる研究で、SFIの活動がなくても、いずれ普及したものである。非凸経済学は、非凸の生産可能集合などを仮定すると、均衡の存在や厚生経済学の基本定理に影響するため、いわば標準理論の修正・拡張として取り組まれたものであり、本格的に新古典派経済学を乗り越える努力とはいえない。

複雑系は、しばしば非線形現象の研究と同一視された。現に経済学でも、非線形動学によりカオスの出現を解析するのが一般の流行だった。SFIの複雑系経済学では、カオス理論は意識的に避けたと言明している（Arthur et al. 1997, Arthur 2015 pp. 90-91.）。むしろ研究プログラムの初期から、SFIの研究者たちは標準的な新古典派経済学の基礎には、二つの概念があると摘出し、それらを「均衡」アプローチと「力学系」アプローチと名づけていた（Arthur 2015 p. 91）。カオスは、「力学系」アプローチの典型であるという判断によるのであろう。[14] 後付けになるが、これは賢明な判断だった。この判断の裏には、アーサ自身が自戒しているように、複雑系アプローチ（complexity approach）が三つのCの二の舞を踏むのではないかと危惧があったという。三つのCとは、サイバネティクス（cybernetics, のノバート・ウィーナ Nobert Weaner が提唱した）、カタストロフィー理論（catastrophe, ルネ・トム René Thom が発見した数学理論）やカオス理論（chaos, エドワード・ローレンツ Edward Lorenz やリーとヨーク Lee & Yorke などが発見）の三つをいう。いずれもそれらが最初に登場したときには、画期的で普遍的な分析方法と期待されたが、一時の流行に終わった観があったからである。

14　Arthur（2015）には、SFIの経済学プロジェクトの最初の会議では、カオスを取り入れるのはとうぜんという雰囲気があったという。それを忌避したのはアーサ個人の判断だったようだ（Arthur 2015 p. xii）。

アーサが不均衡（disequilibrium）でなく、非均衡（nonequilibrium）と言っていることも重要である。不均衡という考え方では、均衡という概念が基準になって、そこからの逸脱がイメージされている。非均衡は、そうした基準からもっと自由に発想されている。しかし、二一世紀に入ってからの経済学分野におけるSFIの活動はあまりぱっとしない。アーサはSFIの外部教授（external professor）ではありつづけたが、本務はスタンフォード大学にあり、『進化する複雑系としての経済Ⅲ』を最後に中心的な指導者ではなくなる。その後、どういう経緯か分からないが、サミュエル・ボウルズ（Samuel Bowles）がSFI在住の行動科学部門教授となった。ボウルズは二〇〇〇年からSFIの経済学プログラムに加わり、二〇〇四年以降アーサ・スピーゲル研究教授謙行動科学研究主任（Arthur Spiegel Research Professor and Director of the Behavioral Sciences Program）を務めている。その縁か、ボウルズの盟友のハーバート・ギンタス（Herbert Gintis）も外部教授となっている。しかし、ボウルズとギンタスらが複雑系経済学を進めているかどうかというときわめてうたがわしい。ボウルズもギンタスも、ワルラス後の経済学を目指しているが、それはワルラス経済学の否定の上に立つものでなく、新古典派経済学の非現実的な仮定をより現実的なものにまで拡張するというのが、かれらの基本的研究戦略である。[15] 進化論的な経済学を目指しているが、その進化論は人類進化の過程で人間は協力するという能力を獲得したということを中核においている。第4節で説明する進化の視点とは、かなり性格のちがうものというほかない。なお、アーサの仕事としては、SFIとはすこしはなれたところのものとして技術の本質とその進化メカニズムについての考察（Arthur 2009）がある。技術については、後の第6節で触れる。

15 Bowles and Gintis (2000) をみよ。ワルラスは回り道だったが、「そこからの帰還はすでに重要な洞察をもたらしている」(p. 1431) という。ただし、これは主として金融市場に関するもので「実体市場」(real markets) については「一般均衡の設定内で戦略的相互作用をモデル化した貢献は乏しい」(p. 1431) と認めている。かれらの研究戦略が根本的不可能を内包していることに気付いていない。

3. サンタフェ流アプローチへの不満

このような事情から二一世紀になって、SFIは複雑系経済学の発信地ではなくなっているが、SFIが経済学に新しい考え方を送ってきたこと、それがかなりの影響力をもったことは否定できない。もしコランダたちの予言があたり、複雑系の考え方が将来の経済学の主流になるとき、その転換を先導した重要な機関として、SFIがあったことはかならず記述されるであろう。しかし、SFIの複雑系経済学には、大きな限界があったことも認識する必要がある。それは主として二つの理由から生まれたと思われる。ひとつは、人間科学における複雑さの問題を突き詰め切れなかったこと、もうひとつは暗黙の前提として金融経済が対象とされつづけたことである。以下は、わたし自身にとっての「不満」であるが、サンタフェ流アプローチの限界をあるいみ示すものであろう。

SFIは基本的には物理学者たちの主導ではじまった。複雑系という新しい世界観を強力に打ち出したのはかれらである。複雑系という世界観を経済学に適用すれば、なにか新しいものが生まれるのではないかという期待をもっていた。しかし、物理学者たちと経済学者たちの根本的なちがいは、経済学では人間を扱わざるをえない。それをどうするかの点において、SFIの議論は徹底さを欠いていた。①完全合理性、②同一の代表的個人、③凸性、④均衡の四つの仮定は、批判の視点として「きわめて的確な伝統的経済学＝新古典派経済学の批判」ではあるが、それらの仮定が「あまりにも制約的」である（Arthur 2015 p. ix）という批評は皮相的である。これらの仮定が妥当する世界があり、その範囲では新古典派経済学は正しいという命題をそれは含意するからである。

①〜④という仮定は、どこから生まれたのだろうか。新古典派経済学の基礎を検討するなかで、アーサはこう述べていた。「伝統的な経済学の諸仮定は、現実性よりも均衡や解析的解を保証するために選ばれていた。」（Arthur 2010 p. 150, 類似の指摘は本書第3章・第11章でも行なっている）もしそうなら、これらの諸仮定を必要とした伝統的な経済学はどういうものだったのだろうか。一言であらわせば、それは需要供給の均衡という枠組みであ

る。その枠組みを成立させるために、需要関数・供給関数という概念が必要だった。さらにいえばそれら関数が価格の変数として定義できなければならなかった。これが『入門』第3章「新古典派経済学批判」の中核部分である。しかし、アーサの論文をいくつも読んでみても、このような議論はまったくない。[16] さらに言えば、サンタフェ系の複雑さの議論には、複雑な環境における人間行動という視点が欠けている。人間科学における複雑さの問題を突き詰め切れていない。この点は第4節で議論する。

16 アーサのすべての論文を読んだと主張しているのではない。①〜④の批判に繋がりそうな論文をいろいろたどってみても、需要関数・供給関数を批判する部分はなかった。漠然と均衡論を批判するだけではなく、需要関数・供給関数にまで踏み込んで批判する必要があるというのが『入門』の基本的主張である。

『入門』の批判の中核部分を要約すれば、価格変数の需要関数を構成するために個人（家計）がその効用関数を最適化することができることが必要だったし、価格変数の供給関数を定義するためには、収穫が逓減で生産量が上がると限界原価が上昇することが必要だった。効用関数を最適化できるためには、無限の計算可能性＝合理性が必要だった。需要供給均衡は、それら需要関数と供給関数が高次元の空間の中で「交差」することだった。代表的個人は、アロー＝ドブル理論（Arrow and Debreu 1954）には必要ないが、その結果をマクロ経済学にラフに用いるのに必要なものだった。必要なのは、①〜④の個々の仮定を拡張する・否定することではなく、需要供給均衡という枠組全体を否定し、新しい経済学を提示することであった。

検討をさらに深めれば、近代経済学はなぜ需要供給均衡という枠組みに追い込まれたのか、という問題にいきつく。簡単にいえば、それは近代経済が価格変化により調整されているという経済像をもっていたためである。金融経済はともかく、実体経済（財・サービスを生産し、流通・消費する経済）では、これはまったくの誤りである。[17]

17「なぜ誤りか」については第5節で説明する。金融経済についても、それが価格調節という考えで理解できるかどうか、第7節で検討する。

本節の最初に、SFIの複雑系経済学の限界として⑴複雑さの問題を突き詰め切れなかったこと、⑵金融経済を暗黙の対象としたこと、の二点を挙げた。シティバンクから資金を出してもらっている以上、金融経済は扱えないとはいえなかったに違いない。SFIを最初に構想した物理学者たちには、自分たちの複雑系理論ならそれができるという自信もあったかもしれない。それは標準的経済学を根底において疑問視することの阻害要因になった。しかし、そのことをいまは問わないことにしよう。複雑系経済学としていちばん重要なことは、人間科学にとっての複雑さの問題をじゅうぶん突き詰められなかったところにある。

物理系諸科学にとって、複雑さは対象の中にある。人間科学にとって、複雑さは人間行動の環境としてある。ところが、SFI系の経済学には、「複雑な状況における人間行動」あるいは「主体にとっての複雑さ」という考察がほとんどない（第4節・第5節参照）。つまり本書の主要な主題がほとんどそっくり欠落している。もちろん、まったくないという訳ではない。アーサの論文集（Arthur 2015）序文には、クラシファイア・システム（遺伝的アルゴリズムの基礎にあるコード化仮説）の話をホランドから聞いて興奮し、さまざまな空想・妄想の後にコンピュータ内の株式市場という構想にたどりつく話がある（ibid. pp. xii–xv）。これが人工市場という考えの嚆矢であることはすでに触れた。しかし、ここにも陥穽《かんせい》がある。ここには学習する個人という観点は入っているものの、なぜ人はつねに学習（進化）するのか、それはなぜ可能なのかという問いが欠けている。答えは経済が大規模で人間能力の三つの限界（本書第7章）を越えているからだが、そのような経済のなかで経済行動がそうおうの合理性・有効性をもつのは、状況の方にそれを可能にする構造があるからである（本書第8章）。この点をもうすこし掘り下げたものが「複雑系における人間行動」（塩沢一九九〇、一九九八、第11章）であるが、そこまで読まなくても『入門』の中でそれらはじゅうぶん説明されている。この点の理解がないために、小規模な人工市場はともかく、一国規模あるいは世界大の実体経済を分析する枠組みがない。それらを考えるときには、けっきょくは非現実的な仮定を含むと批判した需要供給理論（あるいは価格調整理論）の枠組みに舞い戻らざるをえない。SFI系の複雑系経済学ではケインズの有効需要原理や失業の問題を扱えないのである。この点は第5節で議論する。

以上の不満は、じつはSFI系の複雑系経済学だけでなく、異端派の中で複雑系を唱えている人たちにもほとんどそのまま当てはまる。異端派経済学者が複雑系を議論するとき、かれらが考えているのは非線形力学である。残念ながら、それは4C（前出の3CにComplexityのCを加えたもの。注21参照）の道と大きく違うものではない。別の言い方をすれば、その問題意識は本書『入門』の第6章「新しい数学的自然像」の範囲に留まるものである。しかし、日本における複雑系経済学研究は、いくつかの偶然によって、欧米のそれとは大きく異なる展開をとげることができた。それには、わたし自身の個人史をすこし語る必要がある。

4. 進化という視点

『入門』の出た一九九七年を前後して、意外な出会いがあった。日本の進化経済学会（英語の正式名はJapan Association for Evolutionary Economics, 略称JAFEE）は、一九九七年三月に正式に設立された。前年の三月と九月、二回の設立準備会合があり、その前の準備会合があった。わたしも要請されて途中から準備会合に参加した。ある会合のとき、初代会長を務められた瀬地山敏《せちやまさとし》京都大学教授が学会名をはじめに聞いていた「制度経済学会」から「進化経済学会」にしたいと切り出された。その理由として挙げられたのは「進化なら技術（進歩）が入るから」というものだった。わたしの最初の反応は、「え、そんな理由で」だった。それがわたしにとって進化経済学との最初の出会いだった。

『入門』本文には、二カ所で（複雑系経済学は）「進化経済学の一部を担うもの」（二四七頁）、「行動や技術・制度の進化と深化」（二四九頁）と書いているが、それは学会の設立過程を横に睨みながらのリップ・サービスで、進化について深い考えはなかった。しかし、進化が経済に重要な事象であり、経済学に重要な枠組みであることはすぐ理解できた。制度や技術、行動、商品は進化の眼でみないと理解しにくいものだ。それらはみな保持・変異・選択の三つの契機をもっている。生物の「種」とは違うが、進化するものとしての特性をじゅうぶん備えていた。[18]こういうものがひとつでもきちんと分析できるようになれば、経済学は大きく発展する。

18　進化という過程をいかなる特性において捉えるかについては、いくつかの捉え方がある。ジェフリ・ホジソン（Geoffrey Hodgson）などは、それを「変異」「選択」「遺伝」（あるいは「複製」）によって捉えるが（Hodgson & Knudsen 2010）、それでは組織進化などを考えるのは難しい。そこでわたしはNelson & Winter (1982) など組織論系の著者たちにしたがって「保持」「変異」「選択」という三契機で捉えている。Nelson & Winter（1982）にはこれらを主題的に議論した箇所はないが、この起原を進化認識論のDonald T. Campbellに帰している（Nelson & Winter 1982 p. 42）。Campbell（1965）をみよ。原型では"blind variation and selective retention"（BVSR）だった。藤本（1997 p. 134）ではWeick（1979）と野中（1985）とが参照されている。

最初の反応にもかかわらず、準備はできていた。一九八五年以来、複雑な環境における人間行動について考えていたからである（塩沢一九九〇、第11章）。人間の経済行動は、最適化行動ではなく、CD変換（の連鎖）として捉えられる（本書第8章の「CD変換としての行動」の項参照）。複雑な環境における行動だからこそ、進化がありえる。最適化されていないからこそ、進化する。学会の最初の刊行物となった『進化経済学とは何か』（進化経済学会編一九九八、第8章）では、表題どおり「複雑系と進化」を論じた（塩沢一九九八）。経済行動を定型行動と捉える必要を略説したあと、(1)進化は最適化をもたらさないこと、(2)進化は最適者生存ではないことを論じた。これらは『入門』では取り上げられなかった議題であり、進化を経済学の中核に据えたいと考えている若い経済学者にはぜひ読んでいただきたい。一九四〇年代後半の限界生産性論争は、経済学における大きな論争のひとつであるが、アルチアンの「不確実性、進化、経済理論」（Alchian 1950）の登場によって進化が最適化をもたらすかの誤った考え方が新古典派の世界に根付いていた。「複雑系と進化」は、その考え方を是正しようとしたものだった。

進化経済学会での活動から教えられることも大きかった。第三回大会を大阪市立大学で引き受けることになり、実行委員長として大会の企画などにも当たった。当時学生だった松永桂子から藤本隆宏の『生産システムの進化論』（藤本一九九七）の存在を教えられ、大会の企画に入れるべく東大にまで依頼にでかけた。[19]『生産システムの進化論』の補章2には「緩やかな淘汰」「不器用な適応」「事後的合理性」など斬新な概念が語られていたが、複雑系の立場から考えて納得のいくものだった。しかし、このころはまだ進化経済学については勉強中で学ぶことの方が多かった。

19　藤本教授は、その後、進化経済学会でも活躍され、第五代会長を務められたほか、二〇〇七年以降は、研究部会「企業・産業の進化研究会」を主宰していただいている。

一九九六年一一月からの二年間は、日本は複雑系の大ブームで、わたしにも多くの講演や執筆の依頼があった。それが学会の設立と同時期だったため思わぬ効果も得られた。ひとつは進化経済学会に進化計算に関心をもつ多くの工学者に参加してもらえたことだった。一九九八年の夏、計測自動制御学会の第四回創発システムシンポジウム（かずさアカデミアパーク）に招待され「複雑系夜話　進化する経済と経済学」を話させてもらった。このことが契機となってコンピュータ工学者と経済学者とが協力してなにかできないかということになり、翌三月の進化経済学会第三回大会までにプロポーザル・セッション「進化経済学の可能性としてのバーチャル市場の参加型シミュレーション提案」をなんとか実現できた。これは後に展開してＵ-Ｍａｒｔ《ユーマート》プロジェクトとなった。

Ｕ-Ｍａｒｔは、コンピュータ内のプログラムである機械エージェントと人間とが対等に参加できる株式指数先物の人工市場である。エージェント・ベースのシミュレーションはあまたあるが、機械エージェントと人間エージェントとが対等に参加する人工市場はめずらしい。マン・マシーン・インターフェースに工夫がいるなど、多くの苦労をかけたが、これは世界の先端を走る研究となった（塩沢・松井他二〇〇六、Shiozawa, Nakajima et al. 2008, 喜多・森他二〇〇九、Kita, Taniguchi & Nakajima eds. 2016）。『金融市場の現実的シミュレーション』（Kita, Taniguchi & Nakajima eds. 2016）では、副題にもなった「第３モードの科学研究法」という考え方を提案させてもらっている（Shiozawa 2016）。最初の設計にあたり「人間も参加できる」というシミュレーションを考えたのは、コンピュータ内の多くのシミュレーションが動いてはいるが、それがどれだけの現実性をもつか不明であるというエージェント・ベース・シミュレーションの弱点のひとつを克服するためだった。Ｕ-Ｍａｒｔはその後なんども改定を経て、いまも教育用などにさまざまな形で使われている。

世界には進化経済学の学会がいくつかあるが、工学者の参加が相当数あるものは日本の進化経済学会だけであり、ＪＡＦＥＥの特徴のひとつともなっている。複雑系ブームも手伝ってわたしは初代副会長に選ばれ、そのご第二代会長も務めさせてもらった。進化経済学会の任期は三年と通常の学会よりも長い。そこで「副会長事業」（吉田和男命名）として『進化経済学ハンドブック』を計画し、わたしが会長時代の二〇〇六年ようやく出版することができた（進化経済学会編、二〇〇六）[20]。編集長としてその「概説」（塩沢二〇〇六）を執筆させてもらった。わたしが考える「進化経済学の全体像」を書き込んだつもりだったが、いま読み返せば欠落した論点がある。そのひとつは進化経済学の基礎理論にまでは考察が届いていないことである。この点については、次節で触れる。

20　ハンドブックの宿命として一定期間経過の後は改訂版を出すことが求められるだろう。また、このハンドブックの姉妹編として『進化経営学ハンドブック』を編集したいという希望があった。これらはまだ実現の目処が立っていない。

進化と複雑系との深い関係は、日本にかぎらず認められている。ボウルトンらの『複雑さを抱きしめて』（Boulton, Allen & Bowman 2015）には、イリア・プリゴジン（Ilya Prigogine, 一九九七年ノーベル化学賞、非平衡熱力学・分散構造の創始者）が複雑系に取り組んだ契機のひとつが哲学者アンリ・ベルクソン（Henri Bergson）の「複雑なものでなければ進化しない」という哲学にあったと指摘している。メトカーフとフォスター編『進化と経済複雑性』（Metcalfe & Foster 2004）といった本もある。しかし、そのことに問題がないわけではない。進化と複雑さとが関係することが、あたかも自然の事実のように受け取られていて、概念的な検討が乏しいのである。

たとえば、ＳＦＩの最初の経済関連の三部作『進化する複雑系としての経済』Ⅰ、Ⅱ、Ⅲ（Anderson et al. 1988, Arthur et al. 1997, Blume et al. 2005）には複雑系に“evolving”という形容詞が付けられている。同時期、他に複雑適応系（Complex Adaptive Systems）という名称も使われている（Holland 2019）。適応的と対になる“evolving”といえば生物進化しかないように見えるが、その中身が問題である。この語は、宇宙物理学者たちが「恒星の進化」というときに使う「進化」と類似のもので、生物種の「進化」とは異なる種類のものである。たとえば、アーサの論文「複雑性の進化」（Arthur 1994）には、複雑系の進化として①共進化多様性の成長、②構造深化、③ソフトウェア獲得による学習の三種類が並列して語られている。①が生物種の進化をイメージしていることは確かだが、それとは構造的に異なる②も含まれている。論文中に「「進化」という語をしばしば系統発生的意味に用いる」と断っているにもかかわらずである（Arthur 2014 p.145）。簡単にいえば、ダーウィン的進化に重要な複製（保持）、変異、選択の三契機が捉えられていない。さらに言えば、複雑さは「進化」の結果、生まれてくるものであり、進化の要件（あるいは環境）と捉えられていない。地球史としてはこれでよいのかもしれないが、経済の進化としては不十分である。第３節「不満」にも書いたように、ＳＦＩ系の複雑系には、複雑な環境における人間行動をどう捉えるかが中核問題として捉えられていないからであろう。もちろん、このような混同は、ＳＦＩに限らない。後に取り上げるドーシ他編（Dosi et al. 1988）に納められたクラークとジュマの論文「経済思想における進化」（Clark & Juma 1988）は、経済学における進化思想の歴史を概観した良い論文であるが、その序説に明らかなように「均衡」と「定常性」、「進化」と「過程」との違いが明確でない（Clark & Juma 1988 pp. 198-199）。これは著者たちの混乱というよりも経済学説史そのものに伏流するものであろう。これは静学と動学という粗っぽい対比で均衡理論を批判してきた批判的経済学の歴史に深く内在するものである。複雑系という視点から進化について本当に考えようとするなら、看過できない問題である。

ＳＦＩ以外の複雑系の考察にも言えることであるが、複雑系がカオス理論などを中心とする非線形力学系のものとして捉えられる傾向によるものであろう。このような傾向は、異端派経済学の中で複雑系を考える人たちにも強くみられる傾向である。非線形力学系はたしかに複雑な現象を生みだすが、経済学にとって重要なのは、複雑さを生み出す機構ではなく、「複雑さの帰結」（塩沢一九九七ａ）を考えることである。ちいさく見えるこの違いがアーサ（Arthur 2019）の主張にもかかわらず、ＳＦＩ流の経済学が経済学の中核からはやや離れた分析群を生み出し続ける理由でもあろう。しかし、人間にとっての複雑さを突き詰めて考えるとき、「ことなる価値観を追求する個人によって独立になされる行為によって動かされる社会システム」(Arrow & Hahn 1971 p.1, Hahn 1984 p.64) がなぜある程度うまく機能するかという経済学の中心主題にぶち当たらざるをえない。次節は、複雑系経済学のふつうの議題に載らないものであるが、複雑さの帰結を考えることが、経済学の中核問題に必然的に繋がっていることを示している。

5. 新しい価値論と経済像

われわれが取り組まなければならないのは、アダム・スミスの時代から経済学の中核にあった問題である。サイモン (Simon 1996. 日訳二〇九頁) にいうように、もし複雑さへの現在の関心が「世界的大規模システム」を理解することであるとするなら、ホーガン (Horgan 1997) がかつて〝4C〟と揶揄したような考察で経済学を彩ることではない。[21] 人間の能力は視野・合理性・働きかけの三つの限界に縛られている (『入門』第7章、塩沢一九九〇第11章)。そのように限定された能力しかもたない人間が作り出す経済は、いまやグローバル経済として機能している。それはなぜであろうか。複雑さを考えなければならないのは、経済学の中核問題にそれが関係しているからだ。

21 ホーガン (Horgan 1997) は Cybernetics, Catastrophe theory, Chaos theory, Complexity theory の四つの頭文字をとり〝4C〟と総称した。これらのうち最初の三つは問題を解決する万能科学であるかのように熱烈に歓迎されたが、じきに熱が冷めてしまった。一時的流行（fad）に終わった。複雑系もそういう一時的流行かもしれないとホーガンは批判した。この批判は、複雑系経済学にとってつねに念頭においておくべき批判である。ただし、サイバネティクスとカタストロフィー、カオスとは同列には置けないかもしれない。サイバネティクスはフィードバック（feed-back）概念を通して工学の重要な指針になったし、セカンド・サイバネティクス（second cybernetics, Maruyama 1963）などを通じて、多くの自然現象を理解する鍵となった。なお、４Ｃの数学的概観については、Rosser（2000）Chapter 2, The Mathematics of Discontinuity（pp. 7-35）を見よ。

一般均衡理論の集大成のひとつというべきアローとハーン『一般競争均衡』（Arrow & Hahn 1971）は、「ことなる価値観を追求する個人によって独立になされる行為によって動かされる社会システム」がなぜ整合的に機能しうるのかの問題を「アダム・スミス問題」と呼び、その問題がアローとドブルの論文「競争的経済における均衡の存在」（Arrow & Debreu 1954）によって基本的に解決されたと主張した。かれらの評価によればそれは「経済思想が社会過程の一般的理解へもたらしたもっとも重要な知的貢献」であった（Arrow and Hahn 1971 p. 1, Hahn 1984 p. 64）。それは本当だろうか。もし人間が能力の三つの限界の下にある存在であることを認めるならば、アロー＝ドブル・モデルは、けっしてアダム・スミス問題の解決にはならない。このことは、アーサをふくむ異論派や異端派のほとんどすべての経済学者たちが批判した内容である。しかし、ボウルズ『制度と進化のミクロ経済学』(Bowles 2004) 日本語版訳者解説で触れたように、仮定の狭さ・制約の強さは、理論本体を本当には批判することにならない。仮定に反する事情がしばしばあるとしても、仮定が妥当する理想的な場合には、アロー＝ドブル・モデルは正しいものという結論になる。もっと問題なのは、アロー＝ドブル・モデルやその基礎にある経済像(価格変化により調整される経済という描像)が論理的に正しいものとして受容されてしまうことである。

そのような危惧は、実験経済学の登場によって具体化した。実験経済学には、主流派経済学批判の側面と受容の側面とがある。受容の側面のひとつがサイモン『システムの科学第三版』(Simon 1996 第2章、日訳三九頁) にも引かれているゴードとサンダ「0《ゼロ》知能トレーダによる市場の配分効率性」(Gode & Sunder 1993) である。わたしは、『秩序学』に収められた諸論稿でアロー＝ドブル・モデルにおける消費者が効用を最大化するに必要な時間を推測して、たとえコンピュータでも適切な時間内に回答できない計算複雑性を含んでいることを指摘し、アロー＝ドブル・モデルの非現実性を批判した(本書、第3章)。しかし、ゴードとサンダの実験はわたしの批判を無効とする惧れがある。現に知性を持たないと想定される主体たちが形成する市場でも、マーシャルあるいはワルラスやアロー＝ドブルが想定する機構により機能すると受け止めた人が大部分であった。サイモンは『システムの科学』第二章でゴードとサンダの論文を引いたあと、「これらの知見は、現代の新古典派経済学が価格メカニズムのために置いているきわめて強い要件を根底から脅かしている」と続けているが、これでは論理の筋が通らない。「0《ゼロ》知能トレーダによる市場の配分効率性」は、すくなくとも実験経済学が扱うような小規模の「市場」においては、アロー=ドブル・モデルが必要とするとされた極端な計算能力は不必要であることが分かったと理解するのが一般だからである。その理解に立てば、アロー=ドブル・モデルでは無限の計算能力が必要だが、現実にはそのような知性は必要とされず、市場は限定合理的な経済主体によりアロー=ドブル・モデルあるいはワルラスの描いたように機能している、という結論を導くことができる。しかし、ここでも複雑さの観点は重要である。複雑さの観点からいうなら、一財や二財の小さな市場で可能なことは、主体の数Nと商品の数Mが大きいシステムには、そのまま適用できないからである。もしできるというなら、それらの数量に対するスケール則を明らかにし、その上でNやMが大きくなっても、たとえば市場が均衡化する（一定の誤差の範囲におさまる）のに必要な時間がそう大きくならないことを示さなければならない。少数財しかない経済で知性0《ゼロ》の主体が集まってできる市場がすばやく機能したことと、その結論を世界大のシステムにも適用してよいということとは、まったく意味がことなる。

複雑さ・複雑系を論ずる多くの経済学者たちにとって、複雑さは新古典派経済学を批判する新しい武器であったが、わたしにとってそれは新古典派の均衡経済学を批判するなかからたどりついた結論だった。複雑さが経済を考察する重要な視点になりうると気づいたのは一九八五年である。その頃の事情は『秩序学』の「謝辞・解題」に触れてある。その観点に立つならば、経済主体が知りうる情報と計算能力の範囲で取りうる行動によって経済は動かなければならない。そのような行動として第一候補にあがったのは、一定の設定価格のもとで企業がその製品を需要があるだけ生産するという行動である。すべての企業がそのような行動を取るとき、経済全体ではなにが起こるか。これがわたしの一九八三年論文「カーン・ケインズ過程の微細構造」(塩沢一九八三)の問題意識であった。設定価格の下で「需要があるだけ生産する」という行動に注目したのは、わたし自身としてはスラッファ論文「競争的条件下の収益法則」(Sraffa 1926)を受けてのものだったが、大阪市立大学に移る前の上司だった青木昌彦の考えにも影響されていたのかもしれない。青木『企業と市場の模型分析』(青木一九七八)第三編第二章にも、類似の状況設定があり、それが「短期均衡」と呼ばれている。

わたしの目論見は、これにより財の投入関係から一種の乗数効果を導くことであった。しかし、実際に定式化し計算してみると、一定の最終需要を与えても、在庫調整過程は発散的なものであった。いまから考えると、これはとうぜんの結果であった。なぜなら、わたしの定式は企業の需要予想として、前々期と前期の変化を延長して今期需要量の予想とするものだったからである。これは未来予想型期待である。このような期待形成では、期待のズレが拡大して経済は全体として発散してしまうのである。

わたしの失敗は、しかし、すぐに新しい展開へと繋がった。一時わたしの学部ゼミの学生だった谷口和久が数量調整過程に興味をもち、数値実験をしてくれたからである（谷口一九九二）。それによると、需要予想において企業が過去の実績の数回の平均を取れば、経済全体の数量調整過程は収束することが分かった。それに追いかけて、比較経済体制論への興味からコルナイ（Janos Kornai）を研究していた森岡真史がとんでもなく大きく複雑な行列の固有値の絶対値を評価して、谷口の考えたような調整過程が一般的に成立することを数学的に証明してくれた（森岡一九九一―九二）。これらはその後の考察を含めて谷口（一九九七）、森岡（二〇〇五）にまとめられている。これらの結果は、二〇一九年になってようやく英文で『進化経済学のミクロ的基礎』（Shiozawa, Morioka & Taniguchi 2019）にまとめられ、発表された。

日本語著書が二〇〇五年までに発表されたあと、英語での発表が二〇一九年とは月日が飛びすぎている。三人ともいそがしすぎて、一冊の本を英語で書くだけの時間がとれなかったというのが大きな理由であるが、それ以外の理由もある。わたしに関していえば、それは古典派価値論の欠落をどう埋めるかという問題だった。この節の最初に複雑さへの関心は「世界的大規模システム」の理解にあるというサイモンの見解を紹介したが、それを字義通りに実現するには、手持ちの価格理論が不整備だった。どういう価格理論を用いればよいか、方向は分かっていた。わたしの最初の著書『数理経済学の基礎』（塩沢一九八一）で扱ったようなスラッファ体系を基礎にオクスフォード調査で分かっていたマークアップ価格付けをもちいればよい。そこまでは分かっていた。マークアップ価格付けについては「上乗せ価格を帰結する複占競争」（塩沢一九八四）で準備ができていた。これはある競争状態を仮定すると、類似製品で競合する二企業は単位原価の一定比率で価格を設定するのが予想利潤を最大化するという結果である。問題は、この理論が基本的に国内価格に関するものだったことだった。

これを国際貿易状況における価格理論にまで拡張するのに時間が掛かった。この価格理論は、各国の賃金率ベクトルと財・サービスの価格ベクトルの二つからなるもので、わたしは国際価値論と呼んでいる。[22] 一九八五年に「国際貿易と技術選択」（塩沢一九八五）を書いて副題を「国際価値論によせてI」とした。一年以内には「国際価値論によせてII」が書ける予定であった。現実には、しかし、「国際価値論によせてI」から二二年後の二〇〇七年に「リカード貿易理論の新構成――国際価値論によせてII」（塩沢二〇〇七）を出すことができた。大阪市立大学の定年退職直前だった。

22 「価値論」というとマルクスの労働価値論しか想像できない人がいるが、価値論（theory of value / value theory）はもともと「相対価格の理論」という意味であり、本稿でもその意味で用いている。

「リカード貿易理論の新構成」は、いまから考えるとまだ考えがじゅうぶん練れていないものだったが、わたしとしては「画期的結果」と自画自賛する自信作だった。新しい結果をぜひ多くの人に知ってもらいたい。こういう思いで、多くの研究会で成果を報告した。そこで見えてきたのは、わたしがミル＝ジョーンズ点と名づけた点（世界生産可能集合の端点）において成立する価格のみに眼を奪われていたことだった。ミル＝ジョーンズ点ではなく、世界生産可能集合の側面（ファッセット）に注目すればまったく異なる国際価値論が可能になること、むしろその方がリカード（David Ricardo）の国内価値論の直接の拡張とすることが分かった。その間の事情は『リカード貿易問題の最終解決』（塩沢二〇一四）の「はじめに」に書いたから省略する。『最終解決』出版のあと、伊東光晴先生に勧められて国際価値論研究会を作り、四年かかって英文共編著の『国際価値のリカード理論の新構成』（Shiozawa, Oka, & Tabuchi 2017）を出すことができた。その第1章として「新しい国際価値論／概観」（Shiozawa 2017）を書いた。それは『最終解決』のほとんど要約である。しかし、この研究会で、ひとつ大きな発展が得られた。岡敏弘や田淵太一、高増明などに批判されていろいろ考えた結果、生産技術の二部グラフを考えれば、正則価値は、生産技術のある集合が全域木《ぜんいきぼく》となることとして定式化できることに気づいた。この結果は、「現代資本主義分析のための原理論」（塩沢二〇一七）、「リカード国際価値論の意義と可能性」(塩沢二〇一八)、「国際企業間競争の本質」(Shiozawa and Fujimoto 2018)、「異端派貿易論の最前線」(塩沢二〇一九b)、「最小合理性をもつエージェントによる大規模経済システム」(Shiozawa & Morioka 2019)などに報告してある。これによって、新しい国際価値論は、失業を扱える理論となった。生産可能集合の極大境界は、世界のすべての国が完全雇用状態にあることを意味する。その側面において成立する価格として正則価値を定義するのでは、正則な国際価値の適用範囲が不明確だ。新しい定義では、極大境界に頼ることなく正則価値を定義しており、生産可能集合の内部における分析も可能である。

塩沢(二〇一四)を出してのち、森岡と谷口に相談して三人で英語の本を書くことにした。四年かかってようやく『進化経済学のミクロ的基礎』(Shiozawa, Morioka & Taniguchi 2019)を出すことができた。谷口の書いた「序文」にも、わたしの第2章2・7・5項にもあるが、これは経済学の歴史において「卓越した意義」をもつものと自負している。なぜなら、それはアロー=ドブル論文(Arrow and Debreu 1954)と同様の論理的緻密性をもちながら、三つの能力限界のもとにある人間が実行可能な定型行動のネットワークとして世界経済という世界的大規模システムが動きうることを始めて明らかにしたものだからである。三つの能力限界とは『入門』第8章にある「三つの限界」のことである。この主題は、すでに『秩序学』第11章に出ているが、そこでの結論は、このような能力限界のもとにある人間の経済行動(意図的行動の一部)は、定型行動として定式化されるということだった。

アロー＝ドブルの「競争均衡」は、ワルラス一般均衡論の数学的完成形態のひとつであるが、その考え方の起源は古く古典派経済学時代にある。他でもない、それは「需要供給の法則」と呼ばれる経済像である。すなわち価格が動くことによりすべての財の需要と供給とが（ほぼ）一致するようになるという経済観であり描像である。しかし、身近な世界を見てみれば明らかなように、ほとんどの財・サービスには定価があり、そのもとで需要の変動に合わせて生産と供給がおこなわれている。「需要供給の法則」が描き出す経済像とはまったくことなる原理で経済は動いている。[23]前者を価格調整、後者を数量調整という。近代的市場経済のうち実体経済と呼ばれる部分（すなわち金融経済をのぞく生産・交換・消費・投資のネットワーク）は、価格調整によってではなく、数量調整によって動いている。これは観察により容易に確認できることであるが、経済学は歴史的に価格調整経済という描像を作り上げてしまった結果、現実と理論との不整合に気づきながらも、なんとかその描像にあわせるべく矛盾を糊塗してきた。長期・短期の区別などは、主としてそのために工夫された技巧である。しかし、数量調節がうまく働かない財・サービス以外、価格はほとんど一定でありながら、日々小さく変動する最終需要の平均がゆっくり動くとき、その平均の動きに供給を合わせる仕組みが発達してきている。[24]もちろん、現時の新型コロナ・ウイルス（COVID-19）の世界的流行による需要の急激・大幅な変動で世界各地で物不足がおきている。

23　古典派価値論は「需要供給の法則」を拒絶するが、それは需要と供給とが平時においてほぼ等しいことの否定ではなく、需要と供給の均等が価格調節ではなく、供給側の数量調節によっていると主張しているのである。「需要供給の法則」をつねに「」付きで言及するのは、その否定が需要と供給とが等しくない・不均等であるあるという主張ではないことに留意してもらうためである。

24　Shiozawa, Morioka & Taniguchi（2019）は、数量調節がつねに可能であると主張する理論ではない。それは簡単にいえば不規則に変動する最終需要が平均として「ゆっくり」変化するとき、経済全体の投入産出関係は、最終需要に追随することができるという理論である。「ゆっくり」の意味については、Shiozawa, Morioka & Taniguchi（2019 p. 128）を参照のこと。最終需要の急激な変化があるとき、物不足（供給不足）が起こることは、理論の適応範囲内にある。

われわれの理論は、そうした能力限界がどのような場合に生ずるかを含めて、最終需要の緩やかな動きに投入産出のネットワークが追随できることを示している。いまやわれわれは、アロー＝ドブルの空想的な世界とはまったく異なるメカニズムによって世界大の経済がいかに機能しているか、いかなる場合には機能しないか理解できる。現代資本主義は、すくなくとも実体経済についていうかぎり、価格調整の経済ではない。

われわれの理論は、もちろん、万能ではない。農産物や地下資源のように、生産量の早急な調整のむずかしいものはいろいろある。しかし、それらは現代資本主義においてはむしろ例外的存在であり、それらがときに価格変動により調節されるからといって、現代資本主義経済を価格調節の巨大システムなどと見誤ってはならない。第3節に注意したように、『進化経済学のミクロ的基礎』は、実体経済に関する理論であり、金融経済の作動原理をあきらかにするものではない。しかし、われわれの本は、一般均衡理論とはまったくことなる作動原理によって経済が機能していることを理論化し証明した。新古典派経済学の多くの批判者たち（そのなかにはアーサもボウルズも含まれる）はアロー＝ドブルの仮定が非現実的であると批判した。我々の主張は、仮定の非現実性ではなく、経済がまったくちがった原理により動いているというものである。このことがアロー＝ドブル（Arrow & Debreu 1954）とほぼ同様の論理的厳密さによって示された。これは大きな理論的転換である。このような大きな理論的転換は、一九五四年以降の六〇年間においてなかったことであり、根本的なパラダイム変換である。

断っておくが、新しい経済像自身は、そう新しいものではない。経済像としては、ミハウ・カレツキ（Michau Kalecki）やジョン・ヒックス（John Hicks）、森嶋通夫が強調した数量調整経済と大差ないものである。かれらはこの原理によって世界大の経済が動いていることを知っていたが、その分析においてはそれを仮定したか、均衡の枠組みにたよって推定しただけで、それが論理的に機能しうるものであることまでは証明していない。喩えるならば、ワルラスの一般均衡という描像をアロー＝ドブルが「証明」したように、われわれの理論はカレツキやヒックスや森嶋、あるいは他の多くの経済学者がイメージしていたことに論理的形式を与えたにすぎない。そういう留保は必要であるものの、この形式化は経済学において大きな一歩である。ワルラスとアロー＝ドブルの間に大きな格差があると同じように、カレツキやヒックス、森嶋と谷口・森岡との間には、大きな格差がある。第1節でアーサたちが「複雑系の六つの特徴」と考えたものを紹介した。このうち、『進化経済学のミクロ的基礎』は、(1)(2)(6)という特性をもち、経済主体の学習や次節の技術変化を加えれば(4)(5)を満たすことになる。また『ミクロ的基礎』に想定されている企業に本書『入門』第9章「複雑系としての企業」を挿入すれば、(3)をも兼ね備えていると言ってよいであろう。ボールズとギンタスが言っているように、異質な主体間の分散的相互作用を一般均衡の設定内で実体経済の理論として定式化できたものは存在しない（Bowles & Gintis 2000. 本章注15をもみよ）。人間行動に関する考察と大規模システムの作動に関する構想およびそれを成功裏に解析する幸運とがなければ、複雑系の理念にそう市場経済の理論は不可能だった。

『進化経済学のミクロ的基礎』は、純理論面における大きな革新というだけではない。まだじゅうぶん展開されてないが、それは進化経済学とポスト・ケインズ経済学を統合する理論枠組みであり、多くの展開が期待される。そのひとつは、ケインズの有効需要原理の再定式化である。われわれの理論によれば、有効需要原理は個々の製品に対して働く。しかし、ケインズの定式には、さまざまに整合しない部分があり、それが一因となって一九七〇年代の反ケインズ革命＝「合理的期待」が起こった。これは日銀総裁が「期待に働きかける」と発言するようになった理論的背景であるが、期待に働きかけても実体経済が動かないことはアベノミクスの実験によってだれの眼にも明らかになっている。

二〇〇八年・二〇〇九年の世界的金融危機や今回の新型コロナウィルス（COVID-19）によるパンデミックでも、経済政策としてのケインズ経済学の正しさは証明されているが、その理論的基礎はじゅうぶんなものとはいえなかった。その象徴的な表れがニュー・ケインズ派経済学とポスト・ケインズ派経済学へのケインズ派の分裂であろう。ニュー・ケインズ派経済学は、そのミクロ的基礎として新古典派ミクロ経済学を受け入れ、ルーカス批判に応える形で動学的確率的一般均衡（Dynamic Stochastic General Equilibrium, 略称DSGE）モデルを「新しい古典派」(New Classical Economics) と共有している。[25] これに対し、ポスト・ケインズ派経済学は、新古典派ミクロ経済学をその基礎として拒絶してきたが、これまでミクロ的基礎と呼びうるものを持たなかった。ポスト・ケインズ派の多くは、マクロ経済の分析にはマクロ経済モデルだけでじゅうぶんだと主張してきたが、それは根拠のない直観に頼ることを意味していた。スラッファの影響を受けたスラッフィアンたちは、スラッファやフォン・ノイマンの方程式により得られる価格を長期の重力中心と捉え、短期価格はそこに漸近すると考えている。しかし、これは逆にいうと短期・中期の価格理論を持たないことを意味した。アメリカ・ポスト・ケインズ派の一部の人たちは、そのことからスラッファ派をポスト・ケインズ派から追放すべきだと主張している。『進化経済学のミクロ的基礎』は、このような現状に対し、利用可能な短期の価格理論を提供している。それればかりでない。企業が自社製品に需要のあるだけ生産するという数量調節原理を採用していることから、有効需要原理が経済全体についても成立する。このことは、経済全体として最終需要が不足すれば、失業が必然となることなどが容易に説明できる。新古典派ミクロ経済学に依存することなく、経済主体のミクロの行動からマクロの経済過程を分析する道が開かれたのである。これは大胆な主張であるが、それがそうまとはずれでないことは、ポスト・ケインズ派のリーダーのひとりマーク・ラヴォアのわれわれの本に対する書評を読んでもらえればわかるだろう（Lavoie 2020）。ラヴォアは、われわれの貢献をほぼ正確にかつ好意的に紹介している。

25　新古典派ミクロ経済学の有効性を信じ、経済政策ではネオリベラリズムの理論的基盤となっている。

国際価値論の不成立のために、谷口や森岡の成果を世界に紹介するのが遅れることになったが、その見返りとしてポスト・ケインズ経済学がそれと整合的な貿易理論を持ったことも大きい。新しい国際価値論は、投入財（新古典派でよくいう「中間財」）の自由な貿易のもとで起こる経済関係を分析できる理論である。新古典派は、教科書版リカード理論、ヘクシャー・オリーン・サミュエルソン理論、クルーグマンの新貿易論、メリッツの新々貿易論と、四つの世代にわたる理論を開発してきたが、それらに共通する欠陥は、投入財の貿易を分析する一般理論を持たないことである。この点の詳しい議論は、リカード『政治経済学と課税の原理』二〇〇周年を記念して計画された日本国際経済学会の企画セッション「比較優位論の現代的意義」への報告論文「リカード国際価値論の現代的意義と可能性」（塩沢二〇一八）を参照してもらいたい。フラグメンテーションとかサービス・リンクとかの議論によって部分的な説明はできているが、世界全体としてどのような生産特化が生まれ、それとともに各国の賃金率がどのような比率となるかを決める理論を新古典派は持っていない。新しい国際価値論は、もちろんまだまだ発展させる必要があるものの、原理的には新古典派貿易論をすでに優越している。そのいちばん分かりやすい指標が投入財貿易に関する理論の一般性である。一九九〇年以降、中国やインドの改革・開放や旧ソ連・東欧諸国の資本主義経済化にともない、現在、世界価値連鎖（Global Value Chains、略してGVCs）が急速に発展している。ひとつの国の経済がいかに他の国の生産に依存するようになっているか、今回の新型コロナ・ウイルスは如実に示している。このため、GVCsは実証的研究を除いて、社会学や経営学、地理学の研究するところとなっている。世界価値連鎖は、国際的生産と貿易による部品や原材料のネットワークであり、投入財の貿易理論なしには、この現象を解明することはできない。新古典派にできることといえば、一般均衡理論を国際経済に援用することだが、それでは国際生産特化は説明できない。なぜなら、アロー=ドブル・モデルでは、コーナ解の分析は基本的に排除されているからである。新しい国際価値論が受け入れられれば、このような事態は急速に改善されると期待される。

6. 技術進歩と経済発展

当面の経済政策としては、ポスト・ケインズ派経済学の今後の活躍が期待される。しかし、それだけでは経済発展といったより大きな議題を扱う枠組みとしては不十分である。経済発展は、たんに生産活動が活発になるというだけでなく、製品の種類にも生産に使われる技術にも、変化をともなう。この問題に有効な理論を提供してこそ本当の進化経済学といえるだろう。フォン・ノイマンの均斉成長理論は、ポスト・ケインズ派経済学の成長理論にとって大きなヒントとなってきたが（たとえば、Kurz & Salvadori 1995）、技術変化を分析する枠組みには残念ながらなっていない。『進化経済学のミクロ的基礎』（Shiozawa.

Morioka, & Taniguchi 2019）自体は、固定した製品・生産技術の集合を前提としているが、任意の技術集合のもとに価格理論が提示されており、それは技術変化と経済発展という大きな課題に取り組みうる枠組みとなっている。

技術に関する経済学には、一九八〇年代だけでも、ポール・ローマ（Paul Romer 1986）の内生的成長理論、ドーシ他の『技術変化と経済理論』（Dosi et al. 1988）、アーサのロック・イン論（Arthur 1989）など大きな成果がいくつもある。ローマは、内生的成長理論によって二〇一八年のノーベル経済学賞を受けた。『技術変化と経済理論』は多くの執筆者を網羅した論文集であるが、技術変化の研究によって各国の科学技術政策に大きな影響力をもっている。アーサは後にやや哲学的ともいえる著書『技術の本質——それは何であり、いかに進化するか』（Arthur 2009. 日訳題名は『テクノロジーとイノベーション』）を出している。しかし、これらを含めて、これまでの技術変化・技術進歩を主題とした分析は、それらを経済発展に結びつける適切な枠組みを欠いている。マクロモデルである内生的成長理論は当然だが、『技術変化と経済理論』や『技術の本質』にも、技術に関するすばらしい考察はあるものの、技術が経済において果たす役割と経済過程内部における進化をきちんと扱えていない。その理由のひとつは、技術がある特殊な知識といった水準で考えられ、生産にいかなる関連をもつのか漠然とした形でしか扱われていないことがあろう。

このような事態の背後には、これまでの価格理論が技術の進化を適切に問題化する枠組

ける進化」（Clark & Juma 1988）に見たように、経済学では「均衡」と「定常性」、「進化」と「過程」との違いも明確ではない。このような曖昧な対比では技術の進化メカニズムを扱うことが難しいが、技術を研究する経済学者たちにはそのような自覚が乏しい。その一因が「定常過程」と「均衡」との混同であろう。これについては『複雑さの帰結』第7章（Shiozawa 1989）や森岡の「進化における定常性」（森岡二〇〇〇）があるので繰り返さない。進化を捉えるには、変異・選択・保持（複製）の三つの契機をみることが大切であることはすでに述べた。技術の経済学者たちが変異に焦点を合わせるのは当然であるが、選択を考察するには、選択の場の研究を欠かせない。ところが、従来の技術変化の研究には、技術が選択される場に関する考察がほとんどない。たぶんあまり大きな価格変化がなく、数量的な調整が順調に働く状況が一定期間続くことを想定しているのだろう。しかし、そうしたことは明示されていない。われわれの『進化経済学のミクロ的基礎』が技術にとって重要なのは、それが技術の進化の場・環境についての適切な枠組みとなっているからである。

『進化経済学のミクロ的基礎』においては、製品技術・生産技術の集合は任意ではあるが基本的には一定であると想定されている。つまりそこでは、技術は不変と想定されている。そのような想定のもとにいかなる価格が成立するか、『進化経済学のミクロ的基礎』

はその理論を提出している。それが技術選択という主題である（Chapter 2, Sections 2.4, 2.5, 2.6）。国際貿易論における特化パタンもじつは国際貿易状況における技術選択の問題に他ならない。そのような選択は、定常過程を想定することによって可能になる。ある技術が保持されるのは、一定の価格を含めたこのような定常過程においてである。そうした環境でなければ、ひとつの生産技術による（標準）単位原価の計算は不可能であり、生産技術の選択のひとつの重要な基準が不確定になってしまう。「需要供給の法則」を想定する均衡理論では、需要・供給の状態変化により、価格はどんどん変ってしまう。そのような想定のもとでは製品技術・生産技術の重要な評価基準である単位原価が意味を持たない。企業がある製品を市販するかどうかは、生産に必要な機械設備などの償却を考えると、数年先までの原価とそのもとにおける製品需要を考慮しなければならない。「需要供給の法則」系の均衡理論ではその基礎が理論化できない。新しい生産技術の導入は製品価格の低下を通して、経済そのものと諸技術の環境を変える。新しい技術進歩は、その環境のなかで起こる。したがって、技術と価格体系は、ミクロ・マクロ・ループを通して共進化する（塩沢一九九九）[26]。このような理論枠組みを多くの技術の経済学はもっていない。共進化の一方である価格理論を欠いている。それでは技術選択の重要な契機を見逃してしまう。

26　こうした構造を一般化すれば、アルチュセールの「つねにすでに所与の構造」（structure toujours-déjà-donnée, Louis Althusser 1965）と呼ぶことができよう。これはワルラス式の均衡解が「たまごから」(ab ovo) の構成 (Schumpeter 1925) であるのと好対照である。

『進化経済学のミクロ的基礎』の主張のひとつは、価格と数量の基本的独立である。価格は、ひとびとが購入量をきめる判断基準だが、現代産業経済は、価格調整によって需要と供給を一致させているのではない。それは企業の数量調節行為による。では、価格は現代経済においていかなる働きをしているのであろうか。各財・サービスの購入量の判断基準であるほか、それは技術選択の基準でもある。問題は、技術が変化したとき、すなわち製品技術・生産技術の集合に変化が生じたとき、なにが起こるかである。『進化経済学のミクロ的基礎』の価格理論の利点は、任意の技術集合にたいして、いかなる生産技術たちが競争的な技術として現れるかという選択の論理を備えていることにある。生産技術の集合に変化が起こったとき、すべての財・サービスにおいて最小価格を与える技術系が選ばれる。簡単にいえば、生産技術は単位原価のより低いものが選択される。これはほとんど定向性のない偶然的な選択であるが、その累積効果が大きな意義をもっている。それにより実質賃金が上昇し、その効果は累積する(このことはひとつの定理として証明できる。塩沢二〇一九a、Shiozawa TBP)。

イギリス産業革命以後の資本主義経済は、大きな時間尺度でみるかぎり労働者の単位時間あたりの実質賃金率が大きく上昇し、それが国民総生産の大きな部分を占めることによって大きく成長してきた。その主要な原動力が技術変化であることをほとんどの経済学者は知っているが、なぜそうなるのかについては明確な理論はなかった。簡単にいえば、それはそう仮定されていた。新しい価値論は、近代経済（の実体経済部分）が技術進歩により発展するメカニズムを明らかにした。これは経済発展をマクロ理論として展開したポール・ローマの内生的成長理論ではなしえなかったことである。

技術の変化は、社会・経済に大きな変化をもたらす。それは社会制度や体制までをも変えてしまう力を持っている。カール・マルクス（Karl Marx）にもそうした構想が見られる。やや具体化した形では、リプシとカーロ、ビーカの『経済変容――汎用技術と長期経済成長』（Lipsey, Carlaw & Bekar 2005）が変革的汎用技術（transforming General Purpose Technology, 略称t-GPT）という概念を提唱している。人類が植物や動物を「家畜化」（domestication）して以来の大きな技術のうち社会経済を変える推進力となったもの二三個をかれらは具体的に挙げ、その歴史を追跡している。マルクスの構想のひとつがようやく実現しつつあるともいえるが、新しい価値論はこのような技術変化を進化過程として捉える枠組みとなっている。

経済には、進化するものとしては、技術以外に、商品、行動、制度があり、選択の階層にやや違いがあるが、組織・システム・知識も、その構成要素たちが進化する存在である。[27]

これらのうち、あらゆる経済活動の基礎である経済行動・意図的行動の構造とその進化については、本書第8章や『秩序学』第11章、『ミクロ的基礎』の第1章で説明している。技術は新しい価値論の枠組みにうまく載ってくれたが、他の「進化するもの」たちの分析はそう簡単ではなさそうだ。これは開かれた問題としてより若い経済学者たちに挑戦してほしい課題である。進化経済学では、制度がいちばん古くから研究されてきた対象であるが、それを進化過程として研究することは簡単ではなかった。ひとつの示唆として考えられるのは第8節「読書案内」の最初に取り上げたバインホッカ『富の起原――進化、複雑さと経済学の根本的差異構築』(Beinhocker 2006)の制度を社会技術とみる見方であろう(塩沢二〇〇八)。これは青木昌彦などが試みたゲームのナッシュ均衡と捉える見方とは別の可能性をもつかもしれない。

27 Shiozawa (2004) では進化する範疇として商品・技術・行動・制度の四つを挙げたが、塩沢 (2006) では四つに加えて、組織・システム・知識を加えた。多くのシステムは進化に閉ざされた存在であるが、インターネットの出現は「進化に開かれたシステム」の存在を明らかにした(進化経済学会2006、喜多一稿)。この観点で捉えれば、市場経済は「進化に開かれたシステム」であり、中央指令型計画経済は「進化に閉ざされたシステム」であった。

7. 金融経済の経済学

経済学、とくに一八七〇年代以降の経済学は、物理学に学び、その思想や手法を経済学に取り入れてきたとされる。そのような考えのひとつがミロウスキ『光より熱を／社会物理学としての経済学、自然の経済学としての物理学』(Mirowski 1989) であろう。経済学が物理学からヒントを得てきたことは批判的な文脈で語られることが多いが、経済学は物理学の歴史から正しく学んでいるだろうか。一九世紀の中ごろでは、物理学といえばニュートン力学で、世界は重力という力で統一的に理解できると考えられていた。もちろん、当時から磁気や電気の働きは知られていたが、マクスウェルの電磁気学が登場するまで、重力 (万有引力) とは異なる別の力であるとはあまり意識されていなかった。その後、二〇世紀に入り、物理学は強い力と弱い力とを発見する。二〇世紀の後半では重力、電磁気力、弱い力、強い力の四つの基本的な力があると理解され、同時にそれら四つの力の理論を統一しようという動きも起こった。最初に統合に成功したのは、電磁気力と弱い力で、その理論は電弱理論あるいは電弱統一理論と呼ばれている。現在は、この理論にさらに強い力を含めた大統一理論が唱えられ、最終的には四つの力を統合した超大統一理論あるいは万物の理論 (Theory of everything) を目指す動きもある。ここで重要なことは、これら諸力の統一は、苦難の歴史の上に得られたものであり、目標が立てられたらすぐに進んだものではない、ということだ。大統一理論も、構想はあっても完成にはほど遠いようだし、重力と他の三つの力の間には大きな違いがあり、万物の理論はなかなか難しいらしい。

物理学の歴史に照らすとき、一般均衡理論ひとつにより原理的にはすべての経済現象が理解できると経済学が考えているとすれば、大きな思い違いを犯している可能性がある。ケインズの著書が「一般理論」と名づけられた背景には、ワルラスの一般均衡の考えよりも、むしろ二〇世紀の第1四半世紀における特殊相対性理論から一般相対性理論への展開があったのかもしれない。ひとつの理論により、より一般的な状況を説明することがよいこととされ、異なる経済現象には異なる理論が必要とされるかも知れない事情はあまり語られることがなかった。しかし、実体経済（モノ・サービスの生産と消費の経済）と金融経済（金融・保険・不動産ほかの資産市場）の調整様式をすこし観察してみれば、両者が異なる原理によって調整されているだろうことに容易に気づく。それにもかかわらず、対象の特性の違いに留意することなく、一般均衡という同一の理論枠組みを先験的に押し付け理解しようとしてきたのが、二〇世紀後半の経済学ではなかったろうか。

理論的整合性と統一とが不必要だと主張しているのではない。経済学がひとつの科学である以上、究極的にはそれはひとつの統一された理論を目指すべきだと思う。しかし、それは具体的に諸理論を積み重ねた上の統一であって、やみくもにひとつの理論形式を採用することではない。

この関連でもうひとつ言えば、物理学ではいかなる法則にも、その適用範囲があることが意識されている。たとえば、有名なフックの弾性の法則では、比例限度・弾性限度が考慮され、比例限度を越えて法則が成り立つとは考えられていない。これに対し、万有引力や運動量や質量・エネルギー保存の法則は、普遍的に成立する法則と見られているが、質量・エネルギーの保存則などは、これを成立させるように保存則の内容概念を変化させてきたという経緯がある。経済学でも、主張されている法則がいかなる適用範囲の中でなりたつものなのか考える癖を付けることが大切であろう。

第5節では新しい価値論が実体経済に限られることを注意した。より正確にいえば、その適用範囲は、『進化経済学のミクロ的基礎』第2章のいくつもの「要請」が満たされる範囲に限られる。したがって、天候に左右され、生産量のすみやかな変更が困難な農業や漁業は、新しい価値論ではおおく例外的な扱いをせざるをえない。このような観点にたち現代経済を見るとき、新しい価値論が実体経済（のそれも一部）に限られることは、理論の大きな限界であり、経済全体における重要性からいって、金融経済の経済学が必要なことは明らかである。ただ、だからといって、異なる対象分野に対する経済学が同一歩調で進む保証はもとよりない。金融経済の経済学あるいは金融市場の経済学は、まずはそれ固有の理論の構築を目指さなければならない。金融経済は、価格だけをとっても複雑な変動を見せる。複雑系の観点がいくら強力だからといって、その変動法則が即座に分かるわけではない。それぞれ地道な研究を積み上げる必要があるのは当然である。金融経済にはわたしも興味をもっているが、まだ勉強段階で、わたしの研究成果を披露できる段階にはとうていない。さいわい、複雑系の考えに近い立場からの研究にもいくらかの蓄積が生まれている。ここには、そのようなもののいくつかを紹介する。

第4節では均衡理論の弊害を指摘したが、金融経済は均衡理論で解明できるだろうか。証券取引所のような組織された市場をもつ場合には、「板寄せ」により、需要曲線・供給曲線にちかいもの（滑らかな曲線ではなく、階段状をなす）が引かれ、なるべく多くの取引が成立するよう値づけがおこなわれる（塩沢他二〇〇六、喜多他二〇〇九）。これを均衡価格とよべないことはないが、その均衡価格は時々刻々変っていくので、それをあえて均衡とよぶことにはほとんど意味がない。株式価格やその指数は、分単位・秒単位（最近ではミリ秒単位）の取引データが取れ、それらはティック・データと呼ばれている。マンテーニャとスタンレの『経済物理学入門』（Mantegna & Stanley 2000）は、一五秒単位のティック・データを統計物理学の観点から解析したもので、経済物理学の最初の号砲となった。ニューヨーク証券取引所には、株式価格の暴走を防ぐためのサーキット・ブレーカという制度が導入されている。ほとんど発動されることはないが、二〇二〇年三月の新型コロナ・ウイルスの蔓延に市場が急反応したときには、サーキット・ブレーカがなんども発動され、取引が一時中止となった。このような制度が存在するため、株価（指数）時系列の変動率は、上下の裾野が切り取られた形となるが、プラス・マイナス5σ程度までは、きれいなレビ分布をなすことが示されている。もし時系列がほんとうにレビ分布をなすならば、この分布は分散をもたず、従来の常識では理解しにくい確率過程である。[28]

28　数学は偉大で、このような奇妙な確率分布がすでに二〇世紀の前半フランスの数学者Paul Lévyによって研究されている。レビ安定分布は、正規分布以外には分散をもたず、さらに指数の小さいものでは平均すら定義できない。

第2節で触れたようにコンピュータ・シミュレーションの一種である人工市場の研究も盛んで、U-Martはそのひとつであるが、日本にはさらに和泉（二〇〇三）のように数年間の新聞記事を字句検索してその影響を検証しようという人工市場研究まである。わたしが注目しているのは、アラン・カーマン（Alan Kirman）の研究で、次節「読書案内」の(2)に取り上げた。カーマンの『複雑系経済学――個人的・集団的合理性』（Kirman 2011）が取り上げた市場が魚市場、金融市場、公共財市場であることも興味ぶかい。これらはみな新しい価値論の適用範囲外のものであり、新しい価値論とカーマンの研究との相補性が注目される。

金融市場の研究には、人々の予想の同期化といった現象も見られる。カーマンの『複雑系経済学』にも同期化への言及があるが、わたしは蔵本由紀の「同期現象」の研究に注目している。さいわい、これには『非線形科学　同期する世界』（蔵本二〇一四）という平易な解説もある。理論的にはすでに解析されていることであるが、池口徹教授（現東京理科大）によるメトロノームの実験も印象的である。たとえばメトロノーム六四個の実験がユーチューブに公開されているのでぜひごらんいただきたい。https://www.youtube.com/watch?v=4ti3d3ls5Zg

金融経済の研究は、理論や実証一筋という仕方ではうまく行かず、理論分析とデータ解析、人工市場研究などを組み合わせてやっていくしかないであろう。ただ、ひとりの研究者がそのすべてに通暁することは困難である。今後は、物理学で理論屋と実験屋とが分業しつつ協力する形になっているのと同じく、理論分析、データ解析、人工市場研究の三者が分業と協業を進めていくことになっていくと思われる。ここには金融工学の知見もヒントになるかもしれない。

金融経済をとってみるとよく分かるように、複雑系経済学といっても、魔法の解決法があるわけではない。さまざまな道具をもちいて可能な研究をすすめていく以外にない。その点から考えると、事実の探求である研究とは別に、研究のための用具・装置の開発も重要な課題になってくる。U-Martはそうした用具の開発の試みのひとつだったが、工学者と経済学者の協力により実現した。複雑系科学は、その発生経緯から学際的性格がつよく、それをうまく生かせば、経済学を発展させる大きな力となってくれることが期待できる。困難や挑戦課題がのこるものの、新古典派経済学あるいはその修正・拡大としての現在の主流経済学に代わる新しい経済学の中核が形成されてきていることを分かってもらえたとしたらありがたい。

8. 一般読者への読書案内

以上、一九九八年以降の複雑さ・複雑系の考えによる研究の最前線を紹介してきたが、一般の読者にとって、それらがそのまま有益だとは限らない。個別の論文や研究書は、著者たちの苦闘のあとであって、かならずしも展望のよい景色とは限らない。『複雑系経済学入門』（一九九七）以降の読んで有益な本としては、以下の五冊をあげておこう。(1)(2)がまだ翻訳されていないのは残念だが、専門的知識はともかく、「世界は複雑」という世界観により現実を見なおすにはこの五冊で十分だろう。

(1) Eric O. Beinhocker 2006 The *Origin of Wealth: Evolution, Complexity, and the Radical Remaking of Economics*. Harvard Business School Press, Cambridge, MA.

分厚い本であるが、内容は読みやすい。前半が経済学の行き詰まり、後半は著者の考える経済像。物理技術のほかに社会技術があるという主張は、他の複雑系本には見られない考えである。[29] この本を書いたとき、著者はコンサルタント企業のマッキンゼーの社員だったが、二〇〇八・二〇〇九年の世界的金融危機のあと、クワンタム・ファンドのジョージ・ソロス（George Soros）の肝入りでInstitute for New Economic Thinkingが設立されるとINETに移り、今ではオクスフォード大学Martin Schoolに付設されたINET研究所（INET Oxford）の教授に収まっている。今後の研究運営が期待される。

29 物理技術・社会技術のほかに第三の技術として人文技術（読み書き、黙読、数学、コンピータ・リテラシーなど）を考える必要があろう。社会技術・人文技術という概念は吉川（2001）により提唱されている。なお、塩沢（2008）をもみよ。

(2) Alan Kirman 2011 *Complex Economics: Individual and Collective Rationality*. Routledge, Abingdon, Oxon.

Graz Schumpeter Lecturesの一冊としてだされたもの。最初の講義の雰囲気を残して、難しい技術的な話は一部をのぞいて省かれている。第1章では、著者が経済学を学んだ個人史から始まり、次第に標準的な理論内容に疑問をもつようになり複雑系経済学に到達した経緯が語られている。カーマンの最初の先生はゾネンシャイン・マンテル・ドブル（Sonnenschein-Mantel-Debreu）の定理で有名なゾネンシャインだった。ふつうに想定されていることとはちがって需要関数がむずかしい理論問題を内包していることに若くして出会ったことがカーマンの研究スタイルを決めたのかもしれない。第2章は、市場を総需要と総供給が出会う場とみるのでなく、個々の経済主体が相対（あいたい）で相互作用する関係のネットワークとみる考え方を紹介、(4)の主題であるランダム・ネットワークについても解説している。カーマンの構想する複雑系経済が披露されているといってよい。第3章はマルセーユの魚市場（卸売り市場）の実態を研究したものだが、この市場は競り方式を取っていない。[30] 第4章は金融市場、第5章は公共財を対象としており、『進化経済学のミクロ的基礎』(Shiozawa, Morioka & Taniguchi 2019) が実体経済でも生産量調整が早く比較的容易に行なえる財・サービスを対象としているのに対し、きわめてよい相補関係にある。第6章はシェリングの住み分け問題の理論とシミュレーション。多様な分析手法が期せずして学べる。第7章「結論」ではカーマンの経済哲学を垣間見ることができる。

30 マルセーユの魚市場について、供給の構造は複雑であり、カーマンは「外生的に変動する供給に対する固定した需要といったものを考えることはできない」と言っている (p. 72)。

(3) Nassim N. Taleb 2007 *The Black Swan: The Impact of the Highly Improbable*. 2nd Ed. 2010. Random House, New York. 望月衛訳『ブラック・スワン／不確実性とリスクの本質』（上・下）ダイヤモンド社、二〇〇九年。

統計学の基礎に正規分布という見方がある。これには分散が有界な安定分布は正規分布だけであるという普遍性 (universality) があり、エネルギーが有限な物理現象の多くは、正規分布を示す。しかし、物理現象や経済現象には、分散が有界でないものがあり、冪《べき》分布、レビ分布などの名前で呼ばれている。本書は、統計や確率現象は正規分布にしたがうという既成概念の危険性をいやがおうまで示してくれている。ソーネットの『竜の王、黒い白鳥、危機の予告』(Sornette 2009) は、冪法則で示されるブラック・スワンをさらに超えた「竜の王」(Dragon-King) がいると主張している。

(4)Duncan J. Watts 1999 *Small Worlds: The dynamics of networks between order and randomness*. Princeton University Press, Princeton, NJ. Paper back edition: 2006. New Age International Publisher. 辻竜平・友知政樹訳『スモールワールド・ネットワーク〔増補改訂版〕――世界をつなぐ「6次」の科学』ちくま学芸文庫、二〇一六年。バラバシ(Albert-László Barabási)等によって開拓されてきたランダム・グラフ(ランダム・ネットワーク)理論の平易な解説。ちくま学芸文庫の一冊として読みやすい。ネットワーク理論によって明らかになってきた世界の意外な側面を知ることができる。現在、世界を悩ませている新型コロナ・ウィルス(COVID-19)の流行のような現象も扱われている。もうすこし理論的に深めたい人には、Barabasi (2002) がある。

(5)Boulton, J. G., P. Allen, and C. Bowman 2015 *Embracing Complexity: Strategic per-*

spectives for an age of turbulance. Oxford University Press, Oxford, UK.

Embrace の原義は「抱きしめる」だが、「受け入れる」という意味もある。ここでは「世界は複雑だ」ということを受け入れて考えようという意味にとったらいいだろう。こう考えることを著者たちは複雑系思考とよび、ソクラテス・プラトン以来の「機械仕掛けの世界」という世界観から複雑系の世界観に考え方を切り替えることを提唱している。サンタフェ流とはことなるプリゴジン系の複雑系へのよい入門でもある。第5章は「モデル化」一般の地図作りといえ、いかなる分析においても必要な「適切なモデル」の選択をより広い目で反省する手立てとなる。第一著者のジーン・ボールトンは物理学出身だが、ながく企業コンサルタントを務めるかたわら、南スーダンの地域開発計画にも携わっている。経済学に関する章はものたりないが、かのじょの組織経営戦略に関する考察は深く、複雑系経営論の最良のもののひとつであろう。

of Crises. ar Xiv: 0907. 4290

Taleb, N. N. 2007 *The Black Swan: The Impact of the Highly Improbable. 2nd Ed.* 2010. Random House, New York.

Tesfation, L. 2006 Agnet-based computational economics: A cosntructive approach to econoomic theory. In Tesfation and Judd (eds.) *Handbook of Computational Economics.* North Holland, Amsterdam.

Warsh, D. 2006 *Knowledge and the Wealth of Nations: A Story of Economic Discovery.* WW. Norton, New York. 小坂恵理訳 2020『ポール・ローマーと経済成長の謎』日経 BP.

Weick, K. (1979) *The Social Psychology of Organizing. Second edition*: McGraw-Hill. *First edition*: Addison-Wesley Pub. Co, Reading, MA.

Wilson, D. S. and A. Kirman (eds.) 2016 *Complexity and Evolution: Toward a new synthesis for economics.* MIT Press, Cambridge MA and London.

Kredit, Zins und den Konjunkturzyklus. The Theory of Economic Development: An Inquiry into Profits, Capital, Credit, Interest, and the Business Cycle. Translated by Redvers Opie, Harvard University Press, Cambridge, MA, 1934. 塩野谷祐一・東畑精一・中山伊知郎訳『経済発展の理論』(上・下) 岩波文庫, 1977.

Shiozawa, Y. 1989 The primacy of stationarity. Osaka City University Economic Review 24: 85–110. 川越敏司訳「定常性の第一義性」塩沢『複雑さの帰結』(第7章 247–304) 所収.

Shiozawa, Y. 2004 Evolutionary economics in the 21st century: A manifesto. Evolutionary and Institutional Economics Review 1(1): 5–47.

Shiozawa, Y. 2016 A Guided Tour of the Backside of Agent-Based Simulation. Chapter 1, pp. 3–50, in Kita, Taniguchi et al (2016).

Shiozawa, Y. 2017 The new theory of international values: An overview. Chap. 1, pp. 3–73 in Shiozawa, Oka and Tabuchi (2017).

Shiozawa, Y. (To be published) A new framework for analyzing technological change.

Shiozawa, Y., Y. Nakajima, H. Matsui, Y. Koyama, K. Taniguchi, F. Hashimoto 2008 Artificial Market Experiments with the U-Mart System. Springer, Tokyo. 塩沢・松井他 (2006) の英訳.

Shiozawa, Y., T. Oka, and T. Tabuchi (eds.) 2017 *A New Construction of Ricardian Theory of International Values: Analytical and historical approach*. Springer.

Simon, H. A. *1996 The Science of Artificial* (*the Third Edition*). The MIT Press, Cambridge, MA. 稲葉元吉・吉原英樹訳『システムの科学 (第3版)』パーソナルメディア, 1999.

Sornette, D. 2009 Dragon-Kings, Black Swans and the Prediction

bridge University Press, Cambridge.
Maruyama, M. 1963 The Second Cybernetics: Deviation-Amplifying Mutual Causal Processes,. American Scientist 51 (2) : 164-179. 丸山孫郎 1984「セカンド・サイバネティックス」『現代思想』12-14.
Metcalfe, J. S. and J. Foster (eds.) 2004 *Evolution and economic complexity*. Edward Elgar, Cheltenham, UK and Northampton, MA.
Mirowski, Ph. 1989 More *Heat than Light: Economics as Social Physics, Physics as Nature's Economics*. Cambridge University Press, Cambridge, UK. Paperback edition: 1991.
Naidu, S., D. Rodrik, and G. Zucman 2019 Economics beyond Neoliberalism. Boston Review February 15, http://bostonreview.net/forum/suresh-naidu-dani-rodrik-gabriel-zucman-economics-after-neoliberalism
Nelson, R. R. and S. G. Winter 1982 *An Evolutionary Theory of Economic Change*. Havard University Press, Cambridge, MA. 角南篤・田中辰雄・後藤晃訳 2007『経済変動の進化理論』慶應義塾大学出版会.
Romer, P. M. 1986 Increasing Returns and Long-Run Growth. Journal of Political Economy 94: 1002-1037.
Rosser, J. B., Jr. 1999 On the Complexities of Complex Economic Dynamics. Journal of Economic Perspectives 13(4): 169-192.
Rosser, J. B., Jr. 2000 *From Catastrophe to Chaos: A General Theory of Economic Discontinuities*. Kluwer Academic, Dortrecht, Netherlands.
Rosser, J. B., Jr., R. P. F. Holt, and D. Colander 2010 *European Economics at Crossroads*. Edward Elgar, Cheltanham.
Schumpeter, J. A. 1925 *Theorie der wirtschaftlichen Entwicklung: Eine Untersuchung über Unternehmergewinn, Kapital,*

369.
Horgan, J. 1997 *The End of Science: Facing the Limits of Knowledge in the Twilight of the Scientific Age*, Paperback edition: Broadway Books, New York. 筒井康隆監修・竹内薫訳 2000『科学の終焉（おわり）』徳間文庫.
Kirman, A. 2011 *Complex Economics: Individual and Collective Rationality*. Routledge, Abingdon, Oxon, UK.
Kirman, A. 2016 Complexity and economic policy: A paradigm shift or a change of perspective? A review essay on David Colander and Roland Kupers's Complexity and the Art of Public Policy. Journal of Economic Literature 54 (2) 534–572.
Kurz, H. and N. Salvadori 1995 *Theory of Production: A long-period analysis*. Cambridge University Press, Cambridge, UK.
Kita, H., K. Taniguchi, and Y. Nakajima (eds.) 2016 *Realistic Simulation of Finacial Markets: Analyzing market behaviors by the third mode of Science*. Springer, Singapore.
Krakauer, D. C. 2019 *World Hidden in Plain Sight: The Evolving Idea of Complexity at the Santa Fe Institute 1984–2019*. Santa Fe Institute Press, Santa Fe, NM.
Landreth, H., and D. C. Colander 2001 *History of Economic Thought*. Houghton and Mifflin.
Lavoie, M. 2020 Book review Shiozawa, Yoshinori; Morioka, Masashi; Taniguchi, Kazuhisa: Microfoundations of Evolutionary Economics. Review of Evolutionary Economics. https://doi.org/10.1007/s43253-020-00004-5
Lipsey, G. R., K. I. Carlaw, and C. T. Bekar 2005 *Economic Transformations: General pupose tehcnolgies and long term economic growth*. Oxford University Press, Oxford, UK.
Mantegna, R. N. and H. E. Stanley 1999 *An Introduction to Econophysics: Correlations and Complexity in Finance*. Cam-

ic Thought. Routledge, London.

Colander, D., R. P. F. Holt, and J. B. Rosser 2004 *The Changing Face of Economics: Conversations with Cutting Edge Economists*. University of Michigan Press, Ann Arbor.

Colander, D. and R. Kupers 2014 *Complexity and the Art of Public Policy: Solving Society's Problems from the Bottom Up*. Princeton University Press: Princeton and Oxford.

Complexity economists 2019 Economics After Neo Liberalism: Economics needs to embrace a transdisciplinary approach. Boston Review/A Political and Literary Forum March 19, https://bostonreview.net/forum/economics-after-neoliberalism/complexity-economists-inclusive-economics-complexity-economics

Davis, J., and W. Hands (eds.) 2020 *Economic Philosophy: Complexities in Economics*. World Economics Association, Bristol, UK.

Dosi, G., Ch. Freeman, R. Nelson, G. Silverberg, and L. Soete (eds.) 1988 *Technical Change and Economic Theory*. Pinter Publishers, London and New York.

Gode, D. K. and S. Sunder 1993 Allocative efficiency of markets with zero intelligence traders. Journal of Political Economy 101: 119–137.

Hodgson, G. and T. Knudsen 2010 *Darwin's Conjecture: The Search for General Principles of Social and Economic Evolution*. University of Chicago Press, Chicago and London.

Holland, J. H. 2019 Complex adaptive systems: A primer. Chapter 1, pp. 1–7, in Krakuaer (2019). The original paper appeared in SFI Bulletin in 1987.

Holt, R. P. F., J. B. Rosser Jr., and D. Colander 2011 The complexity era in economics. Review of Political Economy 23(3): 357–

2002『新ネットワーク思考—世界のしくみを読み解く』NHK 出版.

Beinhocker, E. D. 2006 The *Origin of Wealth: Evolution, Complexity, and the Radical Remaking of Economics.* Harvard Business School Press, Cambridge, MA.

Blume, L. E. and S. N. Durlauf (eds.) 2005 *The Economy as an Evolving Complex System III: Current Perspectives and Future Directions.* Oxford University Press, Oxford and New York.

Boulton, J. G., P. M. Allen, and C. Bowman 2015 *Embracing Complexity: Strategic Perspectives for an Age of Turbulence.* Oxford Universtiy Press, Oxford, UK.

Bowles, S. 2004 *Microeconomics: Behavior, Instituions, and Evolution.* Princeton University Press, Princeton. 塩沢由典・磯谷明徳・植村博恭訳 2013『制度と進化のミクロ経済学』NTT 出版.

Bowles, S. and H. Gintis 2000 Walrasian economics in retrospect. The Quarterly Journal of Economics 115(4): 1411-1439.

Campbell, D. T. 1965 Variation and selective retention in sociocultural evolution. Published in H. R. Barringer, G. I. Blanksten and R. W. Mack (eds.) Social Change in Developing Areas: A reinterpretation of evolutionary theory. Schenkman, Cambridge, MA.

Clark, N. and C. Juma 1988 Evolutionray theories in economic thought. Chapter 9 (pp. 197-218) in Dosi et al. (eds.) 1988.

Colander, D. 2000a The death of neoclassical economics. Journal of the History of Economic Thought 22(2): 127-143.

Colander, D. (ed.) 2000b The Complexity Vision and the Teaching of Economics. Edward Elgar.

Colander, D. (ed.) 2000c Complexity and the History of Econom-

章 pp. 139-170.
森岡真史 2005『数量調整の経済理論：品切れ回避行動の動学分析』日本経済評論社.
吉川弘之 2001『テクノロジーと教育のゆくえ』岩波書店.
Anderson, P. W., K. J. Arrow, and D. Pines (eds.) 1988 *The Economy as an Evolving Complex System*. Westview Press.
Alchian, A. A 1950 Uncertainty, Evolution, and Economic Theory. Journal of Political Economy 58: 211-221.
Althusser, L. 1965 *Pour Marx*, François Maspéro, Paris. 河野健二・田村俶・西川長夫訳『マルクスのために』平凡社ライブラリー, 1994.
Arrow, K. J., and F. H. Hahn 1971 *General Competitive Analysis*. Johns Hopkins press, Baltimore.
Arthur, W. B. 1989 Competing technologies, increasing returns, and lock-in by historical events. Economic Journal 99: 116-131.
Arthur, W. B. 1994 *On the Evolution of Complexity*. Reprinted in Arthur (2015) Chapter 9, pp. 144-157. first appeared in 1994.
Arthur, W. B. 2009 *The Nature of Technology: What it is and How it Evolves*. The Free Press, New York.
Arthur, W. B. 2010 Complexity, the Santa Fe approach, and non-equilibirum economics. History of Economic Ideas 18 (2) : 149-166.
Arthur, W. B. 2015 *Complexity and the Economy*. Oxford University Press, New York.
Arthur, W. B., S. N. Durlauf, and D. A. Lane (eds.) 1997 *The Economy as an Evolving Complex System II*. Addison-Wisley, Redwood City.
Barabási, A-L. 2002 *Linked: How everything is connected to everything else and what it means for business, science, and everyday life. 2nd Ed*. 2014. Basic Books, Philadelphia. 青木薫訳

塩沢由典 2007「リカード貿易理論の新構成：国際価値論によせてⅡ」『経済学雑誌』（大阪市立大学）107(4)：1-63.
塩沢由典 2008「社会科学と社会技術」石黒武彦編『科学と人文系文化のクロスロード』萌書房，第7章 pp. 161-185.
塩沢由典 2014『リカード貿易問題の最終解決』岩波書店.
塩沢由典 2017「現代資本主義分析のための原理論：現代古典派価値論と宇野理論」『「宇野理論を現代にどう活かすか」Newsletter』第2期第20号.
塩沢由典 2018「リカード国際価値論の意義と可能性」『日本国際経済学会研究年報』69: 41-61.
塩沢由典 2019a「生産性、技術変化、実質賃金」『季刊経済理論』30(3)：7-17.
塩沢由典 2019b「異端派貿易論の最前線」岡本哲史・小池洋一（編）『経済学のパラレル・ワールド』新評論，第6章 pp. 219-247.
塩沢由典・松井啓之・他 2006『人工市場で学ぶマーケットメカニズム／U-Mart経済学編』共立出版.
進化経済学会（編）1998『進化経済学とは何か』有斐閣.
進化経済学会・塩沢由典（編）2000『方法としての進化』シュプリンガー・フェアラーク東京.
進化経済学会（編）2006『進化経済学ハンドブック』共立出版.
谷口和久 1991「数量調整経済における移行過程について」『経済学雑誌』（大阪市立大学）91（5・6）：29-43.
谷口和久 1997『移行過程の理論と数値実験』啓文社.
野中郁次郎 1985『企業進化論』日本経済新聞社.
藤本隆宏 1997『生産システムの進化論』有斐閣.
森岡真史 1991-1992「短期調整過程の二類型(1)(2)」『経済論叢』（京都大学）148（4-6）：140-161、149（1-3）：79-96.
森岡真史 2000「進化における定常性」進化経済学会・塩沢（編）『方法としての進化』シュプリンガー・フェアラーク東京第5

補章引用文献

（著者の姓により日本語文献を50音順に、英語文献をアルファベット順に並べている。同一人の著作が2箇所に分かれている場合がある。）

青木昌彦 1978『企業と市場の模型分析』岩波書店.
和泉潔 2003『人工市場／市場分析の複雑系アプローチ』森北出版.
喜多一・森直樹・小野功・佐藤浩・小山友介・秋元圭人 2009『人工市場で学ぶマーケットメカニズム：U-Mart 工学編』共立出版.
蔵本由紀 2014『非線形科学　同期する世界』集英社新書.
塩沢由典 1981『数理経済学の基礎』朝倉書店.
塩沢由典 1983「カーン・ケインズ過程の微細構造」『経済学雑誌』（大阪市立大学）84(3)：48-64.
塩沢由典 1984「上乗せ価格を帰結する複占競争」『経済学雑誌』（大阪市立大学）84(6)：12-24.
塩沢由典 1985「国際貿易と技術選択：国際価値論によせてＩ」『経済学雑誌』（大阪市立大学）85(6)：44-61.
塩沢由典 1990『市場の秩序学：反均衡から複雑系へ』筑摩書房。ちくま学芸文庫，1998年.
塩沢由典 1997a『複雑さの帰結：複雑系経済学試論』NTT 出版.
塩沢由典 1997b『複雑系経済学入門』生産性出版.
塩沢由典 1998「複雑系と進化」『進化経済学とは何か』有斐閣，（進化経済学会編）（1998），第8章 pp. 99-119.
塩沢由典 1999「ミクロ・マクロ・ループについて」『経済論叢』（京都大学）164(5)：1-73.
塩沢由典 2006「概説」『進化経済学ハンドブック』共立出版，（進化経済学会編）（2006）pp. 3-134.

わ

や

ら

ま

は

な

索　引

本書は、一九九七年九月に生産性出版より刊行された『複雑系経済学入門』を増補改訂し、文庫化したものである。

法の原理　トマス・ホッブズ　高野清弘訳
ホッブズ最初の政治理論書。十七世紀イングランドの政治闘争を背景に、人間本性の分析を経て、安全と平和をもたらす政治体が考察される。（加藤節）

戦略の形成（上）　ウィリアムソン・マーレー／マクレガー・ノックス／アルヴィン・バーンスタイン編著　石津朋之／永末聡監訳　歴史と戦争研究会訳
戦略の本質とは！　統治者や国家が戦略を形成する際の錯綜した過程と決定要因を歴史的に検証・考察した事例研究。上巻はアテネから第一次大戦まで。

戦略の形成（下）　ウィリアムソン・マーレー／マクレガー・ノックス／アルヴィン・バーンスタイン編著　石津朋之／永末聡監訳　歴史と戦争研究会訳
戦略には論理的な原理は存在しない！　敵・味方の相互作用であり、それゆえ認識や感覚の問題である。下巻はナチス・ドイツから大戦後のアメリカまで。

アメリカ様　宮武外骨
占領という外圧によりもたらされた主体性のない言論の自由の脆弱さを、体を張って明らかにした、ジャーナリズムの記念碑的名著。（西谷修／吉野孝雄）

組織の限界　ケネス・J・アロー　村上泰亮訳
現実の経済において、個人より重要な役割を果たす組織。その経済学的分析はいかに可能か。ノーベル賞経済学者による不朽の組織論講義！　（坂井豊貴）

資本主義から市民主義へ　岩井克人　聞き手＝三浦雅士
来るべき市民主義とは何か。貨幣論に始まり、資本主義論、法人論、信任論、市民社会論、人間論まで、多方面にわたる岩井理論がこれ一冊でわかる！

有閑階級の理論［新版］　ソースタイン・ヴェブレン　村井章子訳
流行の衣服も娯楽も教養も「見せびらかし」にすぎない。野蛮時代に生じたこの衒示的消費の習慣はどう進化したか。ガルブレイスの解説を付す新訳版。

資本論に学ぶ　宇野弘蔵
マルクスをいかに読み、そこから何を考えるべきか。『資本論』を批判的に継承し独自の理論を構築した泰斗がその精髄を平明に説き明かす。（白井聡）

社会科学としての経済学　宇野弘蔵
資本主義の原理は、イデオロギーではなく科学的態度によってのみ解明できる。マルクスの可能性を極限まで突き詰めた宇野理論の全貌。（大黒弘慈）

市場の倫理 統治の倫理
ジェイン・ジェイコブズ
香西泰 訳
環境破壊、汚職、犯罪の増加——現代社会を蝕む病理にどう立ち向かうか？ 二つの相対立するモラルを手がかりに、人間社会の腐敗の根に鋭く切り込む。

アマルティア・セン講義
経済学と倫理学
アマルティア・セン
徳永澄憲／松本保美／青山治城訳
経済学は人を幸福にできるか？ 多大な学問的・社会的貢献で知られる当代随一の経済学者、セン。その根本をなす思想を平明に説いた記念碑的講義。

アマルティア・セン講義
グローバリゼーションと人間の安全保障
アマルティア・セン
加藤幹雄 訳
貧困なき世界は可能か。ノーベル賞経済学者が今日のグローバル化の実像を見定め、個人の生や自由を確保し、公正で豊かな世界を築くための道を説く。

日本の経済統制
中村隆英
戦時中から戦後にかけて経済への国家統制とはどのようなものであったのか。その歴史と内包する論理を実体験とともに明らかにした名著。（岡崎哲二）

第二の産業分水嶺
マイケル・J・ピオリ／チャールズ・F・セーブル
山之内靖／永易浩一／菅山あつみ訳
資本主義の根幹をなすのは生産過程である。各国の産業構造の変動を歴史的に検証し、20世紀後半から成長が停滞した真の原因を解明する。（水野和夫）

ポランニー・コレクション
経済と自由
カール・ポランニー
福田邦夫ほか訳
二度の大戦を引き起こした近代市場社会の問題点をえぐり出し、真の平和に寄与する社会科学の構築を目指す。ポランニー思想の全てが分かる論稿集。

経済思想入門
松原隆一郎
スミス、マルクス、ケインズら経済学の巨人たちは、どのような問題に対峙し思想を形成したのか。その今日的意義までを視野に説く、入門書の決定版。

自己組織化と進化の論理
スチュアート・カウフマン
米沢富美子監訳
森弘之ほか訳
すべての秩序は自然発生的に生まれる、この「自己組織化」に則り、進化や生命のネットワーク、さらに経済や民主主義にいたるまで解明。

人間とはなにか（上）
マイケル・S・ガザニガ
柴田裕之訳
人間を人間たらしめているものとは何か？ 脳科学界を長年牽引してきた著者が、最新の科学的成果を織り交ぜつつその核心に迫るスリリングな試み。

物理学に生きて　W・ハイゼンベルクほか　青木薫訳

「わたしの物理学は……」ハイゼンベルク、ディラック、ウィグナーら六人の巨人たちが集い、それぞれの歩んだ現代物理学の軌跡や展望を語る。

調査の科学　林知己夫

消費者の嗜好や政治意識を測定するとは？　集団特性の数量的表現の解析手法を開発した統計学者による社会調査の論理と方法の入門書。（吉野諒三）

ポール・ディラック　アブラハム・パイスほか　藤井昭彦訳

「反物質」なるアイディアはいかに生まれたのか、そしてその存在はいかに発見されたのか。天才の生涯と業績を三人の物理学者が紹介した講演録。

パスカル　数学論文集　ブレーズ・パスカル　原亨吉訳

「パスカルの三角形」で有名な「数三角形論」ほか、「円錐曲線論」「幾何学的精神について」など十数篇の論考を収録。世界的権威による翻訳。（佐々木力）

幾何学基礎論　D・ヒルベルト　中村幸四郎訳

20世紀数学全般の公理化への出発点となった記念碑的著作。ユークリッド幾何学を根源まで遡り、斬新な観点から厳密に基礎づける。（佐々木力）

和算の歴史　平山諦

関孝和や建部賢弘らのすごさと弱点とは。そして和算がたどった歴史とは。和算研究の第一人者による簡潔にして充実の入門書。（鈴木武雄）

素粒子と物理法則　R・P・ファインマン／S・ワインバーグ　小林澈郎訳

量子論と相対論を結びつけるディラックのテーマを対照的に展開したノーベル賞学者による追悼記念講演。現代物理学の本質を堪能させる三重奏。

ゲームの理論と経済行動Ⅰ（全3巻）　ノイマン／モルゲンシュテルン　銀林／橋本／宮本監訳　阿部／橋本訳

今やさまざまな分野への応用いちじるしい「ゲーム理論」の嚆矢とされる記念碑的著作。第Ⅰ巻はゲームの形式的記述とゼロ和2人ゲームについて。

ゲームの理論と経済行動Ⅱ　ノイマン／モルゲンシュテルン　銀林／橋本／宮本監訳　銀林／下島訳

第Ⅰ巻でのゼロ和2人ゲームの考察を踏まえ、第Ⅱ巻ではプレイヤーが3人以上の場合のゼロ和ゲーム、およびゲームの合成分解について論じる。

ゲームの理論と経済行動III
ノイマン／モルゲンシュテルン
銀林／橋本／宮本監訳
銀林／宮本訳
第III巻では非ゼロ和ゲームにまで理論を拡張。これまでの数学的結果をもとにいよいよ経済学的解釈を試みる。全3巻完結。（中山幹夫）

計算機と脳
J・フォン・ノイマン
柴田裕之訳
脳の振る舞いを数学で記述することは可能か？ 現代のコンピュータの生みの親でもあるフォン・ノイマン最晩年の考察。新訳。（野崎昭弘）

数理物理学の方法
J・フォン・ノイマン
伊東恵一編訳
多岐にわたるノイマンの業績を展望するための文庫オリジナル編集。本巻は量子力学・統計力学など物理学の重要論文四篇を収録。全篇新訳。

作用素環の数理
J・フォン・ノイマン
長田まりゑ編訳
終戦直後に行われた講演「数学者」と、「作用素環について」I〜IVの計五篇を収録。一分野としての作用素環論を確立した記念碑的業績を網羅する。

フンボルト 自然の諸相
アレクサンダー・フォン・フンボルト
木村直司編訳
中南米オリノコ川で見たものとは？ 植生と気候、緯度と地磁気などの関係を初めて認識した、ゲーテ自然学を継ぐ博物・地理学者の探検紀行。

新・自然科学としての言語学
福井直樹
気鋭の文法学者によるチョムスキーの生成文法解説書。文庫化にあたり旧著を大幅に増補改訂し、付録として黒田成幸の論考「数学と生成文法」を収録。

電気にかけた生涯
藤宗寛治
実験・観察にすぐれたファラデー、電磁気学にまとめたマクスウェル、ほかにクーロンやオームなど科学者十二人の列伝を通して電気の歴史をひもとく。

科学の社会史
古川安
大学、学会、企業、国家などと関わりながら「制度化」の歩みを進めて来た西洋科学。現代に至るまでの約五百年の歴史を概観した定評ある入門書。

πの歴史
ペートル・ベックマン
田尾陽一／清水韶光訳
円周率だけでなく意外なところに顔をだすπ。ユークリッドやアルキメデスによる探究の歴史に始まり、オイラーの発見したπの不思議にいたる。

やさしい微積分　L・S・ポントリャーギン　坂本實訳

微積分の基本概念・計算法を全盲の数学者がイメージ豊かに解説。版を重ねて読み継がれる定番の入門教科書。練習問題・解答付きで独習にも最適。

フラクタル幾何学（上）　B・マンデルブロ　広中平祐監訳

「フラクタルの父」マンデルブロの主著。膨大な資料を基に、地理・天文・生物などあらゆる分野から事例を収集・報告したフラクタル研究の金字塔。

フラクタル幾何学（下）　B・マンデルブロ　広中平祐監訳

「自己相似」が織りなす複雑で美しい構造とは。その数理とフラクタル発見までの歴史を豊富な図版とともに紹介。

数学基礎論　前原昭二　竹内外史

集合をめぐるパラドックス、ゲーデルの不完全性定理からファジー論理、P＝NP問題などのより現代的な話題まで。大家による入門書。（田中一之）

現代数学序説　松坂和夫

『集合・位相入門』などの名教科書で知られる著者による、懇切丁寧な入門書。組合せ論・初等数論を中心に、現代数学の一端に触れる。（荒井秀男）

不思議な数eの物語　E・マオール　伊理由美訳

自然現象や経済活動に頻繁に登場する超越数e。この数の出自と発展の歴史を描いた一冊。ニュートン、オイラー、ベルヌーイ等のエピソードも満載。

工学の歴史　三輪修三

オイラー、モンジュ、フーリエ、コーシーらは数学者であり、同時に工学の課題に方策を授けていた。「ものつくりの科学」の歴史をひもとく。

関数解析　宮寺功

偏微分方程式論などへの応用をもつ関数解析。バナッハ空間論からベクトル値関数、半群の話題まで、その基礎理論を過不足なく丁寧に解説。（新井仁之）

ユークリッドの窓　レナード・ムロディナウ　青木薫訳

平面、球面、歪んだ空間、そして……。幾何学的世界像は今なお変化し続ける。『スタートレック』の脚本家が誘う三千年のタイムトラベルへようこそ。

ちくま学芸文庫

増補《ぞうほ》　複雑系経済学入門《ふくざつけいけいざいがくにゅうもん》

二〇二〇年五月十日　第一刷発行

著　者　塩沢由典（しおざわ・よしのり）
発行者　喜入冬子
発行所　株式会社　筑摩書房
東京都台東区蔵前二―五―三　〒一一一―八七五五
電話番号　〇三―五六八七―二六〇一（代表）
装幀者　安野光雅
印刷所　大日本法令印刷株式会社
製本所　加藤製本株式会社

ISBN978-4-480-09978-5 C0133